DEIN COACH ZUM ERFOLG!

So geht's ins ActiveBook:

Du kannst auf alle digitalen Inhalte (Prüfung 2021, Hördateien, interaktive Aufgaben, Videos, „MindCards") online zugreifen. Registriere dich dazu unter **www.stark-verlag.de/mystark** mit deinem **persönlichen Zugangscode:**

T8X6-N2T9-72Q8

25460-300240

gültig bis 31. Juli 2022

ActiveBook

Das ActiveBook *bietet dir:*

- MP3-Dateien der Hörtexte
- Lernvideos zum Umgang mit Textaufgaben
- Interaktive Aufgaben zu sprachlichen Grundlagen
- Web-App mit hilfreichen Wendungen

DEIN COACH ZUM ERFOLG!

So kannst du interaktiv lernen:

Interaktive Aufgaben

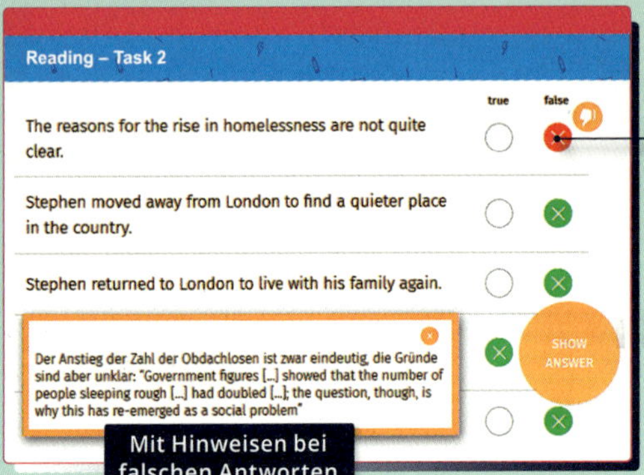

Sofortige Ergebnisauswertung

Mit Hinweisen bei falschen Antworten

Lernvideos

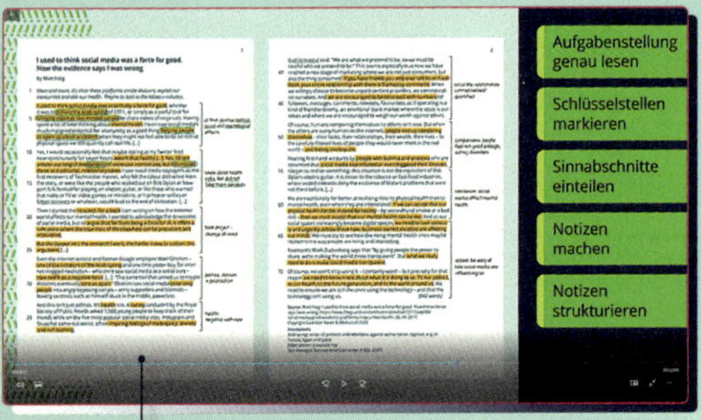

Step-by-Step Hinführung an typische Textaufgaben

Web-App „MindCards"

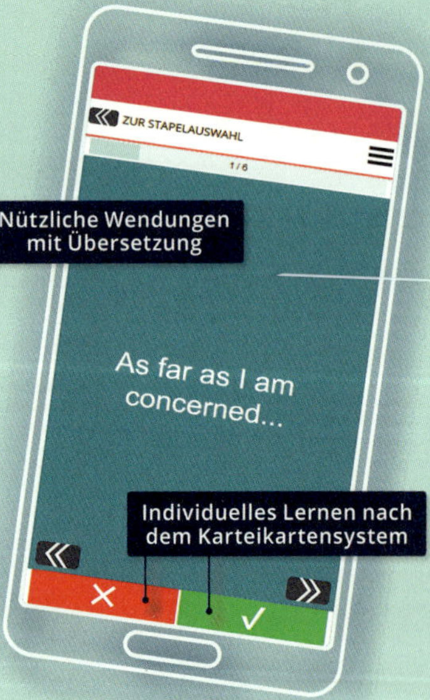

Nützliche Wendungen mit Übersetzung

Individuelles Lernen nach dem Karteikartensystem

Systemvoraussetzungen:
- Windows 7/8/10 oder Mac OS X ab 10.9
- Mindestens 1024×768 Pixel Bildschirmauflösung
- Chrome, Firefox oder ähnlicher Webbrowser
- Adobe Reader oder kompatibler anderer PDF-Reader
- Internetzugang

Speaking

Writing

2022

Abitur

Original-Prüfungsaufgaben
mit Lösungen

Hamburg

Englisch

STARK

12. ergänzte Auflage
www.stark-verlag.de

Inhalt

Vorwort
Hinweise zu den digitalen Zusätzen

Hinweise und Tipps zum Zentralabitur Englisch in Hamburg

Allgemeiner Aufbau der Abiturprüfung I
Die einzelnen Prüfungsteile I
Inhaltliche Vorbereitung VIII
Sprachliche Vorbereitung X

Lernvideos zur Textaufgabe

Sachtext: I used to think social media was a force for good.
Now the evidence says I was wrong. .... V 2
Literarischer Text: Angie Thomas, *The Hate U Give* .... V 4

Basiswissen zu den Schwerpunktthemen

African American Experiences .... B 1
Love and Power in Shakespeare's Plays .... B 17
Inequalities in Western Capitalist Societies .... B 35

Abiturähnliche Übungsaufgaben

Aufgabe 1: Hörverstehen 1
Sprachmittlung: Wie die Städte der Zukunft aussehen 4
Schreibaufgabe: *Macbeth* 6

Aufgabe 2: Hörverstehen 19
Sprachmittlung: Unsere zweite Haut 22
Schreibaufgabe: Kill Bill: why we must take Shakespeare out of the classroom 24

Aufgabe 3: Hörverstehen 37
Sprachmittlung: Kampf der Drachenläufer 39
Schreibaufgabe: *The Help* 41

Aufgabe 4: Hörverstehen 53
Sprachmittlung: Nacktfotos als Tauschobjekt: Lehrer warnen vor „Sexting“-Trend 56
Schreibaufgabe: Yes, Barack Obama Was the First Black President – But He Didn’t Improve the Lives of Black Americans 58

Original-Prüfungsaufgaben

Grundlegendes Anforderungsniveau 2018 (Auswahl)
Hörverstehen: .... GA 2018-1
Sprachmittlung: Warum die erste Stunde für Jugendliche Folter ist .. GA 2018-4

Erhöhtes Anforderungsniveau 2018 (Auswahl)
Hörverstehen: .... EA 2018-1
Sprachmittlung: Umsatzbringer „Die drei Fragezeichen“/ Kinderbuch als Bühnenshow .... EA 2018-4

Grundlegendes Anforderungsniveau 2019 (Auswahl)
Hörverstehen: .... GA 2019-1
Sprachmittlung: Zum Wegwerfen zu schade .... GA 2019-4

Erhöhtes Anforderungsniveau 2019 (Auswahl)
Hörverstehen: .... EA 2019-1
Sprachmittlung: CityTree – Multifunktionale Grünfläche für die intelligente Stadt/Diese genialen Quadrat-Bäume sollen Smog wegfiltern .... EA 2019-4

Grundlegendes Anforderungsniveau 2020 (Auswahl)
Hörverstehen: .... GA 2020-1
Sprachmittlung: Der Wolf ist ein völlig normales Wildtier .... GA 2020-4
Schreibaufgabe II: At This Memorial, the Monuments Bleed .... GA 2020-6

Erhöhtes Anforderungsniveau 2020 (Auswahl)
Hörverstehen: .... EA 2020-1
Sprachmittlung: „Ich glaube nicht, dass es eine vollständigere Sammlung gibt“ .... EA 2020-4
Schreibaufgabe II: *Small Great Things* .... EA 2020-6

Abitur 2021 .... **www.stark-verlag.de/mystark**

Sobald die Original-Prüfungsaufgaben 2021 zur Veröffentlichung freigegeben sind, können Sie sie als PDF auf der Plattform MyStark herunterladen (Zugangscode vgl. Farbseiten vorne im Buch).

Jeweils zu Beginn des neuen Schuljahres erscheinen die neuen Ausgaben der Abitur-Prüfungsaufgaben mit Lösungen.

MP3-Dateien

Übungsaufgabe 1
Übungsaufgabe 2
Übungsaufgabe 3
Übungsaufgabe 4
Abitur 2018: GA
Abitur 2018: EA
Abitur 2019: GA
Abitur 2019: EA
Abitur 2020: GA
Abitur 2020: EA
Abitur 2021: GA
Abitur 2021: EA

Auf die Audio-Dateien können Sie online zugreifen. Ihren Zugangscode finden Sie auf den farbigen Seiten zu Beginn des Buches. Die Hördateien können auch zum Offline-Gebrauch heruntergeladen werden.

Sprecher*innen (MP3-Dateien)

D. Beaver, E. Filer, B. Gaulton, E. Gilvray, J. Mikulla, B. Tendler

Autorinnen und Autoren

Hinweise und Tipps zum Zentralabitur Hamburg: R. Neumeier
Basiswissen: R. Jacob
Übungsaufgaben: B. Bökel/H. Christiansen (Schreibaufg. 3, 4; Sprachm. 4), K. Feldner/B. Guth (Schreibaufg. 1), C. Fischer (Sprachm. 2), M. Hasselmann (Sprachm. 3), B. Holtwick (Schreibaufg. 2), P. Jenkinson (Hörverst. 1, 2; Sprachm. 1), C. Rieske (Hörverst. 3, 4)
Lösungen der Original-Prüfungsaufgaben: B. Bökel (EA 2020: Sprachm.), R. Jacob (EA 2020: Schreibaufg. II), R. Klimmt (EA 2018 und EA 2019: Sprachm.), K. Nussdorf/F. Lemke (GA 2019: Sprachm.), S. Redmer (GA 2020: Schreibaufg. II), C. Rieske (GA 2018: Hörverst.)

Vorwort

Liebe Schülerinnen, liebe Schüler,

bald werden Sie Ihre zentrale Abiturprüfung im Fach Englisch ablegen. Wir begleiten Sie auf Ihrem Weg zu einem guten Abschluss und helfen Ihnen, sich mit den Anforderungen des zentralen Abiturs in Hamburg vertraut zu machen.

Sie sollten für Ihre Prüfung nicht nur die Rahmenbedingungen und Hauptschwierigkeiten der Abiturprüfungen in Hamburg kennen – dabei hilft Ihnen das Kapitel mit **Hinweisen und Tipps** –, sondern auch lernen, wie Sie die Aufgaben am geschicktesten und zeitsparendsten angehen. Das können Sie mithilfe der **Lernvideos** an konkreten Beispielen üben. Der Band umfasst zudem ein **Basiswissen** zu den Themen *African American Experiences, Love and Power in Shakespeare's Plays* und *Inequalities in Western Capitalist Societies*, das Ihnen bei der inhaltlichen Vorbereitung auf diese Schwerpunktthemen nützlich sein wird.

Der zweite Teil des Buches enthält vier Beispiele (Übungsaufgaben) für **konkrete Aufgabenstellungen** im Stil der **kombinierten Abiturprüfung** zu den Kompetenzbereichen **Hörverstehen**, **Sprachmittlung** und **Schreibaufgabe**. Die Schreibaufgaben sind dabei auf die aktuellen Schwerpunktthemen für das Jahr 2022 zugeschnitten. Die Hörtexte stehen Ihnen **als MP3-Dateien online** auf der Plattform MyStark zur Verfügung. Für den Offline-Gebrauch können sie auch heruntergeladen werden. Außerdem enthält dieser Band ausgewählte **Original-Prüfungsaufgaben**. Anhand von **Musterlösungen** können Sie herausfinden, in welchen Teilbereichen Sie Ihre Kompetenzen weiter verbessern können.

Lernen Sie gerne am PC, Tablet oder Smartphone? Auf den nächsten Seiten finden Sie Hinweise zu den digitalen Zusätzen zu diesem Band.

Sollten nach Erscheinen dieses Bandes noch **wichtige Änderungen** im Zentralabitur 2022 von der Hamburger Behörde für Schule und Berufsbildung bekannt gegeben werden, finden Sie aktuelle Informationen dazu auf der Plattform MyStark.

Schon jetzt wünschen wir Ihnen viel Erfolg bei Ihrem Zentralabitur!

Ihr STARK Verlag

Hinweise zu den digitalen Zusätzen

Auf alle digitalen Zusätze können Sie online über die Plattform **MyStark** zugreifen. Ihren persönlichen Zugangscode finden Sie auf den Farbseiten vorne im Buch.

PDF der Original-Prüfungsaufgaben 2021

Das Corona-Virus hat auch im vergangenen Schuljahr die Prüfungsabläufe beeinflusst. Um Ihnen die Prüfung 2021 schnellstmöglich zur Verfügung stellen zu können, bringen wir sie in digitaler Form heraus.
Sobald die Original-Prüfungsaufgaben 2021 zur Veröffentlichung freigegeben sind, können sie als PDF auf der Plattform MyStark heruntergeladen werden.

Kurzgrammatik

Mit der Kurzgrammatik können Sie sich eine knappe und verständliche Übersicht über die wichtigsten Themenfelder der englischen Grammatik herunterladen. Schlagen Sie hier die Grammatikregeln zu Fehlern nach, die Sie noch häufig machen.

Lernvideos

Textaufgaben sind Teil vieler Prüfungen und Klausuren – und machen oft einen Großteil der Prüfungsleistung aus. Mithilfe der **Lernvideos zum richtigen Umgang mit Textaufgaben** können Sie sich optimal auf die Anforderungen in diesem Bereich vorbereiten. Am Beispiel von zwei Texten mit je drei Aufgabenstellungen wird gezeigt, wie man an eine Textaufgabe herangeht und sie erfolgreich löst.

Die Lernvideos beinhalten:

- **Schritt-für-Schritt-Anleitungen** zum richtigen Vorgehen in der Prüfung
- **Sachtext** und **literarischer Text** als Grundlage
- nützliche Hinweise zu **häufigen Operatoren** und **Zieltextsorten**

Die in den Videos behandelten Texte und Aufgaben sind im Kapitel „**Lernvideos zur Textaufgabe**“ (V1 bis V6) abgedruckt. Hier können Sie sich schon einmal einen Eindruck verschaffen, worum es in den Videos geht.

Interaktive Aufgaben – „ActiveBook“

Im **ActiveBook „Basic Language Skills“** erhalten Sie Zugriff auf zahlreiche **interaktive Aufgaben** zu Grundlagen wie **Hörverstehen**, **Leseverstehen** und **Sprachverwendung im Kontext**. Dies sind ganz wichtige „Basics“, die Sie für eine gute Sprachbeherrschung brauchen.

Das ActiveBook „Basic Language Skills“ bietet Ihnen:

- „**Listening**“ – authentische Audiodateien mit vielfältigen Aufgaben, die Ihr Hörverstehen testen
- „**Reading**“ – abwechslungsreiche Lesetexte und dazugehörige Aufgaben
- „**English in Use**“ mit gemischten Aufgaben rund um den Gebrauch der englischen Sprache
- Alle Aufgaben sind interaktiv, d. h., Sie können sie direkt am PC oder Tablet bearbeiten und erhalten sofort eine Rückmeldung zu Ihren Antworten.

Web-App „MindCards“

Mit der Web-App „**MindCards**“ können Sie am Smartphone Vokabeln lernen. Auf diesen interaktiven Karteikarten finden Sie hilfreiche Wendungen, die Sie beim Schreiben von Texten oder im mündlichen Sprachgebrauch einsetzen können.
Scannen Sie einfach die QR-Codes oder verwenden Sie folgende Links, um zu den „MindCards“ zu gelangen:
https://www.stark-verlag.de/mindcards/writing-2
https://www.stark-verlag.de/mindcards/speaking-2

Writing

Speaking

Hinweise und Tipps zum Zentralabitur Englisch in Hamburg

Allgemeiner Aufbau der Abiturprüfung

Die schriftliche Abiturprüfung besteht sowohl im grundlegenden als auch im erhöhten Anforderungsniveau aus drei Teilen. Sie setzt sich zusammen aus einem **sprachpraktischen Teil** (einer **Hörverstehensprüfung** und einer **Sprachmittlung**) und einer **Schreibaufgabe**, auf deren Bearbeitung der Schwerpunkt der Abituraufgabe liegt. Das Hörverstehen dauert 30 Minuten, für die Sprachmittlungsaufgabe werden 60 Minuten veranschlagt. Es besteht keine Wahlmöglichkeit. Beide Prüfungsteile werden nach Ablauf der Bearbeitungszeit eingesammelt, bevor der Prüfungsteil „Schreiben" beginnt. Erst dann erhalten Sie die beiden Textaufgabenvorschläge, von denen einer auszuwählen ist. Für die Bearbeitung der Schreibaufgabe haben Sie 225 Minuten (auf erhöhtem Anforderungsniveau) bzw. 195 Minuten (auf grundlegendem Anforderungsniveau) Zeit. Eine Lese- und Auswahlzeit ist in diesem Zeitrahmen inbegriffen. Oft basiert ein Vorschlag auf einem **literarischen Text**, der andere auf einem **nicht-fiktionalen Text**. Beide Aufgaben werden von der Behörde für Schule und Berufsbildung Hamburg (BSB) gestellt. Als **Hilfsmittel** werden Ihnen sowohl ein einsprachiges als auch ein zweisprachiges Wörterbuch sowie ein Wörterbuch der deutschen Rechtschreibung für alle Prüfungsteile zur Verfügung gestellt.

Die einzelnen Prüfungsteile

Hörverstehen

Es ist sehr wahrscheinlich, dass das **Hörverstehen** aus mehreren Teilen besteht. Textgrundlage für diesen Aufgabentyp können Radiobeiträge, Reden, Interviews, Ausschnitte aus Diskussionen oder Gesprächen etc. sein. Die Hörtexte sind maximal fünf Minuten lang. Die gesamte Bearbeitungszeit beträgt 30 Minuten. In diesem Kompetenzbereich (Anforderungsbereich 1 bzw. 2) können **geschlossene** bzw. **halboffene Aufgabenformate** vorkommen, z. B. *multiple choice,* Zuordnung *(multiple matching), short answer questions, table completion, sentence completion.* Dabei steht das reine Hörverstehen im Vordergrund, deshalb werden Sie – wenn überhaupt – nur kurze Phrasen oder Sätze schreiben müssen. Sprachliche Fehler werden nur dann gewertet, wenn sie das Verständnis beeinträchtigen.

Konkretes Vorgehen beim Hörverstehen
Sie werden jeden Hörtext zweimal hören. Nutzen Sie die Zeit vor dem ersten Durchgang, um sich mit den Aufgaben auseinanderzusetzen und verschaffen Sie sich einen Eindruck von dem Kontext, in den sie eingebettet sind. Dann wird die Audiodatei **ein erstes Mal** vorgespielt. Versuchen Sie, sofort alle Lösungen festzuhalten, von deren Richtigkeit Sie überzeugt sind. Halten Sie sich nicht lange mit einer Aufgabe auf, sondern gehen Sie direkt zur nächsten über, auch wenn Sie sich nicht sicher sind, damit Sie nicht die nächste Antwort verpassen. In der Regel sind die Aufgaben in der Reihenfolge angeordnet, in der auch die Lösungen vorkommen. Nach dem ersten Durchlauf gibt es eine kurze Pause, während der Sie Ihre Aufzeichnungen weiter ergänzen können; dann hören Sie den Text **ein zweites Mal**. Nach dem zweiten Hören haben Sie wieder Zeit, um Ihre Lösungen zu vervollständigen und zu überprüfen.
Hier ein paar praktische Tipps:

- Achten Sie auf Schlüsselwörter *(key words)* oder Formulierungen, die Teile der Aufgabenstellung in anderen Worten wieder aufgreifen (z. B. „global warming" statt „climate change"), so finden Sie schneller relevante Stellen im Hörtext.
- Markieren Sie sich Lücken, die Sie im ersten Durchgang nicht füllen konnten, mit Bleistift, damit Sie dort beim zweiten Durchgang ganz genau hinhören.

Damit Sie sich optimal auf die Prüfungssituation einstellen können, sind die Tracks zu diesem Buch authentisch gestaltet: Sie beinhalten mehrere Hörtexte, die Sie jeweils zweimal hören werden, inklusive Ansagen und Pausen.

Sprachmittlung

Die Sprachmittlung basiert auf einem oder mehreren deutschen Ausgangstext(en), aus dem von Ihnen **die wichtigsten Informationen** vom Deutschen **ins Englische übertragen** werden sollen. Ziel ist es, einer bisher uninformierten Leserschaft die wesentlichen Inhalte eines längeren Textes nahezubringen. Hier sehen Sie zwei Beispiele für mögliche Aufgabenstellungen: „Verfassen Sie auf der Basis des *Zeit*-Artikels über die Todesstrafe einen Brief an den Gouverneur von Texas, in dem Sie sich für die Abschaffung der Todesstrafe aussprechen" oder „Schreiben Sie einen Artikel für die Schülerzeitung Ihrer englischen Partnerschule, der sich mit der Situation von Migrantinnen und Migranten auseinandersetzt, deren Familien nun schon in der zweiten Generation in Deutschland leben". Üben Sie das Abfassen einer Sprachmittlung anhand von Artikeln aus deutschen Zeitschriften, die Sie für (imaginäre) englischsprachige Bekannte ins Englische übertragen.
Obwohl bisher die Textsorte des Artikels in den Aufgabenstellungen dominierte, bietet es sich an, auch die typischen Merkmale anderer **Textsorten** zu wiederholen. Gebräuchlich sind *blog entry, comment, e-mail, formal letter, letter to the editor, personal letter, report, review, speech* und *summary.*

Konkretes Vorgehen bei der Sprachmittlung
Gehen Sie wie folgt an die Aufgabenstellung heran:

- Bestimmen Sie zuerst die zentrale Aussage des Textes.
- Formulieren Sie einen *umbrella sentence*, der die Kernaussage enthält sowie Informationen zu Autor*in, Titel, Quelle und ggf. situativem Rahmen des Textes.

- Sie haben durch die Aufgabenstellung einen konkreten Schreibanlass genannt bekommen. Beachten Sie diesen Kontext, insbesondere den Adressaten bzw. die Adressatin und die Umstände, unter denen der Zieltext verfasst werden soll (z. B. keine Umgangssprache in einem Brief an den Gouverneur von Texas).
- Wählen Sie nun Informationen aus dem Ausgangstext, die für die Bearbeitung der Aufgabenstellung wesentlich sind.
- Verwenden Sie Konjunktionen, um logische und zeitliche Bezüge herzustellen.
- Umschreiben Sie Ausdrücke, die nicht übersetzt werden können, in Ihren eigenen Worten, wenn deren Verständnis wesentlich für die Aufgabenstellung ist. Erklären Sie kulturspezifische Begriffe, die Ihre Zielgruppe sonst nicht verstehen würde (z. B. „ARD“ = *German broadcasting corporation, similar to BBC*)
- Denken Sie daran, dass Ihre *mediation* nur etwa ein Drittel des Ausgangstextes umfassen sollte.

Beachten Sie, dass sowohl Inhalt als auch Sprache bewertet werden.
Folgende Kriterien sind ausschlaggebend für die Benotung:

- Beachtung der Aufgabenstellung (Nennen der wesentlichen Aspekte)
- Adressaten- und Situationsbezug
- Inhaltliche und sprachliche Korrektheit

Schreibaufgabe

Ob erhöhtes oder grundlegendes Niveau, Sie werden im Abitur in jedem Fall mit einer **Schreibaufgabe** konfrontiert sein. Im Mittelpunkt der Bearbeitung steht ein authentischer englischsprachiger Text zu einem der Schwerpunktthemen. Sie müssen das **Verständnis des Textinhalts** nachweisen *(Comprehension)* und den **Text analysieren** – im Hinblick auf die Argumentation des Autors/der Autorin, Gestaltungsmerkmale des Textes oder Ähnliches *(Analysis)*. Im letzten Teil haben Sie die Wahl, entweder wesentliche Aspekte oder Thesen des Textes **persönlich zu bewerten** *(Comment)* oder in einer kreativen Schreibaufgabe **in eine neue Textsorte zu übertragen** *(Creative Writing)*. Lassen Sie hier Ihr Hintergrundwissen (z. B. zum Thema *African American Experiences*) einfließen. Es ist es generell möglich, dass in die Schreibaufgabe auch Bildmaterial in Form von Fotos, Cartoons oder Diagrammen integriert ist.
Sie werden **zwei Vorschläge** zur Schreibaufgabe bekommen, die sich je auf eines der beiden Schwerpunktthemen beziehen. Entscheiden Sie sich zügig für eine der beiden Aufgaben. Wenn Sie sich entschieden haben, vergessen Sie die andere Aufgabe und wenden Sie sich Ihrem Thema zu.
Nun beginnt die eigentliche Arbeitszeit. Machen Sie zuerst eine **grobe Zeitplanung**. Rechnen Sie am Ende etwa eine halbe Stunde für das **Korrekturlesen** Ihrer Arbeit ein. Verweilen Sie nicht zu lange bei der ersten Teilaufgabe. Oft verlangen die analytischen und Transferaufgaben mehr Arbeit im Detail.
Lesen Sie den Text zunächst gründlich. Schlagen Sie in den relevanten Textpassagen alle Ihnen **unbekannten Wörter** nach, damit Sie nicht einen für die Aufgabe wichtigen Begriff übersehen. In weniger wichtigen Passagen können Sie unbekannte Wörter oft aus dem Zusammenhang erschließen. Bei der Produktion Ihres eigenen Textes

sollten Sie sich zunächst auf den für die Prüfung gelernten Wortschatz verlassen und nicht zu häufig im Wörterbuch nachschlagen; das braucht viel Zeit und unterbricht ständig Ihren Gedankengang. Markieren Sie Wörter oder Kollokationen, bei denen Sie sich nicht sicher sind, mit Bleistift und überprüfen Sie sie beim Korrekturlesen.
Gehen Sie systematisch vor, damit Ihr Text eine **klare Struktur** erhält. Achten Sie **genau auf die Aufgabenstellung** und verwenden Sie nur das, was tatsächlich für die Bearbeitung des Arbeitsauftrags gebraucht wird. Zu viele Informationen, die mit der Fragestellung nichts zu tun haben, können nämlich auch zu Punktabzug führen.
Wichtig ist, dass Sie sich in der längerfristigen Vorbereitung auf das Abitur auf die Entwicklung Ihrer **textanalytischen und produktiven Fertigkeiten** konzentrieren, denn diese können und müssen Sie in der Prüfung mit Sicherheit einsetzen – schließlich macht die **sprachliche Seite** 60 % der Gesamtbewertung der Textaufgabe aus.

Bearbeitung der einzelnen Aufgabenbereiche der Schreibaufgabe

In der ersten Aufgabe müssen Sie immer den Inhalt oder wesentliche Aspekte des Inhalts zusammenzufassen. Sie müssen hier also die Textsorte ***summary*** beherrschen, die ganz bestimmte Merkmale hat: Ihr Text ist deutlich kürzer als der Ausgangstext, beschränkt sich auf das Wesentliche und enthält Abstraktionen, die Details zusammenfassen. Er ist im Präsens *(simple present)* abgefasst und enthält weder wörtliche Rede noch Zitate aus dem Ausgangstext. Er enthält außerdem keine eigenen Wertungen.
Die vorherrschende Textsorte im zweiten Teil ist der **analytische Essay**. Wichtig ist hier, dass Sie sich klarmachen, was genau Sie analysieren sollen. Lesen Sie den Text immer mindestens einmal und markieren Sie farblich, welche Textstellen für die Bearbeitung der Aufgabe relevant sind.
Notieren Sie sich anschließend die Punkte, die Sie erwähnen wollen, in Stichworten und ordnen Sie sie in der Reihenfolge, in der sie später in Ihrem Text vorkommen sollen. Oft gibt die Formulierung der Aufgabe Ihnen bereits eine Struktur vor.
Streben Sie eine klare, transparente Darstellung an. Die erreichen Sie z. B. dadurch, dass Sie mit einer allgemeinen Aussage beginnen, die Sie dann in mehreren Absätzen erläutern. Jeder Absatz sollte dabei einen Gedanken, eine Idee im Mittelpunkt haben. Verknüpfen Sie zudem Ihre Sätze und Absätze nachvollziehbar miteinander. Benutzen Sie aber nicht nur die gängigen Wörter *but* und *because*, sondern stellen Sie bewusst präzise Zusammenhänge her, um es Ihrer Leserschaft erleichtern, Ihren Gedankengang bzw. Ihre Argumentation nachzuvollziehen.

Eine Auswahl hilfreicher Wendungen finden Sie in der folgenden Tabelle sowie in den digitalen „MindCards“ (vgl. Farbseiten vorne im Buch):

Function	Connectives	Examples
to list/add points, arguments, aspects, pieces of evidence	• firstly, secondly, finally • on top of that • too, also • additionally, in addition • similarly, in the same way, likewise • furthermore, moreover	**Firstly,** she's bright; **secondly,** she's beautiful; and **on top of that** she's rich. He is too weak to do physical labour; **in addition,** his memory is failing him. His comedies still appeal to modern audiences, **in the same way** that his tragedies are still incredibly moving.
to illustrate points made	• such as • for example, for instance, e. g.	Cities (**such as** Mexico City) have grown globally, (**for instance/for example/e. g.** Mexico City).
to summarise your findings, a longer argument, etc.	• to conclude, in short, in conclusion • to sum up, to summarise • in other words	**To conclude,/In conclusion,/In short,** Shakespeare is still relevant to modern audiences.
to indicate a direct result	• therefore, thus, that is why • consequently, as a result	He went out dancing every night; **therefore,/consequently,/as a result,** he failed his English class.
to contrast two elements of your text	• but, however, yet • on the one hand/on the other hand • on the contrary • unlike, in contrast to, contrary to • despite, in spite of	This is quite a run-down hotel; **yet** it is located in a beautiful place. Shakespeare has not been forgotten. **On the contrary,** he is still popular all over the world. **Unlike/in contrast to/contrary to** Illinois, Georgia is a state in the southern USA. **Despite/In spite of** some progress Black people have not yet achieved equality.
to concede *(zugestehen)* something	• even though • it is true that (…), but	**Even though** (**It is true that**) France has a lot to offer, (**but**) I prefer Italy for my summer holidays.
to state something that is clear or likely to be true	• evidently, apparently, obviously • doubtless, undoubtedly	**Evidently,/Apparently,/Obviously,** the painters have finished and gone home for the day. **Doubtless,/Undoubtedly,** there's a lot of work left for them to do tomorrow.

Schließen Sie Ihren analytischen Essay mit einer zusammenfassenden Bemerkung ab, sodass am Schluss klar wird, zu welchem Ergebnis Sie gelangt sind. Üben Sie diese Art der Textstruktur intensiv in der Vorbereitung und bitten Sie Ihren Lehrer oder Ihre Lehrerin um Rückmeldung zu Ihren Texten. So stehen Ihnen eigene Modelltexte als Orientierung für die Abitur-Klausur zur Verfügung.
Dies gilt ebenso für die beiden Textsorten, die im dritten Teil der Schreibaufgabe gefordert sind. Dies ist einmal der Kommentar mit einer relativ klaren Struktur, zum anderen die kreative Aufgabe, die viele verschiedene Textsorten ansteuern kann.
Im ***comment*** geht es darum, persönlich Stellung zu nehmen. Machen Sie sich vor Beginn des Kommentierens klar, welche Position Sie zu der aufgeworfenen Problematik einnehmen wollen. Sammeln Sie Argumente zur Stützung Ihrer Meinung; denken Sie auch an mögliche Gegenargumente, die Sie im Verlauf Ihres Kommentars entkräften wollen. Gehen Sie von Gedanken aus, die im Ausgangstext geäußert werden, beschränken Sie sich aber nicht darauf. Hier besteht oft eine Chance, von gelernten Inhalten viel einzubringen, natürlich immer bezogen auf die Aufgabe. Nehmen Sie klar Stellung und ändern Sie nicht im Laufe des Schreibens Ihre Meinung.
In der **kreativen Aufgabe** sollen Sie sich oft in eine Person hineinversetzen und aus deren Sicht schreiben. Nehmen Sie alle Hinweise, die der Ausgangstext bietet, auf und verarbeiten Sie sie in Ihrem kreativen Text (z. B. Hinweise auf die Persönlichkeit dieses Menschen, seinen sozialen Hintergrund, seine Meinung zu bestimmten Fragen). Vielleicht enthält der Text Andeutungen dazu, wie die Person spricht. Auf jeden Fall müssen Sie darauf achten, auf welcher Sprachebene Ihr Text laut Aufgabenformulierung angesiedelt sein soll (eher formell wie in einem *letter to the editor* oder informell wie in einer E-Mail an einen Freund/eine Freundin; eher an gesprochener Sprache orientiert wie in einem mündlichen Dialog oder in einem auffordernden Modus wie in einem Werbetext). Hier können Sie zeigen, wie gut Sie sich auf verschiedenen Sprachebenen ausdrücken können.

Für die drei verschiedenen Anforderungsbereiche *(Comprehension, Analysis, Comment/Creative Writing)* gibt es typische Formulierungen der Aufgabenstellung (Operatoren), die im Folgenden erläutert werden:

Operator	Erklärung	Beispiel
Anforderungsbereich I		
outline (skizzieren, umreißen, kurz darstellen)	Dieser Operator verlangt, dass Sie die Hauptgedanken, die Struktur oder allgemeine Prinzipien eines Textes wiedergeben. Details sollen dabei weggelassen werden.	*Outline the author's views on equality.*
point out, state (angeben, knapp darlegen)	Hier sollen Sie bestimmte Textaspekte knapp und klar darlegen.	*Point out why the Black perspective is so important to the author.* *State briefly the major developments apparent in the first chapter.*

summarise, sum up (den Inhalt zusammenfassen)	Sie sind aufgefordert, die wichtigsten Punkte knapp wiederzugeben – den Konventionen einer *summary* entsprechend.	*Summarise the information given in the text about racial profiling in the USA.*
Anforderungsbereich I und II		
describe (beschreiben)	Hier sollen Sie etwas detailliert darstellen. Die Komplexität des Darzustellenden entscheidet darüber, ob die Aufgabe dem Anforderungsbereich I oder II angehört.	*I: Describe the protagonist's outward appearance.* *II: Describe the way the author creates tension.*
Anforderungsbereich II		
analyse, examine (analysieren, eingehend untersuchen)	Dieser Operator fordert Sie auf, bestimmte Aspekte oder Merkmale des Textes detailliert zu beschreiben, (ihre Funktion, Wirkung, o. Ä.) zu erklären.	*Analyse the way the author tries to win his readers over to his position.* *Examine the playwright's use of language.*
explain (erklären)	Hier sollten bestimmte Aspekte anhand von Beispielen verdeutlicht werden.	*Explain the protagonist's obsession with money.*
illustrate (erläutern, veranschaulichen)	Die Aufgabe ist in diesem Fall, Dinge anhand von Beispielen zu erläutern.	*Illustrate the poet's use of imagery.*
give/write a characterisation of	Dieser Operator fordert Sie auf, eine stichhaltige Charakterisierung einer Figur zu schreiben.	*Give a characterisation of the protagonist in the excerpt at hand.*
Anforderungsbereich II und III		
compare (vergleichen)	Hier sind Sie aufgefordert, Gemeinsamkeiten und Unterschiede zwischen zwei oder mehreren Dingen herauszuarbeiten und gegenüberzustellen.	*Compare the authors' views on the question whether Shakespeare's plays are still topical today.*
interpret (interpretieren, deuten)	Hier sollen Sie die Bedeutung (von Aspekten) eines Textes herausarbeiten und Ihre Position dazu beschreiben.	*Interpret the message the author wishes to convey.*
Anforderungsbereich III		
assess (abschätzen, beurteilen, bewerten)	Dieser Operator verlangt die ausgewogene Betrachtung und Einschätzung eines Sachverhalts, eines Problems oder einer These.	*Assess the relevance of discipline in today's schools.*
comment (kommentieren, Stellung nehmen)	In diesem Fall sollen Sie die eigene Meinung zu einem Thema formulieren und diese sorgfältig begründen.	*Comment on the protagonist's behaviour in the first chapter of the book.*

discuss (diskutieren, erörtern)	Hier sollen Sie im Sinne einer Pro-/Kontra-Diskussion die Gründe für und gegen eine These oder zu einer Problematik gegenüberstellen und persönlich gewichten.	*Discuss the implications of slavery on modern society as presented in this text.*
evaluate (auswerten, beurteilen)	Bei dieser Aufgabe müssen Sie einen Sachverhalt beurteilen (vgl. *assess*).	*Evaluate the effectiveness of the measures against the massive income inequality.*

Mithilfe der Lernvideos zu diesem Band (Zugang über die Farbseiten vorne im Buch) können Sie das optimale Vorgehen in einer Schreibaufgabe Schritt für Schritt nachvollziehen. Sie erfahren darin, worauf Sie unbedingt achten sollten, wenn Sie eine Aufgabe bearbeiten und bekommen einen Einblick, was von Ihnen erwartet wird.

Inhaltliche Vorbereitung

Die Beschreibung der Schwerpunktthemen durch die Behörde für Schule und Berufsbildung enthält recht detaillierte Angaben dazu, was von Ihnen inhaltlich im Abitur erwartet wird. Gemeinhin werden (z. B. geografische, soziologische, historische) Grundkenntnisse zu der vorliegenden Thematik verlangt. Dieses Wissen soll Ihnen ermöglichen, den Abiturtext in größere Zusammenhänge einzuordnen, was für Analyse und Kommentierung wichtig ist.
Detailkenntnisse sollen Sie in genauer benannten Bereichen erwerben, damit Sie den Zusammenhang zwischen einer (z. B. in einem literarischen Werk, einem Film oder einer *news story* behandelten) konkreten Geschichte und dem (historischen, politischen, …) Kontext zumindest einmal exemplarisch erarbeitet haben. Es ist sicher vorteilhaft, wenn Ihnen der Inhalt und die Namen der Hauptfiguren dieser detailliert bearbeiteten Texte geläufig sind, z. B. wenn ein Vergleich zwischen einer „neuen" Situation/Person im Abiturtext und einer „vertrauten" Situation/Person aus der Vorbereitung verlangt wird. Ein **Basiswissen** in englischer Sprache zur Vorbereitung auf die Schwerpunktthemen *African American Experiences*, *Love and Power in Shakespeare's Plays* bzw. *Inequalities in Western Capitalist Societies* finden Sie in diesem Band. Bitte beachten Sie, dass die Inhalte der **Hörverstehenstexte** und der **Sprachmittlung** auch im Abitur meistens nicht auf die Hamburger Schwerpunktsetzung abgestimmt sind.

Schwerpunktthemen für das Zentralabitur 2022

Thema I (allgemeinbildende/berufliche Gymnasien): *African American Experiences*

Das Augenmerk liegt auf der Beschäftigung mit der Geschichte von *African Americans* in der US-amerikanischen Gesellschaft. Diese ist geprägt von großer Ungleichheit (von der Sklaverei über die Segregation bis hin zu den ungleichen Chancen, un-

ter denen junge Schwarze[1] Amerikaner*innen heute noch leiden). Der Kampf um Gleichberechtigung fand einen Höhepunkt im *Civil Rights Movement* und erreichte einen großen Etappensieg mit der Wahl Barack Obamas zum ersten Schwarzen Präsidenten der USA. In den letzten Jahren trat vor allem die weltweite *Black Lives Matter*-Bewegung in den Fokus, die in den USA ihren Anfang nahm.
Folgende Bereiche sind relevant (EA und GA):

- Kenntnis über die historische, soziale, rechtliche und politische Lage der Schwarzen Bevölkerung der USA und deren Entwicklung
- Wissen um Eckdaten und wichtige historische Figuren im Kampf um Gleichberechtigung sowie das heutige Verhältnis zwischen Schwarzen und *Weißen*
- Kenntnis und Einordnung von wichtigen Werken aus der afroamerikanischen Erzähltradition und Literaturgeschichte sowie Gegenwartsliteratur
- Grundkenntnisse über Ausprägungen afroamerikanischer kultureller Identität, zum Beispiel in Musik, Theater, Malerei oder Fotografie
- Arbeit mit literarischen Texten, Bildern, Filmen, Hörtexten, Kurzgeschichten, Gedichten und Liedern

Auf **erhöhtem Anforderungsniveau** wird zudem Kenntnis über *Black English* als Varietät der englischen Sprache vorausgesetzt.

Thema II (allgemeinbildende Gymnasien): *Love and Power in Shakespeare's Plays*

Obwohl Shakespeare seit mehr als 400 Jahren tot ist, sind seine Werke weiterhin in alten wie in neuen Medien präsent. Die Themen und Konflikte darin sind zeitlos und verlieren ihre Relevanz auch in modernen Kontexten nicht.
Vor allem angesichts der Frauenrechtsbewegung der letzten Jahrzehnte und der *#MeToo*-Debatte scheint diese Aktualität der Werke überraschend, da Shakespeares Welt vor allem im Hinblick auf Frauenrollen und -rechte eine ganz andere als unsere heutige war. Männer bestimmten das gesellschaftliche Leben und sind auch in den Bühnenstücken dominant, während die Frauenfiguren oft gegen das Rollenbild aufbegehren und versuchen, ihren Platz zu finden.
Dieses Schwerpunktthema beschäftigt sich vor allem mit Fragen der Macht: in Bezug auf die Ehe (wie gleichberechtigt sind die Ehepartner*innen?), auf das Streben nach Macht im politischen und persönlichen Kontext und auf die Beziehung zwischen Vätern und Töchtern (Machtspiel oder Unterwerfung?).
Im GA wird die Kenntnis von zwei, im EA von vier der folgenden Schlüsselszenen vorausgesetzt:

- *Macbeth* (Act I, Scene 7)
- *Much Ado About Nothing* (Act IV, Scene 1)
- *The Taming of the Shrew* (Act V, Scene 2)
- *King Lear* (Act I, Scene 1)
- *Romeo and Juliet* (Act III, Scene 5)

1 Der Begriff Schwarz meint keine Hautfarbe, sondern eine soziale Kategorie. Er ist eine Selbstbezeichnung von Menschen, die Rassismuserfahrungen machen. Schwarz und *weiß* machen so geschrieben auf die Position als diskriminierter oder privilegierter Mensch in einer von Rassismus geprägten Gesellschaft aufmerksam.

Weiterhin gehören für GA und EA die folgenden Elemente zum Basiswissen:

- GA und EA: Grundkenntnisse über das Leben im elisabethanischen England im Allgemeinen, und über Shakespeares Leben und Wirken im Speziellen
- GA: Grundkenntnisse des Handlungsverlaufs und der Figurenkonstellation eines Stückes, dessen Schlüsselszene gewählt wurde;
  EA: Lektüre eines Stückes, dessen Schlüsselszene gewählt wurde
- GA: Kenntnis von einer modernen Adaption des Stückes;
  EA: Kenntnis von zwei modernen Adaptionen des Stückes
- GA: Kenntnisse dramatischer Gestaltungsmöglichkeiten wie z.B. Charakterisierung oder Dialoganalyse;
  EA: über das Wissen des GA hinaus zusätzlich Kenntnisse im Bereich der Dramenanalyse wie z.B. Leitmotiv, Stilmittelanalyse

Thema II (berufliche Gymnasien): *Inequalities in Western Capitalist Societies*
Hier werden kapitalistische Wirtschaftssysteme näher betrachtet, die durch zahlreiche politische Reformen, vor allem in der Reagan-Ära (USA) und der Thatcher-Ära (UK), und durch wirtschaftliche Entwicklungen eine enorme Veränderung erfahren haben. Dabei bildete sich eine zunehmende und noch heute relevante soziale Ungerechtigkeit heraus, in der die Armen ärmer und die Reichen reicher werden.
Folgende Bereiche sind relevant (EA und GA):

- Grundwissen zu Chancen und Risiken des freien Marktes (z. B. *free-market economy, neoliberalism, 2008 financial crisis, modern American liberalism)*
- Aspekte der Ungleichheit in Bezug auf das Einkommen (z. B. *low wages vs executives' bonuses, gender gap, globalisation, free trade agreements*), auf Bildungschancen (z. B. *tuition fees, private education for the wealthy, educational empowerment*), auf Eigentums- und Verbraucherrechte (z. B. *common goods, intellectual property and corporate power*) und auf unternehmerische Marktmacht (z. B. *danger of global plutocracy, monopolies*)
- Auswirkungen wirtschaftlicher Ungleichheit auf die Betroffenen
- Lösungsmöglichkeiten für das Problem der Ungleichheit

Sprachliche Vorbereitung

Wortschatz

Sowohl für das **Hörverstehen** als auch für die **Sprachmittlung** ist ein großer Wortschatz in der Fremdsprache die zentrale Voraussetzung für ein gutes Abschneiden. Ob Sie Ihr Sprachvermögen am liebsten mit englischsprachigen Filmen, (Hör-)Büchern, Zeitschriften oder Songtexten trainieren, bleibt Ihnen überlassen. Konkret lassen sich als Vorbereitung auf die beiden Prüfungsteile beispielsweise auch Informationen über Sachverhalte bzw. bestimmte Charaktere deutscher Filme und Romane oder deren Entwicklung im Laufe der Handlung auf Englisch zusammenfassen.

Damit Sie sich möglichst differenziert und komplex zu den Inhalten der **Schreibaufgabe** äußern können, benötigen Sie einen sowohl themenbezogenen als auch analytischen Wortschatz (z. B. *evidence, description, portray, suggest, consequently*). In bei-

den Bereichen sollten Sie auf jeden Fall den im Unterricht erarbeiteten Wortschatz lernen und üben. Falls nicht bereits geschehen, sollten Sie sich Listen zu bestimmten Funktionen anlegen (z. B. Textbezug: *refer to, imply, ll. 6–8*; Konnektoren: *as a result, therefore, finally*; Charakterisierung: *shy, assertive, modest, boastful, ...*). Nutzen Sie Texte, die Sie im Unterricht lesen, als Fundus, aus dem Sie sich gezielt bedienen.
Für das Lernen von Wortschatz und zur Vermeidung von Fehlern ist sehr zu empfehlen, dass Sie Wörter in Kollokationen lernen (im Zusammenhang mit anderen Wörtern, mit denen sie einen festen idiomatischen Verband bilden). Statt nur zu lernen „*play* = Theaterstück" lernen Sie „*to perform a play* = ein Theaterstück aufführen"; oder statt „*talk* = der Vortrag" lernen Sie „*to give a talk* = einen Vortrag halten"). Solche Ausdrücke lassen sich hervorragend in eigene Texte einsetzen, sie erhöhen die Präzision Ihrer Aussagen und helfen Ihnen zu vermeiden, dass Ihr Text deutsch klingt.
Beachten Sie, dass eine Analyse der sprachlichen Gestaltungsmittel nur noch für das erhöhte Niveau erwartet wird.
Zur Erweiterung und Vertiefung Ihres thematischen Wortschatzes können Sie z. B. mit dem Band *Abitur-Training Englisch: Themenwortschatz* mit interaktiven Aufgaben im „ActiveBook" (Stark Verlag, Best-Nr. 82451D) arbeiten.

Grammatik

Zwar gibt es keinen separat bewerteten „Fehlerindex", aber die Sicherheit, mit der Sie formulieren, ist natürlich dennoch ein wesentlicher Aspekt bei der Ermittlung Ihrer sprachlichen Note für die Abiturklausur.
Um herauszufinden, in welchen Bereichen der englischen Sprache Ihnen noch Fehler unterlaufen, empfiehlt es sich, dass Sie von Ihnen verfasste und von Ihrem Lehrer oder Ihrer Lehrerin korrigierte Texte daraufhin untersuchen, ob sich Fehlerschwerpunkte ausmachen lassen (z. B. Verwendung von Adjektiven statt Adverbien, Verwechslung von bestimmten Zeitformen, falsche Präpositionen nach bestimmten Nomen oder Verben).
Wenn Sie solche Problemfelder identifizieren können, gehen Sie die relevanten Regeln mit Hilfe einer englischen Grammatik noch einmal durch. Schreiben Sie sich Beispielssätze auf, in denen die Regeln richtig angewandt werden und prägen Sie sich diese ein. Wenn Sie im Abitur auf ein solches Problem stoßen, erinnern Sie sich leichter an den Satz als an die Regel.

Die Erfahrung zeigt, dass bestimmte Strukturen vielen Schülerinnen und Schülern Schwierigkeiten machen. Dazu gehören vor allem *simple past* vs. *present perfect, adjectives* vs. *adverbs* sowie *conditional clauses*. Zur Übung dieser und weiterer grammatischer Strukturen können Sie z. B. mit *Abitur-Training Englisch: Grammatikübungen* (Best.-Nr. 82452V) des Stark Verlags inklusive Lernvideos arbeiten. Zusätzlich haben Sie die Möglichkeit, den Bereich „Sprachverwendung im Kontext" anhand interaktiver Aufgaben im ActiveBook zu trainieren.

Lernvideos zur Textaufgabe
Step-by-Step – Textaufgaben bearbeiten

Es gibt Aufgabenstellungen, die in Englischprüfungen immer wieder auftauchen. Grundlage für diese Aufgabenstellungen sind sogenannte **Operatoren** wie „describe“, „analyse“, „comment on“ und viele mehr. Auch wenn sich die Aufgabenstellung für die Textarbeit im Detail je nach Text unterscheidet, bleibt die grundsätzliche Vorgehensweise bei den jeweiligen Operatoren gleich.

In den Videos auf der Plattform **MyStark** (Zugangscode vgl. Farbseiten) erklären wir Ihnen, wie Sie bei den wichtigsten Operatoren in Schreibaufgaben vorgehen müssen. Außerdem erfahren Sie etwas zu häufigen **Zieltextformaten** wie Leserbriefen, Blogeinträgen und Reden.

TIPP

Lesen Sie die Aufgaben und die dazugehörigen Texte, **bevor Sie sich die Videos ansehen**! Sie können auch schon überlegen, wie Sie selbst bei der Aufgabenstellung vorgehen würden und welche inhaltlichen Aspekte für die Lösung interessant wären – und im Anschluss Ihre Lösung/Vorgehensweise mit den Videos vergleichen. Viel Spaß!

Ausgangstext: *newspaper article*
Operatoren: *outline, analyse, write*
Themen: *social media, the impact of the media on society*
Zieltextformate: *letter to the editor, blog entry, speech*

Aufgabenstellung

1. **Outline** the author's view on social media. *(Video 1)*
2. **Analyse** the means he uses to convey his attitude and the effect they have on the reader. *(Video 2)*
3. **Write** a **letter to the editor/blog entry/speech** expressing your own opinion on the chances and dangers of social media. *(Video 3)*

Text: "I used to think social media was a force for good. Now the evidence says I was wrong" by Matt Haig

More and more, it's clear these platforms create divisions, exploit our insecurities and risk our health. They're as bad as the tobacco industry.

I used to think social media was essentially a force for good, whether it was to initiate the Arab spring of 2011, or simply as a useful tool for bringing together like-minded people to share videos of ninja cats. Having spent a lot of time thinking about mental health, I even saw social media's much-maligned potential for anonymity as a good thing, helping people to open up about problems when they might not feel able to do so in that physical space we still quaintly call real life. […]

Yes, I would occasionally feel that maybe staring at my Twitter feed near-continuously for seven hours wasn't that healthy […]. Yes, I'd see articles warning of the dangers of excessive internet use, but I dismissed these as traditional, reactionary takes. I saw social media naysayers as the first reviewers of Technicolor movies, who felt the colour distracted from the story, or were like the people who walked out on Bob Dylan at Newport folk festival for playing an electric guitar, or like those who warned that radio or TV or video games or miniskirts, or hip-hop or selfies or fidget spinners or whatever, would lead to the end of civilisation. […]

Then I started the research for a book I am writing on how the external world affects our mental health. I wanted to acknowledge the downsides of social media, but to argue that far from being a force for ill, it offers a safe place where the insanities of life elsewhere can be processed and articulated.

But the deeper into the research I went, the harder it was to sustain this argument.

Even the internet activist and former Google employee Wael Ghonim – one of the initiators of the Arab spring and one-time poster boy for internet-inspired revolution – who once saw social media as a social cure – now saw it as a negative force. […]: "The same tool that united us to topple dictators eventually tore us apart." Ghonim saw social media polarising people into angry opposing camps – army supporters and Islamists – leaving centrists such as himself stuck in the middle, powerless.

And this isn't just politics. It's health too. A survey conducted by the Royal Society of Public Health asked 1,500 young people to keep track of their moods while on the five most popular social media sites. Instagram and Snapchat came out worst, often inspiring feelings of inadequacy, anxiety and self-loathing. […]

Kurt Vonnegut said: "We are what we pretend to be, so we must be careful who we pretend to be." This seems especially true now we have reached a new stage of marketing where we are not just consumers, but also the thing consumed. If you have friends you only ever talk to on Facebook, your entire relationship with them is framed by commerce. When we willingly choose to become unpaid content providers, we commercialise ourselves. And we are encouraged to be obsessed with numbers (of followers, messages, comments, retweets, favourites), as if operating in a kind of friend economy, an emotional stock market where the stock is ourselves and where we are encouraged to weigh our worth against others.

Of course, humans comparing themselves to others isn't new. But when the others are every human on the internet, people end up comparing themselves – their looks, their relationships, their wealth, their lives – to the carefully filtered lives of people they would never meet in the real world – and feeling inadequate.

Reading first-hand accounts by people with bulimia and anorexia who are convinced that social media exacerbated or even triggered their illnesses, I began to realise something: this situation is not the equivalent of Bob Dylan's electric guitar. It is closer to the tobacco or fast-food industries, where vested interests deny the existence of blatant problems that were not there before. […]

We are traditionally far better at realising risks to physical health than to mental health, even when they are interrelated. If we can accept that our physical health can be shaped by society – by secondhand smoke or a bad diet – then we must accept that our mental health can be too. And as our social spaces increasingly become digital spaces, we need to look seriously and urgently at how these new, business-owned societies are affecting our minds. We must try to see how the rising mental health crisis may be related to the way people are living and interacting.

Facebook's Mark Zuckerberg says that "by giving people the power to share, we're making the world more transparent". But what we really need to do is make social media transparent.

Of course, we won't stop using it – I certainly won't – but precisely for that reason we need to know more about what it is doing to us. To our politics, to our health, to the future generation, and to the world around us. We need to ensure we are still the ones using the technology – and that the technology isn't using us. *(842 words)*

From: Matt Haig: "I used to think social media was a force for good. Now the evidence says I was wrong", https://www.theguardian.com/commentisfree/2017/sep/06/social-media-good-evidence-platforms-insecurities-health, 06. 09. 2017, Copyright Guardian News & Media Ltd 2020

Annotations

l. 2 *Arab spring*: series of protests and rebellions against authoritarian regimes, e. g. in Tunisia, Egypt and Libya

l. 13 *fidget spinner*: a popular toy

l. 30 *Kurt Vonnegut*: famous American writer (1922–2007)

Literarischer Text — Video-Set 2

Ausgangstext: *extract from a novel*
Operatoren: *describe, characterise, discuss*
Themen: *ethnic minorities in the US, police violence*

Aufgabenstellung

1. **Describe** the night of the shooting as it is presented in the interview and as Starr remembers it. *(Video 1)*
2. **Characterise** the police officer as he is presented in this extract. Take the narrative perspective into account. *(Video 2)*
3. "'His life always matters more!' […] 'That's the problem!'" (ll. 82/83) **Discuss** the statement referring to the general situation of African Americans in the US. *(Video 3)*

Text:

The Hate U Give by Angie Thomas (extract from the novel)

Starr, who lives in the fictional, Black neighborhood of Garden Heights, is the only witness of a police shooting in which her childhood friend Khalil got killed. She goes to a school in a different district, which is mainly attended by White kids. For fear of being singled out she does not talk to her school-friends about her life in Garden Heights, not even about the shooting.

"Back up, back up," I tell Maya. She flicks through the channels, and when he appears again, I say, "Right there!"

I've pictured his face so much. Actually seeing it again is different. My memory is pretty spot-on – a thin, jagged scar above his lip, bursts of freckles that cover his face and neck.

My stomach churns and my skin crawls, and I wanna get away from One-Fifteen. My instinct doesn't care that it's a photograph being shown on TV. A silver cross pendant hangs from his neck, like he's saying Jesus endorses what he did. We must believe in a different Jesus.

What looks like an older version of him appears on the screen […].

"My son was afraid for his life," he says. "He only wanted to get home to his wife and kids."

Pictures flash on the screen. One-Fifteen smiles with his arms draped around a blurred-out woman. He's on a fishing trip with two small, blurred-out children. They show him with a smiley golden retriever, with his pastor and some fellow deacons who are all blurred out, and then in his police uniform.

"Officer Brian Cruise Jr. has been on the force for sixteen years," the voice-over says, and more pics of him as a cop are shown. He's been a cop for as long as Khalil was alive, and I wonder if in some sick twist of fate Khalil was only born for this man to kill.

"A majority of those years have been spent serving in Garden Heights," the voice-over continues, "a neighborhood notorious for gang and drug dealers."

I tense as footage of my neighborhood, my home, is shown. It's like they picked the worst parts – the drug addicts roaming the streets, the broken-down Cedar Grove projects, gangbangers flashing signs, bodies on the sidewalks with white sheets over them. What about Mrs. Rooks and her cakes? Or Mr. Lewis and his haircuts? Mr. Reuben? The clinic? My family?

Me?

I feel Hailey's and Maya's eyes on me. I can't look at them.

"My son loved working in the neighborhood," One-Fifteen's father claims. "He always wanted to make a difference in the lives there."

Funny. Slave masters thought they were making a difference in black people's lives too. Saving them from their "wild African ways." Same shit, different century. I wish people like them would stop thinking that people like me need saving.

One-Fifteen Sr. talks about his son's life before the shooting. How he was a good kid who never got into trouble, always wanted to help others. […]

The interviewer asks about that night.

"Apparently, Brian pulled the kid over 'cause he had a broken taillight and was speeding."

Khalil wasn't speeding.

"He told me, 'Pop, soon as I pulled him over, I had a bad feeling,'" says One-Fifteen Sr.

"Why is that?" the interviewer asks.

"He said the kid and his friend immediately started cursing him out –"

We never cursed.

"And they kept glancing at each other, like they were up to something. Brian says that's when he got scared, 'cause they could've taken him down if they teamed up."

I couldn't have taken anyone down. I was too afraid. He makes us sound like we're superhumans. We're kids.

"No matter how afraid he is, my son's still gonna do his job," he says. "And that's all he set out to do that night."

"There have been reports that Khalil Harris was unarmed when the incident took place," the interviewer says. "Has your son told you why he made the decision to shoot?"

"Brian says he had his back to the kid, and he heard the kid say, 'I'm gon' show your ass today.'"

No, no, no. Khalil asked if I was okay.

"Brian turned around and saw something in the car door. He thought it was a gun –"

It was a hairbrush. […]

"Brian's a good boy," he says, in tears. "He only wanted to get home to his family, and people are making him out to be a monster."

That's all Khalil and I wanted, and you're making us out to be monsters. […]

"How has your son's life changed since this happened?" the interviewer asks.

"All our lives have been hell, honestly," his father claims. "Brian's a people person, but now he's afraid to go out in public, even for something simple as getting a gallon of milk. There have been threats on his life, our family's lives. His wife had to quit her job. He's even been attacked by fellow officers." […]

"This is awful," Hailey says. "That poor family."

She's looking at One-Fifteen Sr. with sympathy that belongs to Brenda and Ms. Rosalie.

I blink several times. "What?"

"His son lost everything because he was trying to do his job and protect himself. His life matters too, you know?"

I cannot right now. I can't. I stand up or otherwise I will say or do something really stupid. Like punch her.

"I need to … yeah." I say all that I can and start for the door, but Maya grabs the tail of my cardigan. […]

"Maya," I say, as calmly as possible. "Please let me go. I cannot talk to her. Did you not hear what she said?"

"Are you serious right now?" Hailey asks. "What's wrong with saying his life matters too?"

"His life always matters more!" My voice is gruff, and my throat is tight. "That's the problem!"

(970 words)

Thomas, Angie: The Hate U Give. *London: Walker Books Ltd, 2017. pp. 243–247.*

Annotations

l. 6 *One-Fifteen*: One-Fifteen is the badge number of the police officer who shot Khalil.

ll. 69/70 *Brenda and Ms. Rosalie*: Khalil's mother and grandmother

Basiswissen zu den Schwerpunktthemen

African American Experiences

Historical overview

Slavery

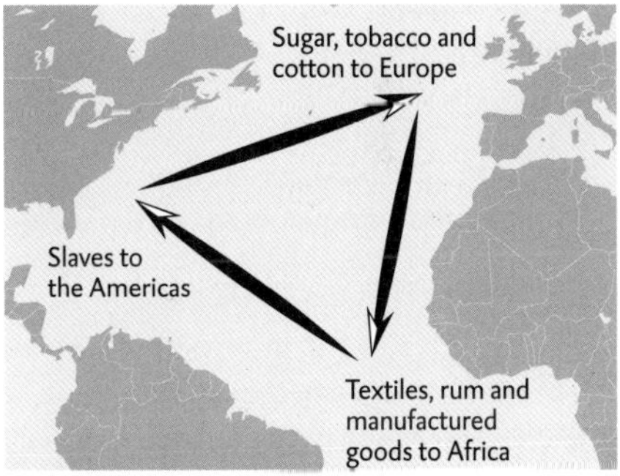

Chart of the Triangle Trade

In the early 17th century, the transatlantic **slave trade** between Europe, Africa and what was then British colonial land in America began. The so-called slave triangle meant that European slave traders bought enslaved Africans in exchange for goods from Europe. The captured Africans were forcibly shipped across the Atlantic Ocean to the Caribbean and the southern states of America where they were sold in exchange for raw materials like sugar, cotton or tobacco. Because of the appalling conditions on the tightly packed ships, many Africans died on the journey. The traditional form of slavery was referred to as **chattel slavery**, meaning that humans were treated as the personal property of the owner. They were bought and sold as if they were commodities. Slaves were mainly forced to work on large cotton or tobacco plantations in the southern colonies where the working conditions as well as the hot and humid climate were hard. Others were exploited as servants and had to cook, wash and do all kinds of household chores.

After the War of Independence, when the USA was founded, slavery was legal in most of the 13 original colonies, although the **Declaration of Independence** (1776) clearly stated that "all men are created equal". The principle of equality did not include Black[1] people, however, as the slaves were not regarded as "men" or "people". Consequently, most slaves were treated with brutality, degradation and inhumanity. They were whipped, mutilated, imprisoned or executed and slave women were often

1 The words "Black" and "White" are written in capital letters to signal that they are not natural categories but social ones (for more background information on this topic see e. g. https://www.theatlantic.com/ideas/archive/2020/06/time-to-capitalize-blackand-white/613159/).

subject to rape and sexual abuse. Slaves were usually denied educational opportunities, such as learning how to read or write, to prevent escape or rebellion.

However, slavery did not remain uncriticised. Anti-slavery societies were formed, which raised moral questions and advocated the abolition of that inhuman form of exploitation. In 1807, President Thomas Jefferson signed legislation that officially ended the African slave trade. However, within the United States, the trade with slaves increased, because they were a welcome source of cheap labour and contributed greatly to the wealth of the South.

As slave revolts were rare and nearly always failed, many slaves tried to run away to northern states – where slavery was banned – or to Canada. It is estimated that approximately 100,000 slaves escaped to freedom. If recaptured, the slaves often had to endure terrible punishments and whoever helped them escape also faced heavy fines or even prison sentences. Despite these drastic penalties, a secret organisation which became known as the **Underground Railroad** (early to mid-19th century) assisted runaway slaves to freedom by taking them along secret routes and concealing them in hiding places. Based on the metaphor of the railway, the runaway slaves were called "passengers", the homes where they were sheltered "stations", and those who guided them "conductors". One of the best-known "conductors" was Harriet Tubman (approx. 1822–1913), a runaway slave herself.

Another well-known critic of the institution of slavery was writer Harriet Beecher Stowe (1811–1896). She was especially enraged by a new **Fugitive Slave Act**, which was part of the Compromise between the North and the South of 1850 about the issue of slavery. One of the provisions of this new law – as dogs were used to track down runaway slaves, it was also referred to as the "Bloodhound Law" – demanded that escaped slaves who had made it to the North had to be legally returned to their owners in the South. This measure, in Harriet Beecher Stowe's view, meant that Northerners were forced to actively participate in slavery. In response to and as a protest against the Fugitive Slave Act, she wrote her novel *Uncle Tom's Cabin* (1852), in which she explored the cruelties of chattel slavery in the South. *Uncle Tom's Cabin* broke records in book sales. Legend has it that when President Abraham Lincoln met Harriet Beecher Stowe, he greeted her with the words, "So you are the little woman who wrote the book that started this great war", thereby alluding to the breakout of the Civil War about ten years after the book's publication.

Civil War (1861–1865) and Reconstruction Period (1865–1877)

At first sight, the issue of slavery was the reason for the outbreak of the American Civil War (1861–1865). However, the war between Yankees (North) and Confederates (South) was essentially about economic and political power and supremacy. The rural South believed in its right to leave the Union ("secession") and wanted to keep slavery, because its agriculture depended to a large extent on the African American labour force. The growing industries in the North, on the other hand, were able to recruit enough workers from the ranks of the masses of European immigrants who were arriving from across the Atlantic. While severe fighting was still going on, President Lincoln issued the **Emancipation Proclamation** in 1863, which declared slaves free.

When the Civil War ended with the surrender of the Confederate army in 1865, one of the most difficult phases in American history began: the era of **Reconstruction**. Politicians faced the enormous challenge of rebuilding the Union after the secession of the southern states and reviving the economy. Congress adopted three amendments to the Constitution, collectively referred to as **Civil War** or **Reconstruction Amendments**, to settle the issue of slavery. The 13th Amendment (1865) abolished slavery forever, the 14th Amendment (1868) extended US citizenship to all former slaves and the 15th amendment (1870) granted African Americans the right to vote.

While these legal measures were important steps, reality often looked different. State laws and court decisions often undermined them and especially in the South, where the economy was in disarray and the labour force of the former slaves was badly needed to revive it, the concept of **sharecropping** was developed. By that system, tenants were given a piece of land to use, but had to return some of their produce to the landowner. Many former slaves saw that as a way towards independence and personal freedom and therefore decided to stay in the South instead of seeking their chances in the more progressive northern states. However, for most of them, the dream of economic self-determination was not to be realised. Bad harvests, exploitative bankers and creditors reduced the meagre profits the sharecroppers could reap from the land. At the end of a year, many small tenants owed most – or all – of what they had made to their landlord. Thus, the sharecropping system kept many Black settlers economically bound to their employers.

Segregation (1865–1960s)

Not only economically, but also politically and socially, the promises of equality that the Civil War Amendments made remained out of reach for African Americans, especially in the South. Instead, most states passed a series of laws known as "**Black Codes**" (1865/1866) to restrict the activities of the freed Black citizens and ensure that the White population maintained control. Black people were not allowed to own weapons, purchase land in certain areas, conduct business in some towns, or testify in court. Slavery was replaced by a set of regulations, the so-called "**Jim Crow Laws**", which enforced racial **segregation**. Officially, they were passed for the protection of African Americans, but in reality, they were used to limit the rights of the Black section of the population. One of the first of these regulations was the "Jim Crow car law", which required Black and White people to be seated separately in railroad passenger cars. On the basis of the **Civil Rights Act of 1875**, which was meant to guarantee African Americans equal treatment in different aspects of public life, Homer Plessy, a man of mixed race from Louisiana, filed a petition against the state of Louisiana after he had been arrested and imprisoned for sitting in a White-only street car. However, he lost his case. In a landmark decision, which became known as **Plessy v. Ferguson** (1896), the Supreme Court upheld the Louisiana law, declaring that providing "**separate but equal**" facilities for Black people was not discriminatory. In this way, the ruling reinforced policies of racial segregation and White authorities soon took advantage of the Court's support to extend the practice to nearly all areas of life where members of the White and Black population could possibly meet. Racial segregation was practised in schools, state offices, public bars and parks, beaches, swimming pools, hotels and theatres. Even in prisons, there were special sections reserved for White inmates and others for Black inmates to keep the races apart. Signs saying "Whites Only" or "Coloured" appeared on entrances to restrooms, waiting rooms, at drinking fountains or on elevators. The segregation, apart from being discriminatory, also resulted in anything but equal opportunities: Facilities for Black people were usually in worse shape as they were not funded in equal measure. Therefore, in reality, the "Jim Crow laws" meant great disadvantages for the non-White population.

Another area in which African Americans were hindered from performing their constitutional right as citizens of the USA was **suffrage**, or the right to vote, which they had been given through the 15th Amendment. Southern governments undermined that right through the introduction of repressive practices of voter registration. In order to be registered, people had to pay so-called poll taxes as well as pass literacy tests. As these regulations targeted the poorest and least educated parts of the population, many African Americans were in fact disenfranchised.

In consequence, African Americans were also seriously disadvantaged in the criminal justice system. As jury lists were derived from registered voters, African Americans did not serve as jurors. **All-White juries** were heavily biased against Black Americans and frequently convicted and punished Black defendants for a crime they did not commit. A blatant example of the **unfair criminal justice system** in the USA at the time was the trial in Alabama in 1931 against nine Black young men known as the **Scottsboro Boys**. The teenagers were charged with the rape of two White women. Although the women's testimony was inconsistent and one later recanted her accusations, within weeks, all-White juries convicted and sentenced eight of the young men to death in the electric chair. The trial has gone down in history as an example of miscarriage of justice. On the other hand, the case was appealed against several times, for instance because of the misrepresentation of African Americans on the jury, and at least some of the sentences were repealed. Therefore, it can also be seen as a partially successful battle against a racially biased justice system. Writer Harper Lee drew many legal details from this case for her novel *To Kill a Mockingbird* (1960). The main character of the book, Atticus Finch, is appointed by the local judge to defend a Black man accused of raping a White woman. The alleged culprit is tried by an all-White jury, and most townspeople expect only a token defence.

The novel *A Lesson Before Dying* (1993) by the African American writer Ernest J. Gaines also focuses on a racially biased justice system. Jefferson, a young Black man, is accused of a crime he did not commit and is sentenced to electrocution. The novel depicts the time before his execution in which Grant Wiggins, an African American teacher, tries to restore Jefferson's dignity, even if he cannot save his life.

Fighting for justice (I): Civil Rights Movement

Cases like that of the Scottsboro Boys might have been stepping stones towards more equality. However, protests remained isolated until the fight for African Americans' rights gained momentum after World War II. Internationally, the United States was criticised for denying its Black population at home the benefits which American troops had fought for in Europe. Since many US soldiers were African Americans, President Truman ordered the desegregation of the armed forces in 1948. Six years later, on 17 May 1954, the US Supreme Court overthrew its ruling of 1896 and decided unanimously that the "**separate but equal**" concept was **unconstitutional**. This ruling paved the way for the racial desegregation of schools. Once more, while the legal status had been improved, real change was often slower to be achieved: Three years after the Supreme Court's landmark decision of 1954, President Eisenhower had to send military troops to Little Rock, Arkansas, to enforce the admission to an all-White high school of nine Black students, who had been hindered from doing so by an angry White mob.

In December 1955, a small incident in Montgomery, Alabama, gave the Civil Rights Movement new impetus and eventually triggered off a mass protest. Rosa Parks, an African American seamstress, was arrested because she had refused to give up her seat to a White passenger. Martin Luther King Jr., then minister at the local Baptist Church, organised a successful **bus boycott** in defence of Rosa Parks. The non-violent protest resulted in the Supreme Court's decision that Montgomery's bus segregation was against the constitution. Because of his effective campaigning tactics (so-called non-violent direct action, such as marches, sit-ins, go-ins, boycotts) and his talents as a powerful orator, Martin Luther King was recognised as one of the nation's most efficient leaders of the Civil Rights Movement. During his election campaign in 1960, John F. Kennedy promised to work towards desegregation in the Deep South. He hesitated, however, to introduce stricter legislation because he feared he would lose the support of southern Democrats. King was not satisfied with Kennedy's cautious approach to promote civil rights for Black people. To put more pressure on the president and bring the issue of racial injustice to national attention, he organised non-violent direct action protests in **Birmingham**, Alabama, in early 1963. The protests were battled down by police forces, and King and many of his followers were arrested.

On 28 August 1963, Martin Luther King led a **march on Washington** to commemorate the signing of the Emancipation Proclamation by Abraham Lincoln, exactly 100 years before. In front of a crowd of more than 250,000 Americans, King delivered one of the greatest speeches in American history, his famous "**I Have a Dream**"-speech. King's efforts were rewarded with two legislative triumphs of the Civil Rights Movement – the passing of two laws which officially put an end to segregation and improved the legal situation of African Americans fundamentally: the **Civil Rights Act (1964)** and the **Voting Rights Act (1965)**. Although the Civil Rights Act forbade any discrimination based on race, colour, religion, sex or national origin, it took another spectacular protest march from King and his organisation, the SCLC (Southern Christian Leadership Conference), to highlight the ongoing factual disenfranchisement of African Americans in southern states. The protesters **marched from Selma to Alabama's state capital Montgomery** in three days. Despite falling victim to countless police assaults, they finally reached their aim when President Johnson signed the Voting Rights Act, which specifically targeted literacy tests, poll taxes and intimidation of Black voters in the South.

To this day, Martin Luther King Jr. is remembered for his non-violent protest actions and was even awarded the Nobel Peace Prize in 1964. However, he was not without enemies and on April 4, 1968, he was assassinated at his motel in Memphis.

Fighting for justice (II): Black Power Movement

Under the leadership of Martin Luther King, the Civil Rights Movement had achieved important legal aims, but for many Black people his non-violent tactics were not radical enough. The White opposition to the Civil Rights Movement often employed aggressive countermeasures, not only the police, but also unofficial movements like the so-called **Ku Klux Klan (KKK)**, an organisation of extremists who promoted White supremacy and often violently opposed the Civil Rights activists. From the 1960s onwards, the so-called **Black Power Movement** arose out of dissatisfaction and frustration with always being at the receiving end of White cruelty. It resulted in the establishment of the **Black Panther Party** in 1966, which advocated more radical protest than the Civil Rights Movement under King. A spiritual precursor of the Black Panthers was **Malcolm X**. Born Malcolm Little in 1925 in Nebraska, he was introduced to the Black Muslim Movement or the so-called Nation of Islam while he was in prison for burglary. In opposition to King's wish for a unification and peaceful coexistence of the races, for the Nation of Islam, the solution for Black people lay in racial separation. African Americans should form their own institutions, credit unions, and political parties. In his later years, Malcolm X softened his aggressive and hateful attitude and was often criticised by members of the Black Power Movement. In 1965, he was gunned down in New York by three assassins.

Another African American activist of the time was **Stokely Carmichael**, who later changed his name to Kwame Ture. He expressed the feelings of discontent among African Americans and urged them to not beg for equal rights but take them. Other leaders encouraged African Americans to take pride in their ethnic heritage and embrace their Blackness as a positive value. Civil Rights activists like Angela Davies began to wear Afro hairstyles and dress in dashikis, colourful garments worn in West Africa, thus stressing her African roots openly. Singer and performer James Brown wrote a song which expressed the new radical Black identity, "Say it Loud, I'm Black and I'm Proud".

Thirty years after the death of Malcolm X, in 1995, Louis Farrakhan, another leader of the Nation of Islam, revived the ideas expressed in the 1960s. Farrakhan argued Black and White people were worlds apart and should live in separate states in the US. Most moderate representatives of the African American community, however, reject both Black and White supremacy in equal measure and rather advocate mutual acceptance and equality.

Timeline: History of African Americans	
1619	First African slaves brought to Jamestown, Virginia
1807	President Jefferson signs legislation that officially ends transatlantic slave trade
around 1850	Heyday of Underground Railroad to help slaves escape to freedom, especially in response to Fugitive Slave Act (1850)
1861–1865	Civil War between Yankees (North) and Confederates (South), ending in victory for the free (anti-slavery) northern states
1863	President Lincoln's Emancipation Proclamation
1865 –1877	Reconstruction Period
1865	13th Amendment: abolition of slavery
1865 –1960s	Phase of segregation and "Jim Crow laws" in southern states
1868	14th Amendment: US citizenship for all former slaves
1870	15th Amendment: right to vote for African Americans
1875	Civil Rights Act: equal rights for African Americans in different aspects of public life
1896	Plessy v. Ferguson: segregation consolidated through "separate but equal" facilities
1931 –1935	Case of the Scottsboro Boys culminating in Norris v. Alabama (1935): ruling against all-White juries
1948	Desegregation of the Armed Forces
1954	"Separate but equal" concept ruled unconstitutional
1955	Bus boycott in answer to Rosa Parks's arrest
1957	Enforced desegregation of Little Rock High School
1960s	Heyday of Civil Rights Movement with non-violent direct action in different southern cities
1960s onwards	Black Power Movement

1963	March on Washington; Martin Luther King Jr.'s "I Have a Dream"-speech
1964	Civil Rights Act; Martin Luther King Jr. awarded the Nobel Peace Prize
1965	Selma to Montgomery march; Voting Rights Act
1966	Foundation of Black Panther Party
2008	Barack Obama elected as America's first Black President
2013 onwards	Black Lives Matter campaign began on social media and turned into a global protest phenomenon

African Americans today

Since the racial disputes of the 1960s, the relationship between Black and White Americans has changed considerably. Large sections of the Black community have made social and political progress. This is reflected in a poll carried out in 2015 which found that 55 % of Black people said it was easier for them to achieve the American Dream than for their parents[2]. Today, African Americans occupy leading positions in politics, multinational businesses, sports and the entertainment industry. On the other hand, political observers believe that despite these remarkable advances, the **racial divide still exists** and the gap between Black and White Americans is, in fact, widening. Many people – Black and White – saw the election of Barack Obama as America's first Black president in 2008 and his re-election in 2012 as an indication that Americans had united and established a "post-racial" society. However, as so often in the past, real equality seems to exist in theory only. African Americans still have to face discrimination in many fields of life and are often economically, politically and socially disadvantaged.

Economic aspects

Economists note that while a **wealthy African American middle class** has developed with considerable purchasing power, for many Black families, prosperity is still an unattainable goal. According to statistics, the total **wealth gap** between White and Black families is alarming. The average wealth of a White household is about sixteen times the average wealth of a Black household. When it comes to financial reserves, the situation for Black people is less than satisfying and often precarious. About one quarter of African American families have very little or no money in reserve. This means that any setback caused by a medical emergency, an operation or illness, or the unexpected loss of hours at work, can be devastating.

A substantial number of African Americans have little or no regular income and live in dire **poverty**. To feed their families, they depend on federal, state or local

2 cf. http://money.cnn.com/2015/11/24/news/economy/race-american-dream/

government **welfare programmes**. The percentage of Black households which rely on some form of these means-tested schemes is more than twice as high as that of White households. **Medicaid**, a social health care programme for Americans with limited resources, has been in nationwide operation since 1982. With the passing of the Patient Protection and Affordable Care Act (widely known as **ObamaCare**) in 2010, the percentage of Black people who do not have health insurance has fallen considerably. However, one of Donald Trump's campaign promises was to repeal the Affordable Care Act. His and many other Republicans' fierce opposition to the welfare reform shows that the progress made might only be short-lived even though Joe Biden reactivated the programme almost immediately after his election.

In the context of poverty, **unemployment** in the Black community is a big issue. Figures of jobless Black Americans are twice as high as those of White Americans. Black youths who drop out of school are especially hard hit. For African Americans who are in employment, the **wage gap** between what they earn and what their White peers take home is increasing. One explanation might be that White jobseekers are usually better qualified for higher-paid jobs because of the still existent **educational gap**. On the other hand, continuing **racial prejudice** still seems to be an important factor on the labour market: Even with the same level of education, members of ethnic minorities often have worse employment chances. Studies of the National Bureau of Economic Research, for example, have shown that applicants with "Black sounding" names like Lakisha or Jamal are less likely to succeed in job seeking than applicants with names that sound "White". Since the Civil Rights Movement, there have been attempts to address the discrimination of Black people in employment and education by introducing policies that favour racial minorities (**affirmative action**) – however, these practices remain contested both among Black and White Americans

Similarly, opinions are divided when it comes to explaining the (on average) lower educational and vocational achievements of Black applicants. Some **blame the system**, others point to personal responsibilities. It is a fact that many Black schools are unable to provide proper education and training due to a lack of funds for facilities and staff. As children usually attend schools in their own districts and the so-called "**mandatory busing**", which had been introduced as a consequence of the Civil Rights Movement to transport White students to predominantly Black schools and vice versa, has been widely abolished, many experts speak of a de facto segregation with better schools for richer areas. But sociologists and even some Civil Rights activists argue that Black people themselves are often responsible for their problems, because too many lack initiative, stamina and discipline. Although the high school dropout rate in general is in decline, people of colour still have much higher rates. However, even that seemingly individual factor should be seen in a social context. Sociologists argue that many poor families who live in neighbourhoods of disadvantaged people are stuck in a **cycle of poverty** which is very hard to break out of. Consequently, younger people are disillusioned with American society where the odds are stacked against them. The percentage of Black people living in distressed neighbourhoods, especially in metropolitan areas, is on the increase. The standard of housing in these high-poverty areas is very low and it is quite common for many family members to live in a house that has not been designed for more than a couple of individuals. Places like West Philadelphia, West Baltimore, Ferguson and St. Louis, Missouri, are regarded as some of the most dangerous cities to live in in the United States. Although the relationship between bad housing and crime is rather complex, it has generally been observed that growing up in a rough neighbourhood can have a bad influence on younger people. From early on, they witness antisocial behaviour, violence and the criminal activities of local street gangs, whose members they frequently come to regard as role models. Often, **bad company** and the association with a gang increase the risk that young Black people will embark on a criminal career in later life.

Legal aspects

The **incarceration rate of Black Americans** is about five times that of White Americans. As mentioned before, some African Americans' life circumstances might make them more prone to be drawn into crime. On the other hand, studies show that Black Americans are much more likely to be suspected of a crime and stopped by the police than White Americans, simply because of their skin colour – a phenomenon known as **racial profiling**. There is also evidence that African American males are disproportionately more impacted by police violence than males from other ethnic groups. According to recent statistics, Black people are being killed by police at more than twice the rate of White people. In addition, African Americans killed by police were also significantly more likely to have been unarmed. **Police shootings** in which Black people were the victims erupted in protests of enraged members of the Black community in 2014, supported by the **Black Lives Matter** movement, which fights against police brutality and systemic racism. Renewed protests flared up in the spring of 2020, after George Floyd had been killed by a policeman who knelt on his neck. Starting in Minneapolis, the open condemnation of the killing spread through the whole country and prompted worldwide signs of solidarity with the cause of African Americans calling for justice.

Another example for the unequal treatment of Black and White people by the criminal justice system would be the **diverging criminal sentences** for the possession of different drugs, which Barack Obama responded to with his **Fair Sentencing Act** of 2010. Before that act came to pass, people who were charged with possession of one gramme of crack were given the same sentence as those found in possession of 100 grammes of cocaine. As Black people are more likely to be regular crack users, they were sentenced much more severely than White cocaine users. A documentary produced by the streaming service Netflix, entitled *13th*, even went so far as to accuse the criminal justice system of being the new institution of slavery. The title of the film refers to the 13th amendment to the constitution. The author of the documentary maintains that the amendment abolished slavery over 150 years ago, but slavery has not disappeared. Today many US prisons are run by for-profit companies and prisoners are forced to work for almost nothing. In this way, America's criminal justice system perpetuates slavery.

Social aspects
Psychologists emphasise the importance of families in the shaping of a person's character and personality. Studies show that the **absence of a father figure** can result in negative effects on children. As approximately 70 % of Black children are born out of wedlock and many grow up without a father to tend to them or guide them, many psychologists and sociologists see a connection between the lack of a father's presence and the rather high rates of teenage pregnancy and poor educational performance among Black children compared to their White peers. Some criminologists even regard **family breakdown** as a major factor contributing to juvenile delinquency in Black America today. Critics of this theory object, however, that the "myth of the missing father" deflects attention from issues of structural racism and that a child's well-being depends on the presence of (a) loving caregiver(s) of any gender.

Assessing the **overall situation of African Americans today**, it seems fair to say that equality is still a long way off. For many Black people, the American Dream is still a dream which they find hard or even impossible to achieve. Despite the progress made in the last few decades, the country is still struggling with issues of race, some of which seem to be getting even worse. As Barack Obama once remarked, it is a fight that has to continue because the legacy of slavery and the Jim Crow laws did not suddenly vanish just because acts were passed or because he was elected[3].

African American literature

The roots – oral tradition and early African American literature
The origins of African American literature, i. e. the works of writers of African descent, date back to the beginnings of the 17th century, when the first slaves were brought to America. At that time, the slaves who could not read or write in English (learning the language was often forbidden by the slave owners) expressed their feelings and hopes in their native vernacular. The **oral tradition** includes **spirituals, work songs, gospels, folktales and sermons**, in which the slaves sang and told of the depressing realities of their daily lives on the plantations, and the suffering and **pain of slavery**, but also of their **hope of being freed one day**. Very often the songs and tales contained coded or secret messages with regard to enduring the ills of slavery. Over the years, African Americans improved their command of English. **Lucy Terry** (approx. 1730–1821), who was captured in Africa and sold into slavery as an infant, is the author of the earliest known work of literature by an African American (the ballad "Bars Fight"). While the majority of the educated White elite assumed that African Americans were incapable of literary expression, some others encouraged their slaves to learn to read and write. One of them was the Boston merchant John Wheatley, who even promoted his slave's literary talent. Consequently, **Phillis Wheatley** (approx. 1753–1784) became the first African American to publish a book (*Poems on Various Subjects, Religious and Moral*, 1773) and the first to win international acclaim as a writer. Born in West Africa, she was sold into slavery as a seven-year-old. She was transported to North America, where she was purchased by the

3 Barack Obama spoke about US race relations at a NATO summit in Poland in July 2016.

Wheatley family. Shortly after the publication of her book, Phillis Wheatley was set free.

Slave narratives of the 19th century

George Moses Horton (also known as "The Black Bard of North Carolina") was the first African American slave to protest his bondage in verse. As Horton was not able to write, a journalist published the first collection of Horton's poems, entitled *The Hope of Liberty*, in 1829 while Horton was still enslaved. However, such protests against slavery and racism were usually expressed after escaping from slavery in first-person accounts. These **slave narratives** became the dominant form of African American writing in the 19th century. One of the most powerful and influential of these testimonies was the *Narrative of the Life of Frederick Douglass, an American Slave, Written by Himself* (1845). The author **Frederick Douglass** (approx. 1818–1895), son of a Black slave and an unknown White father, became a dedicated abolitionist and fighter for the civil rights of African Americans. Other successful slave autobiographies included the *Narrative of William W. Brown, a Fugitive Slave, Written by Himself* (1847) and the *Narrative of the Life and Adventures of Henry Bibb, an American Slave, Written by Himself* (1849). Some memoirs were not written by the protagonists themselves, but recorded by other people, sometimes White Americans, and especially opponents of the institution of slavery (abolitionists). In 1853, David Wilson, a White lawyer and author from New York, published the moving story of **Solomon Northup**'s life "as [he] received [it] from his lips", which became the best-selling slave narrative memoir of the 19th century: ***Twelve Years a Slave***. *Narrative of Solomon Northup, a Citizen of New York, Kidnapped in Washington City in 1841, and Rescued in 1853, from a Cotton Plantation near the Red River in Louisiana.* Solomon was born in Minerva, New York, in 1807 or 1808 as a free man. Over time he earned himself a name as an excellent fiddle player. At age 32, he received a generous offer to join a travelling musical show. Soon after he had accepted the offer, he was drugged and sold into slavery. After twelve years, during which he was forced to endure a great deal of violence, he was finally rescued by a Canadian abolitionist. Although the kidnappers were taken to court, they received no punishment. The book about Solomon's experiences is dedicated to the abolitionist Harriet Beecher Stowe, the author of the anti-slavery novel *Uncle Tom's Cabin* (1852). In 2013, *Twelve Years a Slave* was adapted into an award-winning feature film directed by Steve McQueen and starring Chiwetel Ejiofor as Solomon.

The post-slavery era

Two events in the political arena ushered in a new phase in the development of African American literature: President Abraham Lincoln's Emancipation Proclamation, which went into effect on January 1, 1863, calling for the freedom of all slaves, and the ratification of the Thirteenth Amendment to the Constitution in 1865, which abolished slavery and involuntary servitude. Two African American writers who gained prominence in the post-slavery era were **Booker T. Washington** (1856–1915) and **William Edward Burghardt Du Bois** (1868–1963). In his autobiography *Up from Slavery* (1901), Washington argued that it would be foolish for Black people to demand equality at that point in time. Rather, they should first try to advance economically and, through hard work and industrial training, win the respect of the majority society. This non-confrontational view was heavily criticised by many African Americans, among them W. E. B. Du Bois. In *The Souls of Black Folk* (1903), a collection of 14 essays, Du Bois demanded that African Americans achieve not only economic equality with White people, but also full and immediate civil and political equality.

Great Migration and Harlem Renaissance

Although slavery had been abolished by law, in the Reconstruction era (approx. 1863–1877) Black people were still exposed to humiliation in their daily lives. The introduction of the Jim Crow laws turned African Americans into second-class citizens who were denied many of the rights granted to them by the 13th, 14th and 15th amendments. To escape segregation and misery, many Black people left the rural South and moved to the industrial North in search of work and a new start in Chicago, Detroit, Philadelphia and New York. This migration exerted a lasting influence on the music, arts, literature, religion and cuisine of urban America. One of the results of this mass movement was what became known as the **Harlem Renaissance**, the **rebirth of African American culture**, often regarded as the beginning of modern African American literature and art. Harlem, a district of New York City, attracted all kinds of artists – poets, novelists, musicians, entertainers and painters – turning this part of the metropolis into a cultural centre. Two major figures of the Harlem Renaissance in the 1920s were **Claude McKay** (1889–1948) and James Mercer **Langston Hughes** (1902–1967). Jamaican-born McKay treated the subjects of identity, race and class in his works, such as the poetry collection *Spring in New Hampshire and Other Poems* (1920) and the novels *Home to Harlem* (1928) and *Banjo* (1929). His most famous poem, "If We Must Die" (1919), was written in response to White mob attacks on African Americans and is a call to courage, dignity and fighting back in the face of brute violence. Langston Hughes similarly demanded equality within American society with great determination and expressed pride in his heritage. His works, in which he often used dialect and jazz rhythms, include collections of poetry as well as several plays. One of his best-known poems, "I, Too" (1926) expresses hope that the "darker brother" will soon sit at a table together with White people, i. e. that African Americans will finally be seen as equal members of society. The work of **Zora Neale Hurston** (1891–1960) was long neglected and only later rediscovered by Black feminists. Her most famous novel *Their Eyes Were Watching God* (1937) is partially written in the Black vernacular of the rural South and focuses on the development of the protagonist from a voiceless teenager to an independent woman.

In the 1920s and early '30s – the **Jazz Age** or **Roaring Twenties** – Harlem was a fashionable spot to go to and a great place for entertainment, for White Americans as well. Thus, whereas works by African American authors used to be mainly read by a Black readership, with the Harlem Renaissance African American literature began to find its way into mainstream American culture. The rights, social standing and integration of the country's Black population, however, did not improve.

From the Great Depression to the Civil Rights Movement era
The Harlem Renaissance came to an end with the onset of the **Great Depression**, which was caused by the collapse of the stock market in 1929. **Richard Wright** (1908–1960), who was born on a Mississippi plantation, grew up poor and experienced racial discrimination from early on. In his most famous and best-selling novel *Native Son* (1940), he created a protagonist, 20-year-old Bigger Thomas, who did not represent an ideal example of an African American, but a violent character. Bigger is an outsider, hostile to everyone, and commits two murders, which he justifies as retaliation against White oppression. Depicting a family squashed together in a one-room apartment in a block of flats infested by rats and living on public assistance, Wright's novel gives a vivid insight into the appalling living conditions of Black people in Chicago during the Great Depression. This period also saw the rise of female African American poets, such as **Gwendolyn Brooks** (1917–2000). In 1950, she became the first African American to win the Pulitzer Prize for Poetry.
Two other important representatives of African American literature in the 1940s and '50s were **James Baldwin** (1924–1987) and **Ralph Ellison** (1914–1994). Ellison made his own experiences as a young Black man struggling with life in a hostile society the theme of his only novel *Invisible Man* (1952). James Baldwin grew up in poverty in Harlem. After humiliating experiences of racial discrimination, he left New York and emigrated to Paris in 1948, where he wrote his successful semi-autobiographical novel *Go Tell It on the Mountain* (1953). In 1955, he published a collection of essays, *Notes of a Native Son*, in which he reflected on his identity as a Black American.

The **Civil Rights Movement** (1950s and 1960s) ushered in a new phase of African American literature. A number of playwrights came to national attention, such as **Lorraine Hansberry** (1930–1965). Her best-known work is *A Raisin in the Sun* (1959). The title of the play comes from Langston Hughes' poem "Harlem", which opens with the questions "What happens to a dream deferred? / Does it dry up / Like a raisin in the sun?". Hansberry's play tells of the experiences of a poor Black family living under racial segregation in Chicago. In 1959, she became the first Black woman to have a play produced on Broadway. Other African American authors used their craft as weapons in the campaign to free Black America. Among them were the boxer Muhammad Ali, born as Cassius Clay, and **Malcolm X**, born Malcolm Little. *The Autobiography of Malcolm X,* in which Malcolm X tells the story of his life and launches a bitter and polemic attack on racism in America, is regarded as an important and influential piece of African American literature of the era. It was published in 1965, eight months after Malcom X's assassination. Among its readers were James Baldwin and **Eldridge Cleaver** (1935–1998), a prominent activist of the Black Power movement. Cleaver's memoir and collection of essays *Soul on Ice* (1968), written while he was imprisoned for armed assault, had a similarly powerful influence on Black and White Americans to the work of Malcolm X. Another renowned civil rights activist was the writer and poet **Maya Angelou** (1928–2014). In 1960, she organised *Cabaret For Freedom* in New York to raise funds for Martin Luther King's Civil Rights campaign. Her autobiography *I Know Why the Caged Bird Sings* (1969) gained critical acclaim and a National Book Award nomination. It focuses on the early years of her childhood, which she mostly spent in the care of her paternal grandmother in rural Stamps, Arkansas. During that time, Maya Angelou encountered difficulties, many of which were related to the overt racism of her mainly White neighbourhood. When she was eight years old, she was raped by her mother's boyfriend. After she had told of it, the man was murdered. This traumatic sequence of events left her almost completely mute for several years.

Recent African American literature

The co-author of Malcolm X's autobiography was **Alex Haley** (1921–1992), an important Black writer in his own right. His most successful book, *Roots: The Saga of an American Family* (1976), covers the story of seven generations of Africans and African Americans, from freedom and enslavement in Africa to life in 20th-century America. *Roots* was made into two television miniseries (1977, sequel 1979), and a remake of the first was televised in 2016. The novels, short stories and poems of **Alice Walker** (b. 1944) are likewise noted for their insightful treatment of African American culture. After graduating in the 1960s, Walker moved to Mississippi and became involved in the Civil Rights Movement. Her novel *The Color Purple* (1982) is composed of a series of letters and relates the traumatic experiences of an African American woman in the Deep South during the early 1900s: her growing up in bleak circumstances, the confrontation with domestic violence and rape, and her struggle for empowerment. Although Walker's novel was well received – it won the Pulitzer Prize for Fiction and was adapted into a film in 1985, directed by Steven Spielberg and featuring Whoopi Goldberg as Celie –, it was contested because of its focus on violence (also within the Black community), its positive depiction of same-sex desire and its explicit language. One of the most important authors of contemporary African American literature was **Toni Morrison**, née Chloe Ardelia Wofford (1931–2019). For her novel *Beloved* (1987), she won the Pulitzer Prize in 1988. In 1993, she also received the Nobel Prize for Literature, making her the first African American woman to achieve this honour. The Swedish Academy described Morrison as someone "who, in novels characterized by visionary force and poetic import, gives life to an essential aspect of American reality". She was deeply committed to the African American community and examined the struggles of African American women in a White, male-dominated culture in many of her works. *Beloved*, which was inspired by the true story of a fugitive African American slave, impressively examines the psychological consequences of slavery. Other novels by Toni Morrison include *The Bluest Eye* (1970), *Jazz* (1992) and *Paradise* (1997). Most recently, **Colson Whitehead** (b. 1969) has achieved fame for his novel *The Underground Railroad* (2016), in which he describes the workings of this secret organisation – run by local groups of Northern abolitionists, both White and free Black people – to help fugitive slaves escape to Canada or areas of safety in free states. The novel was a huge success and Whitehead won several notable prizes for it, among them the 2017 Pulitzer Prize for Fiction and the 2016 National Book Award for Fiction.

Cultural impact

Not only in the field of literature have the contributions of African Americans been considerable, but also in other arts, such as music or **film**. One of the first and most successful Black film stars was **Sidney Poitier** (b. 1927), who acted in the play *A Raisin in the Sun* when it was first produced on Broadway. His roles in numerous movies, such as *The Defiant Ones* (1958), *In the Heat of the Night* (1967) and *Guess Who's Coming to Dinner* (1967), established Bahamian-American Poitier as the premier Black actor of his time. He was the first Black actor to win an Academy Award for Best Actor and a Golden Globe Award for Best Actor, both for his role in the film *Lilies of the Field* (1963). Among the big names of **"Black cinema" today** are Morgan Freeman, Viola Davis, Denzel Washington, Will Smith and Halle Berry, as well as the writer-directors Dee Rees, Spike Lee and Steve McQueen, to name just a few.

As to **music**, the styles gospel, rhythm and blues, jazz, soul, rock and roll, reggae, rap, house and hip hop **all have African American roots** and have influenced musicians all over the world (e.g. The Beatles, The Rolling Stones, Eric Clapton etc.). Psalms and gospels have always been sung during church services, and many Black singers, like Aretha Franklin, started their careers in church choirs. At the beginning of the 20th century, during the mass migration of African Americans to the urban industrial North, many Southern Black musicians came to New York and settled in Harlem. The local **Cotton Club** was a Whites-only establishment, but, ironically, a great number of the most popular Black entertainers of the era performed there, such as Fletcher Henderson, Duke Ellington, Louis Armstrong, Adelaide Hall, Fats Waller, Billie Holiday and Lena Horne. Other African American musicians who have earned worldwide fame include Aretha Franklin, Ella Fitzgerald, James Brown, Stevie Wonder, Tina Turner, Roberta Flack, Jimi Hendrix, Michael Jackson, Prince, Lionel Richie and Whitney Houston. In the racial integration of popular music, the African American-owned label **Motown** played a significant role and Diana Ross became the major star of the Motown Sound. The musical genres of **hip hop** and **rap music** were developed in the late 1970s by African American youths from New York City and were to spread to other sections of the population and other countries in the decades to follow. These days, it is still impossible to imagine the **international music scene** without Black artists like Beyoncé, Jay-Z, Kanye West, Kendrick Lamar, Alicia Keys or Pharrell Williams.

African Americans have also widely contributed to other cultural spheres, such as the **visual arts**. The celebrated photojournalist **Gordon Parks** (1912–2006), for example, documented the effects of racial segregation and poverty on the daily lives of African Americans, using his camera as a "weapon". The artist **Jacob Lawrence** (1917–2000) similarly dealt with the African American experience, above all in the form of series of paintings (such as the Migration Series) and by setting brown and black against vivid colours.

Black English

The term **Black English** is used to describe the variety of English spoken by African Americans from the working and middle classes, especially in urban communities. It is also known as **"African American Vernacular English" (AAVE)**. While its exact linguistic origins will probably remain a matter of debate, AAVE clearly developed during the time of slavery and thus shares many features with Southern American English.

Compared to Standard American English, AAVE particularly shows differences with regard to **grammar and pronunciation**. Like all languages, it is organic and constantly changing. Some of the **main characteristics** of Black English are:

- **Pronunciation:** Consonants are often dropped at the ends of words, e. g. [hæn] for *hand* or [tɛs] for *test*. Final /ŋ/ is regularly spoken as [n] in words with two or more syllables, e. g. *singing* is pronounced [siŋɪn]. Word-finally, /θ/ is sometimes pronounced as [f], e. g. [maʊf] for *mouth*.
- **Grammar:** There is no *-s* ending in the present-tense third-person singular, e. g. *she walk* instead of "she walks". In the present tense, the verb *to be* is often dropped, e. g. *he my brother* ("he is my brother") or *you crazy* ("you are crazy"). So-called *habitual be* indicates that something is done regularly/often/usually, e. g. *he be working Mondays* ("he usually works on Mondays"). The genitive *-'s* ending may be omitted, e. g. *my momma sister* ("my mother's sister"). Double negation occurs quite often, e. g. *he ain't got no money* or *I don't want to hear nothing*.
- **Vocabulary** contains some special words and phrases (spelling is phonetic), such as *fashezee* ("for sure, absolutely"), *bootsie* ("bad, awful"), *hella* ("a lot, many"), *'sup?* ("What's up?") and *kitchen* (used to describe the curly hair at the nape of the neck).

Love and Power in Shakespeare's Plays

Shakespeare's life

William Shakespeare was born in April 1564, in Stratford-upon-Avon, where his father was a wealthy glove-maker and town councillor, and his mother from lower nobility. He went to the local grammar school until he was 14. In 1582, he married Anne Hathaway (1556–1623) and the couple had three children. Shakespeare left Stratford-upon-Avon and his family behind, and moved to the metropolis London around 1592, where he worked in various playing companies as both an actor and a playwright. There is no certainty about the dates of any of his plays, but for the next 20 years they appeared in a steady stream, at least 37 in all. Around 1611, Shakespeare returned to his hometown, Stratford-upon-Avon, where he had invested his considerable theatre earnings in houses and property. He died on 23rd April 1616, presumably because of his generally bad health.

Elizabethan England

Shakespeare lived during the time of the Renaissance, on the threshold between the late Middle Ages and the early modern period of history. The second half of the 16th century saw the beginning of what became known as the **Elizabethan Age**, named after Queen Elizabeth I (1533–1603). It was a time of discoveries, conquests and **economic rise**. After destroying the Spanish Armada in 1588, England became the world's number one sea power.

Shakespeare's contemporaries believed in an absolutely structured and ordered universe and society. Everything in the world had its specific place. This medieval concept has been termed **Chain of Being**. Consequently, the gravest sin to an Elizabethan was rebellion: stepping out of one's place and thus upsetting the natural order. In *Macbeth*, for example, Shakespeare exemplifies how this ranked order is broken by an over-ambitious man and has to be restored by his elimination.

The Elizabethan period was a time of political power and economic prosperity, and also a **golden age for the theatre**. Wealthy citizens and merchants were looking for entertainment, and new theatres like The Theatre, The Curtain or Shakespeare's Globe opened their doors. Not only ordinary citizens, but also great parts of the nobility – including Queen Elizabeth I and King James I – enjoyed the plays. Theatre people, especially travelling companies, such as the one in *The Taming of the Shrew*, were usually not highly regarded. Women were not allowed on the stage as actors. Young boys played the parts of Juliet *(Romeo and Juliet)*, Katherina *(The Taming of the Shrew)* and Beatrice *(Much Ado About Nothing)*. Shakespeare was a master in making his plays popular for the masses and the more educated spectators alike. Duels and fencing, ghosts, fools and disguises entertained the groundlings who paid a penny for a performance, whilst more serious philosophical passages (Macbeth's or King Lear's soliloquies, for example) engaged the nobility, who were seated in the more expensive seats in the gallery around the theatre building.

Macbeth

Macbeth (1606) is the last of Shakespeare's four great tragedies – the others are *Hamlet, Othello* and *King Lear*. The story is set in Scotland and England in the 11th century and largely based on Raphael Holinshed's *Chronicle of Scottish History* (1577).

Contents and structure

Act I: Exposition

Macbeth and Banquo, two generals in the army of the Scottish king Duncan, encounter three witches who prophesy that Macbeth will become king, but all future kings will be descendants of Banquo. Macbeth informs his wife, Lady Macbeth, in a letter about the prediction. Her ambition is aroused but she doubts her husband's manliness and determination to make the prediction come true by killing Duncan. When Duncan announces his royal visit, Lady Macbeth persuades her husband to murder the King in his sleep.

Act II: Rising action

At night Macbeth stabs the King and his two servants who he and Lady Macbeth intend to blame for the King's murder. The next morning, Macduff, one of Duncan's noblemen, discovers the body. He becomes suspicious of Macbeth's protestation to have killed the grooms to execute justice. Duncan's sons, Malcolm and Donalbain, do not believe Macbeth's explanations and flee to England and Ireland respectively.

Act III: Climax
Macbeth is now King of Scotland but he fears Banquo's rivalry, remembering the prophecy that Banquo's descendants will inherit the throne. He orders the assassination of Banquo and his son Fleance, but Fleance manages to escape. On receiving the news, Macbeth is raging with anger and frustration and he fantasises about seeing Banquo's ghost sat at the table. His insane behaviour increases the noblemen's suspicion that Macbeth is behind the killing. Macduff flees to England to join Duncan's son Malcolm and ask the King of England to raise an army to overthrow Macbeth.

Act IV: Falling action
To overcome the insecurity about his future, Macbeth returns to the witches. They summon three apparitions: the first warns him of Macduff ("beware Macduff"), the second assures him that he will not be harmed by anyone "of woman born" and the third claims that he will be safe until Great Birnam wood moves to his castle. They also foretell that future Scottish kings will come from Banquo's son. When Macbeth learns that Macduff has fled to England, he has Macduff's wife and son murdered. On hearing this news, Macduff vows to kill Macbeth.

Act V: Denouement – Catastrophe
At Dunsinane Castle, Lady Macbeth begins to sleepwalk, trying to wash her hands of Duncan's blood. An army led by Macduff and Malcolm is on its way but, remembering the words of the witches, Macbeth feels safe. Malcolm has ordered his army to carry branches from the forest as camouflage. Hearing that "Birnam Wood" is approaching, Macbeth orders the counter attack. He learns of his wife's suicide. Macduff challenges Macbeth, who realises he is doomed when hearing that Macduff was born by Caesarean ("from his mother's womb/Untimely ripp'd"). Macduff kills Macbeth and Malcolm invites everybody to his coronation at Scone Palace.

Character constellation
Main characters in *Macbeth*

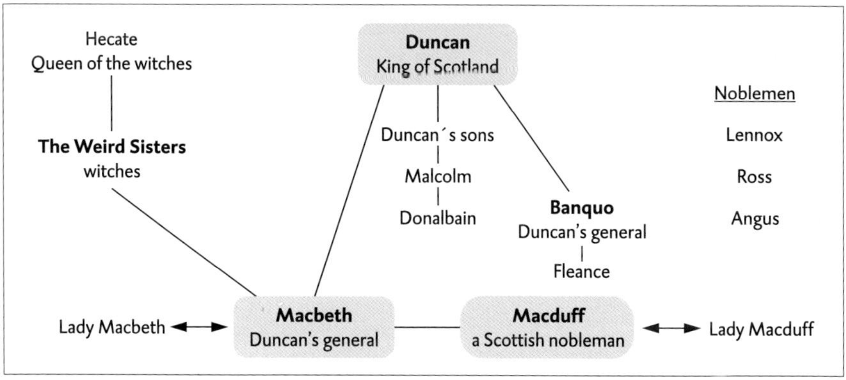

- **Macbeth:** Heroic and loyal warrior who converts to a hardened man and an evil murderer. Stimulated by the prophecy of the witches and spurred on by his wife, Lady Macbeth, he becomes the victim of his "vaulting ambition" (excessive ambition).
- **Lady Macbeth:** Ruthless and ambitious; reinforces her husband's ambition but doubts his determination; haunted by her guilt she goes mad and kills herself.
- **Banquo:** Brave and loyal general in Duncan's army; murdered by Macbeth. The witches predict that his children will become kings of Scotland.
- **Macduff:** Loyal follower of King Duncan, discovers the murder; flees to England; in retaliation Macbeth has his family killed. Macduff joins Malcolm's army in England and eventually kills Macbeth.

Key scene Act I, Scene 7

In this scene, Lady Macbeth persuades her unwilling husband to murder King Duncan in order to **make the prophecy of the witches come true**, which claimed that Macbeth would become king. Macbeth, however, is hesitant to overthrow Duncan because not only is he his relative (cousin), but also a good king and a guest under their roof whom they should protect. Consequently, he had decided to **abandon the plot** ("We will proceed no further in this business"). Lady Macbeth, who is as ambitious as her husband but more ruthless, knows Macbeth's kind nature and **uses her powers to manipulate him** and change his mind. She mocks him as an unmanly coward ("art thou afeard?") and scolds him for breaking the promise he had expressed in his letter ("greatness is promised thee"), which means he would be king and she his queen. She would keep her word, would even kill her own baby had she sworn to do so. Macbeth is concerned that their plan might fail, but **Lady Macbeth discards his reservations** by detailing how easily the murder can be carried out. Duncan will be fast asleep after a long day's journey, and she will see to it that his servants are drunk and won't remember anything, so that they can be framed as the culprits ("His spongy officers, who shall bear the guilt"). She even has a plan as to how she and Macbeth will have to behave and react in the morning after the discovery of the murder. They will mourn the King's death with loud cries and express their horror and grief. She assures her husband that nobody will raise any suspicion ("Who dares receive it other, / As we shall make our griefs and clamour roar / Upon his death?"). **Macbeth eventually gives in** and is ready to commit "this terrible feat."

Modern adaptations

Modern film versions include:

- ***Macbeth*** (1948) directed by Orson Welles. Welles plays the role of Macbeth.
  black-and-white film with some minor changes to the original: role of the three Witches extended; emphasis on the violence of the story (Lady Macbeth's suicide, the final battle, Macbeth's beheading).

- ***Throne of Blood*** (1957), directed by Akira Kurosawa.
  The action is set in feudal Japan, when powerful families and warlords (shogun) ruled the country; the main characters are samurai warriors; plot close to Shakespeare's original.
- ***Macbeth*** (1971), directed by Roman Polanski. Jon Finch in the title role.
  Rather violent; the events span several years, Macbeth and Lady Macbeth age over the course of the film.
- ***Macbeth*** (2010), directed by Rupert Goold. Patrick Stewart (Captain Jean-Luc Picard in *Star Trek*) plays Macbeth. It is the BBC TV's adaptation of Goold's stage production of the play.
- ***The Tragedy of Macbeth*** (2012), directed by Daniel Coll. Modern adaption set in the Elizabethan era. Although close to the original play, it is more of an interpretation than an adaptation.
- ***Macbeth*** (2015), directed by Justin Kurzel with Michael Fassbender as Macbeth. The film opens with the funeral of Macbeth's son, thus integrating the speculation which some literary critics expressed, that Macbeth and his wife's thirst for power was rooted in their grief over losing their child.

Much Ado About Nothing

Much Ado About Nothing is a comedy which Shakespeare wrote in 1598/99. The scene is Messina, Italy, and it is set in the 16th century.

Contents and structure

Act I: Exposition

Don Pedro, the Prince of Aragon, and his soldiers return from battle to Messina, where Governor Leonato welcomes them. Among Don Pedro's men are his brother Don John, and the two lords Benedick and Claudio. Claudio instantly falls in love with Hero, Leonato's daughter. Benedick, a confirmed bachelor, and Beatrice, Leonato's niece, resume their teasing love-hate relationship. As Claudio feels too shy to approach Hero, Don Pedro agrees to woo Hero for him at the masked ball, pretending to be Claudio.

Act II: Rising action

At the reception to celebrate the end of the war, Benedick and Beatrice continue their witty feud, with both professing that they are against marriage. Don Pedro reveals that he has successfully courted Hero for Claudio and the wedding is arranged for the following week. Don John, jealous of his half-brother Don Pedro, plans to frustrate the announced marriage by deceiving Claudio into believing that Hero is having a secret affair with a follower of Don John, named Borachio.

Don Pedro proposes a trick to make Benedick and Beatrice fall in love. They let Benedick overhear a staged conversation in which they talk about Beatrice's deep love for him.

Act III: Climax
The same trick is played on Beatrice, who is led to believe that Benedick loves her. Don John sets the scheme against Hero in motion. His man Borachio is to woo Hero's maid, Margaret, at Hero's window. Don John informs Pedro and Claudio that Hero is secretly meeting her lover that night and arranges with them to be present. They see Borachio calling Margaret 'Hero', which deludes Claudio and Don Pedro into thinking that Hero is unfaithful.

Two watchmen overhear Borachio and his accomplice bragging about the trick they played on Claudio and Don Pedro and want to inform Leonato. Leonato cannot make sense of their longwinded explanations and leaves for the wedding.

Act IV: Falling action
At the wedding ceremony, Claudio publicly rejects Hero, accusing her of infidelity. The shocked Hero protests her innocence, but neither Claudio nor Don Pedro want to believe her. Friar Francis, convinced of Hero's innocence, suggests that they pretend that Hero died of grief and hide her until her name is cleared. Left alone, Beatrice and Benedick finally declare their love for each other. Beatrice, furious at Claudio's treatment of her cousin, asks Benedick to kill Claudio to prove his love for her and avenge the shame Claudio has brought on her family.

At the trial of Don John's henchmen Borachio and Conrad, the truth about Don John's plot is discovered and Leonato is informed that his daughter died in vain.

Act V: Denouement
Leonato bitterly repents his treatment of his daughter. Don Pedro and Claudio are filled with remorse and offer to do anything to be forgiven. Leonato orders Claudio to marry his brother Antonio's daughter who looks like Hero – and is in fact Hero. Benedick asks to marry Beatrice and so the play ends with a double wedding.

Character constellation

Main characters in *Much Ado About Nothing*

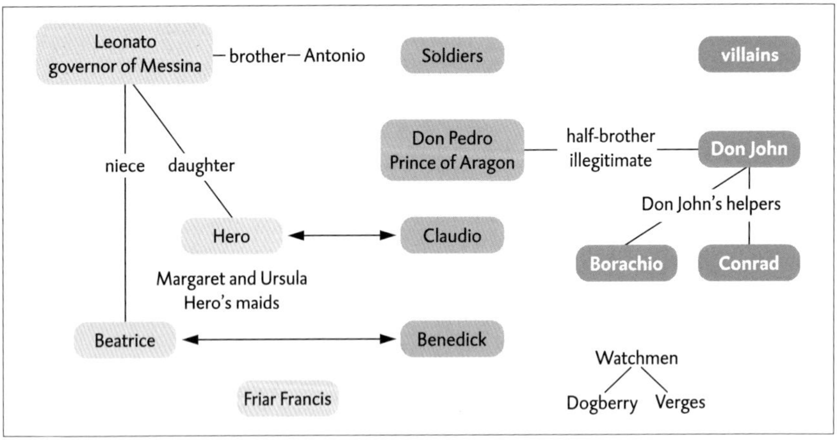

- **Benedick:** Sharp-witted young soldier from Padua; popular with the ladies but a confirmed bachelor; attracted to Beatrice with whom he has a "merry war"; refuses to admit he has feelings for her.
- **Beatrice:** Leonato's niece; witty, strong-willed and independent; holds a negative view of men, confirmed bachelor girl; very frustrated as she feels too powerless to defend her cousin Hero.
- **Don Pedro:** Prince of Aragon; respected, successful leader of the army; woos Hero for Claudio but helps him disgrace Hero at the wedding; comes up with the idea of getting Beatrice and Benedick together; stays single.
- **Don John:** Illegitimate (bastard) brother of Don Pedro; the antagonist of the play; bitter and angry; jealous of Claudio and schemes to destroy his marriage to Hero.
- **Leonato:** Governor of Messina; father of Hero, uncle to Beatrice; highly respected and eager to protect the family name; utterly shaken by the news of his daughter's supposed infidelity.
- **Hero:** Leonato's only child; obedient to her father; falls in love with Claudio; becomes an innocent victim of Don John's malicious scheme.

Key scene Act IV, Scene 1

The beginning of Act IV is a most dramatic scene, which represents a sharp **contrast to the merrymaking** which normally sets the tone of the comedy. This key scene can be divided into **two parts:** the unjust, unfair **shaming of Hero** at the wedding ceremony; and **Benedick's and Beatrice's mutual declaration of love**. When the curtain rises, all dignitaries are assembled in a church to witness the wedding ceremony between Claudio and Hero, conducted by Friar Francis. To everybody's shock and surprise, Claudio refuses to marry Hero, insulting her and calling her a "rotten orange", an "approved wanton" and likens her to "pamper'd animals that rage in savage sensuality", based on what he and Don Pedro believe to have seen the night before. Hero is completely stunned and cannot believe what she is hearing: "Is my lord well, that he doth speak so wide?" Unable to clear her name and refute the accusation, she loses consciousness, which Friar Francis uses to make the public believe that Hero has died of grief ("Come, lady, die to live"). Everybody leaves, weary and distraught, while Benedick and Beatrice are left alone on the stage. Beatrice is utterly shaken and distressed by the unjust suffering and disgrace of her cousin Hero and cannot stop crying. Benedick, who believes in Hero's innocence, tries to comfort Beatrice. Eventually **both confess their real feelings** for each other, and Benedick swears he would do anything to prove his love. Beatrice takes him up on this offer. As a woman she cannot challenge Claudio and asks Benedick to do it for her: "**Kill Claudio**." Benedick leaves, promising to take on Claudio.

Modern adaptations

- ***Much Ado About Nothing*** (1967), directed by Alan Cooke.
  BBC television version adapted from Zeffirelli's stage production for the National Theatre Company London.
- ***Much Ado About Nothing*** (1993), directed by Kenneth Branagh.
  Highly acclaimed and most popular version of the original, slightly shortened; starring Kenneth Branagh, Emma Thompson and Denzel Washington.
- ***Much Ado About Nothing*** (2005), written by David Nicholls.
  Modernised BBC TV version, set in the present day. Beatrice and Benedick are quarrelling TV broadcasters, Hero is the beautiful weather presenter in love with young sports reporter Claudio.
- ***Much Ado About Nothing*** (2012), directed by Joss Whedon.
  Close to Shakespeare's original. Differences: modern-day setting; hints at a more detailed, intimate relationship between Beatrice and Benedick.
- ***Messina High*** (2015), directed by Owen Drake.
  Modern language version, a romance set in a posh suburban high school.
- ***Speak Easy, Speak Love*** (2017), novel written by McKelle George.
  Story set in the 1920s during the Prohibition era in the USA (1920–1933). Beatrice Clark's cousin, Hero, runs a speakeasy – an illegal establishment that sells alcoholic drinks.

The Taming of the Shrew

The Taming of the Shrew is one of Shakespeare's early comedies, written around 1590–92. It is a comedy with farcical elements of interchangeable identity, disguises and mistruths. The action is presented as "a play within the play", performed for the diversion of a drunken tinker who is made to believe that he is a nobleman.

Contents and structure

Act I: Exposition

The young scholar Lucentio arrives in Padua with his servant Tranio. He falls in love with Bianca, the younger daughter of the wealthy gentleman Baptista. Bianca has many suitors but Baptista will not accept any of them until his older daughter Katherina, wilful and ferocious, has a husband. To be nearer to Bianca, Lucentio disguises himself as a teacher and goes to work in Baptista's house. Petruchio, a young man from Verona, arrives in Padua to visit his friend Hortensio and find a rich wife. He learns about Katherina and becomes interested in the rebellious young woman.

Act II: Rising action

Petruchio eventually obtains Baptista's permission to marry his daughter and despite Katherina's resistance, a wedding day is fixed. With Katherina married and out of the house, Baptista agrees that Bianca may marry Lucentio, provided that Lucentio will inherit his father's fortune.

Act III: Climax

Hortensio, disguised as the teacher Litio, and Lucentio, disguised as the teacher Cambio, contend for Bianca's favour. Lucentio reveals his identity and intentions to her. The next day, Petruchio arrives late for the wedding, wearing an absurd outfit, which irritates Baptista and Katherina. After the ceremony, he immediately takes Katherina with him to his country home in Verona.

Act IV: Falling action

At his home, Petruchio begins to "tame" Katherina. Pretending to care for her and act in her best interest, Petruchio and his servants do not allow Katherina to eat, arguing that the dishes are not good enough for her. In addition, Katherina is not able to sleep. Worn down by the mistreatment, she eventually submits and agrees to all of Petruchio's whims. In exchange, she has his permission to visit her father in Padua.

Act V: Denouement – Happy ending

Meanwhile in Padua, Hortensio has married a wealthy widow and Lucentio has secretly married Bianca. Baptista holds a banquet for both his daughters. When Petruchio is teased for being married to a shrew, he proves Katherina's obedience.

Character constellation

Main characters in *The Taming of the Shrew*:

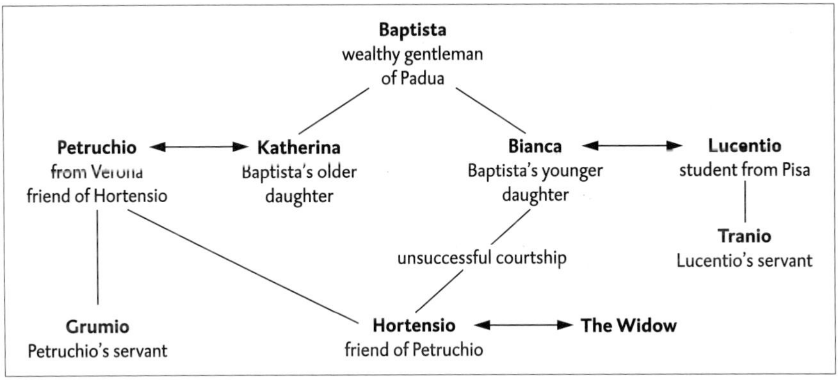

- **Petruchio:** Authoritative and dominant; looking for a rich woman to marry.
- **Baptista:** Wealthy gentleman of Padua; father of Katherina and Bianca; searches for rich suitors for Bianca.
- **Katherina:** Baptista's older daughter; wilful, uncontrollable and bad-tempered; transformed into an obedient wife by Petruchio.
- **Bianca:** Baptista's younger daughter; beautiful, mild-mannered, obedient; wooed by many; marries **Lucentio**: young man from Pisa, disguised as the poor school-teacher Cambio.
- **Hortensio:** Unsuccessful suitor to Bianca's hand; marries a kind widow; is mocked for being scared of his wife.

Key scene Act V, Scene 2

This is the final scene of the play in which Petruchio can prove that he successfully tamed the "shrew" Katherina. After the banquet in celebration of Lucentio's and Bianca's wedding, the women leave the table. The men are left behind and start talking about their wives. They **tease Petruchio for having married a shrew** ("thou hast the veriest shrew of all"). To counter this argument **Petruchio proposes a bet**. Lucentio, Hortensio and he should send for their wives and whoever's wife comes first shall win a large sum of money. They send a messenger to call their wives back. Bianca and the Widow refuse to come but **Katherina appears immediately**. When the other women finally turn up, Petruchio orders Katherina to tell them what duties they owe to their husbands. In her speech **Katherina defines the subordinate position** of a woman in a marriage ("Thy husband is thy lord, thy life, thy keeper, / Thy head, thy sovereign"). **She demands female submissiveness**, condemning any woman who is not obedient to her "loving lord" as a "graceless traitor". Petruchio is very pleased with his wife's speech and **Hortensio and Lucentio are amazed at Katherina's transformation**.

Modern adaptations

Modern film versions or adaptations include:

- ***Kiss me Kate*** (1948), a successful musical by Cole Porter.
  It combines different on-stage and off-stage romances during the production of Shakespeare's play.
- ***The Taming of the Shrew*** (1967), directed by Franco Zeffirelli, starring Elizabeth Taylor and Richard Burton.
- ***Ten Things I Hate About You*** (1999), directed by Gil Junger.
  Based loosely on Shakespeare's original; the action takes place at a high school in Seattle; Kat is a social outcast, her sister Bianca the prettiest and most popular girl in school.

King Lear

King Lear is one of William Shakespeare's four great tragedies – the other three being *Hamlet, Othello* and *Macbeth* – which he wrote towards the end of his career in London around 1604/1605. The play is believed to be based on various sources, including the anonymous play *King Leir*, and the *Chronicles of England, Scotland, and Ireland* by Raphael Holinshed.

Contents and structure

Act I: Exposition

King Lear announces his intention to step down from the throne and to divide the kingdom between his three daughters, according to the affection they express for him. His two older daughters, Goneril (Duchess of Albany) and Regan (Duchess of Cornwall), are extremely flattering towards him, but the youngest, Cordelia, is more honest than her sisters. Enraged and disappointed by her seeming lack of affection, Lear banishes and disowns Cordelia, who leaves to marry the King of France. Edmund, the illegitimate son of the Earl of Gloucester, tricks his father into believing that his son Edgar, Edmund's half-brother, is plotting to kill him and also persuades Edgar to stay away from his father.

Act II: Rising action

Regan, like her sister Goneril before her, refuses to house her father and his company in her castle. Deeply disappointed Lear goes out into the stormy night, accompanied only by the Fool and later the Earl of Kent. They also meet Edgar, who is disguised as a madman.

Act III: Climax

Out on the heath in the raging storm, Lear, near madness, is complaining about the ungratefulness of his daughters. News comes that the French army has landed at Dover. At Gloucester's castle, Edmund tells the Duke of Cornwall, Regan's husband, that his father Gloucester is a traitor for helping King Lear. Gloucester is captured and his eyes are gouged out by Cornwall and Regan. A servant kills Cornwall in Gloucester's defence, Gloucester is banished from his own castle.

Act IV: Falling action

Goneril's interest in Edmund increases. She suspects that her sister Regan is also seeking Edmund's attention. The French army has settled at Dover, where Kent learns that Cordelia, leading the French troops, is upset by the unbelievable behaviour of her sisters towards her father. When Lear and Cordelia are eventually reunited, Lear asks his daughter for forgiveness.

Act V: Denouement – Catastrophe

The French forces are defeated by the Duke of Albany's army, led by Edmund. Upon his command Lear and Cordelia are taken away to prison to be hanged. Goneril poisons Regan and then takes her own life. In a fight, Edgar fatally wounds his half-brother Edmund, who before dying, confesses his crimes. However, it is too late to stop Cordelia's execution. Lear carries the dead body of his beloved daughter in his arms and dies of a broken heart. Albany tells the Earl of Kent and Edgar to restore the kingdom.

Character constellation

Main characters in *King Lear*:

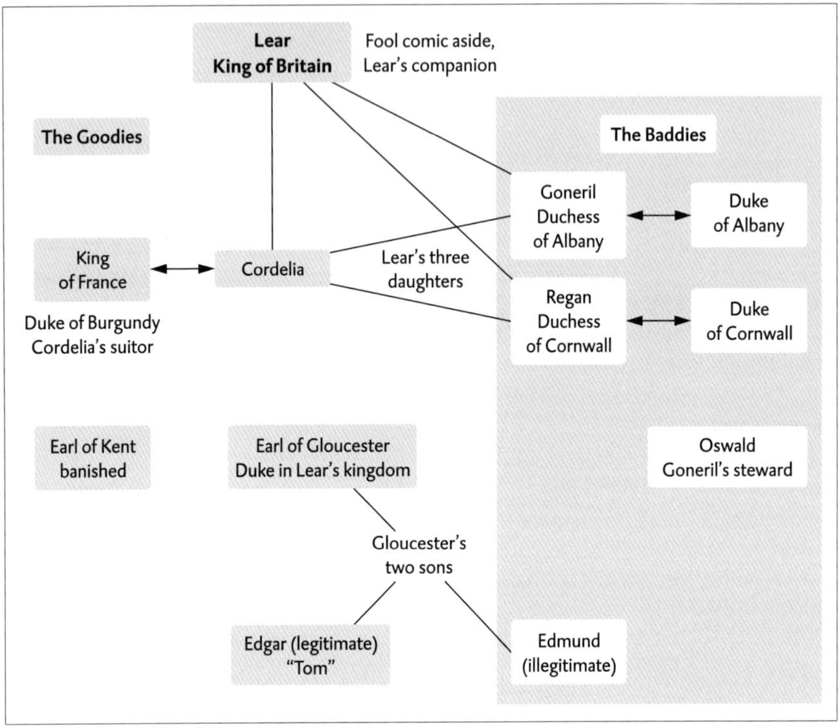

- **King Lear:** Ageing mythical king of pre-Christian Britain; commands absolute obedience; hungers for assurances of devotion; hot-tempered; makes tragic errors by trusting his flattering hypocritical daughters and misjudging Cordelia's honesty and Kent's loyalty.
- **Goneril:** Lear's oldest daughter; married to the Duke of Albany; vicious and ruthless; throws her father out of her house; kills her sister; unfaithful to her husband.
- **Regan:** Lear's second oldest daughter; married to the Duke of Cornwall; not as ruthless as Goneril, but also unfeeling and brutal; helps her husband in blinding Gloucester; plans to marry Edmund after her husband's death.
- **Cordelia:** Lear's youngest and favourite daughter, for whose hand the King of France and the Duke of Burgundy are competing; kind, sincere, virtuous; returning to Britain as Queen of France; she forgives her father for treating her badly.

Key scene Act I, Scene 1

The first scene establishes a **double plot:** the Lear story (a father and his daughters), and the Gloucester story (a father and his sons). These two plots are introduced in the first scene, with the Gloucester story being only hinted at here and being more deeply developed in the following scene (I, 2). When the curtain rises, the Earl of Gloucester and the Earl of Kent mention the division of the kingdom (Lear story).

The key scene introduces the **main characters** of the play: Gloucester, his illegitimate son Edmund, Kent and the protagonist of the drama, King Lear. Shakespeare hints at the weaknesses or defects (**flaws in the character**) of the two fathers who misjudge their offspring. Lear expresses his plans to retire from being king and is planning to divide his kingdom amongst his three daughters. When he tries to determine which one loves him the most, he falls for the grandiose phrases from Goneril and Regan and **mistakes Cordelia's honest reply as a lack of affection**. He disowns Cordelia and sends her away. Gloucester who jests lightly about his illegitimate son Edmund, completely underestimates the shrewdness of his wicked "bastard" son. Throughout the course of events, both fathers come to realise their grave errors – however, at a great price.

The key scene also reveals **Lear's failure as a sovereign**. His decision to abdicate comes at the wrong time, because leaving the throne and dividing the kingdom is bound to disturb the order, increase tension and cause internal strife (Cornwall – Albany, Edmund – Edgar). The rejection of Cordelia and the banishment of Kent add to **the King's political mistakes**.

Modern adaptations

Modern film versions or adaptations include:

- ***Ran*** (1985), directed by Akira Kurosawa.
  Set in 16th century Japan. Lear – Lord Hidetora – divides his kingdom among his three sons; no counterpart of Cordelia; often regarded as darker and more pessimistic than Shakespeare's original.
- ***A Thousand Acres*** (1997), directed by Jocelyn Moorhouse.
  Adaption of the 1991 novel of the same title; set in rural Iowa. The rich farmer Larry Cook (Lear) decides to divide his thousand-acre farm among his three daughters, Ginny (Goneril), Rose (Regan), and Caroline (Cordelia) A new theme is introduced which is not in Shakespeare's play, sexual abuse.
- ***My Kingdom*** (2001), directed by Don Boyd.
  Set in contemporary Liverpool; a crime lord divides his empire among his three daughters; gangster film focussing on Liverpool drug trade.
- ***King of Texas*** (2002), TV film directed by Uli Edel.
  Set in 19th century Texas. Ageing John Lear, a cattle baron, decides to divide his ranch among his three daughters, with the best part going to the daughter who loves him most. His youngest, Claudia, declines to flatter him, and is banished.

- ***King Lear*** (2008), TV film directed by Trevor Nunn; starring Ian McKellen. Recording of Nunn's theatrical production of the drama for British and American television; only adaption to use virtually all of Shakespeare's text.
- ***King Lear*** (2018), TV film directed by Richard Eyre; Anthony Hopkins as Lear. The action takes place in modern Britain; actors wear modern clothes, Lear's entourage wear military uniforms; original Shakespeare text is used but shortened for a film of 115 minutes.

Romeo and Juliet

Shakespeare's romantic tragedy was probably written between 1591 and 1595. It is set in the Italian cities of Verona and Mantua.

Contents and structure

Prologue (precedes Act I, in the form of a sonnet)
The chorus points to the fatal end of the "pair of star-cross'd lovers", Romeo and Juliet.

Act I: Exposition
Prince Escalus, the ruler of Verona, is determined to put an end to the continuous feud of the city's two noble families, the Capulets and the Montagues. He decrees death for any individual who disturbs the peace in the future. Romeo, the son of the Montagues, is in love with Rosaline but she does not return his affection. Benvolio tells his cousin Romeo to forget Rosaline and accompany him, in disguise, to a party of the Capulets. At the party Romeo and Juliet meet and instantly fall in love. Romeo learns from the Nurse that Juliet is a Capulet and Juliet is informed that Romeo is a member of the Montague family.

The chorus enters again before Act II begins, hinting at the difficulties facing the two lovers, but also assuring that "passion lends them power" to overcome them.

Act II: Rising action
After the party Romeo hides in the garden of the Capulets' house and overhears Juliet professing her love to him. She deplores that they both belong to feuding families. Romeo calls out to her and both promise eternal love. To arrange the wedding, Romeo approaches Friar Laurence, who agrees to marry the two lovers in secret, hoping the bond will end the hostilities between their families. The following day, the wedding ceremony takes place in Friar Laurence's cell.

Act III: Climax
Tybalt, a nephew of Lady Capulet, insults Romeo in order to challenge him to a duel. Romeo refuses to fight as he is now related to the Capulets, but his friend Mercutio takes up the challenge and is stabbed by Tybalt. To revenge Mercutio's death, Romeo kills Tybalt. Escalus, the Prince of Verona, banishes Romeo from the city. Friar Laurence advises Romeo to go into exile for the time being. He and the Nurse arrange for Romeo and Juliet to spend their wedding night in Julia's bedroom. The

following morning, Romeo leaves for Mantua. Juliet is told that she shall marry the Prince of Paris. As she cannot reveal to her parents that she is already married to Romeo, she hurries to Friar Laurence for help.

Act IV: Falling action
Friar Laurence thinks up a drastic plan to reunite Juliet with Romeo in Mantua. He tells Juliet, the night before her wedding to Count Paris she is to drink a potion which will make her appear to be dead for "two and forty hours". Her parents, believing that their daughter is dead, will lay her to rest in the family's vault. In the meantime, Romeo will be informed of the trick and will come to secretly rescue her and take her away to Mantua. At first, everything goes according to plan. Juliet drinks the potion and is found dead in her bedroom.

Act V: Denouement – Catastrophe
Juliet is buried in the Capulets' crypt. The rest of the scheme fails for the messenger is detained and cannot inform Romeo of the plan in time. Romeo only receives the false news of Juliet's death. He is devastated, buys a vial of poison to kill himself and hurries back to Juliet's grave. In front of the crypt he confronts Count Paris and kills him. He gives the dead Juliet a last kiss and drinks the poison. Juliet awakes, sees the deceased Romeo and stabs herself. The Capulets and the Montagues arrive, and in view of the dead bodies of their children, they promise to end their feud.

Character constellation

Main characters in *Romeo and Juliet*:

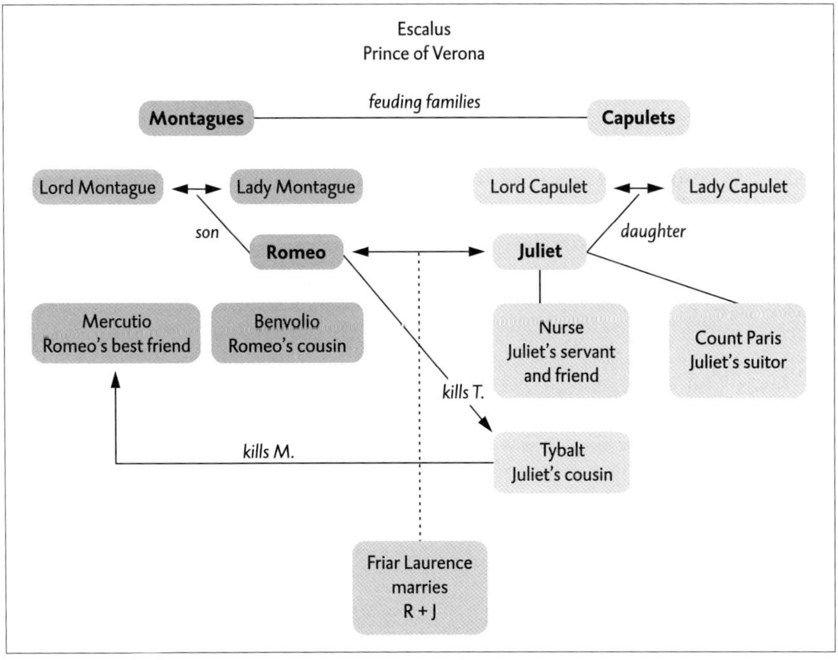

Montague family members

- **Lord Montague:** Head of the Montague family, Romeo's father, continues the feud between the family and the Capulets.
- **Romeo:** About sixteen years old; changes from a romantic dreamer into a passionate, resolute and daring lover by his deep affection for Juliet.
- **Mercutio:** Romeo's best friend; enters a fatal fight with Tybalt.

Capulet family members

- **Lord Capulet:** Head of the Capulet family, Juliet's father; shows no compassion for Juliet when she refuses to marry Paris.
- **Juliet:** Young (not even fourteen) and beautiful, madly in love, but keeps a cool head; tries to restrain Romeo's impetuous actions; strong-willed: refuses to marry Paris.
- **Tybalt:** Juliet's cousin, hot-tempered and quick to avenge the family's honour.

Others

- **Count Paris:** A young relative of the Prince; wants to marry Juliet.
- **Friar Laurence:** Franciscan monk; friend to Romeo and Juliet and tries to help them; secretly marries the two lovers and develops a cunning plan, which unfortunately fails.

Key scene Act III, Scene 5

This is the final scene of Act III and contains two relevant events: the parting of the lovers (Romeo and Juliet) and Juliet's refusal to marry Count Paris, which enrages her father.

After having spent the night together, Juliet wonders why Romeo is ready to leave, because she thinks it is still nighttime and too early to part ("It was the nightingale, and not the lark"). However, she soon realises that **day is dawning and it is time for Romeo to flee** before he is caught. When Romeo goes, she has a premonition that they will never meet again.

Lady Capulet, Juliet's mother, enters, and seeing her daughter distressed, she assumes that Juliet is grieving over Tybalt's death and tries to comfort her by promising to have Romeo poisoned. **She tells Juliet that she is to be married** in two days, but **Juliet refuses** ("I will not marry yet"). Her father enters and when he learns of Juliet's negative reaction, he is furious and starts insulting and cursing his only daughter ("you green-sickness carrion! out, you baggage! / You tallow-face"). He is enraged because he thinks Juliet is extremely ungrateful rejecting all the efforts he has made to find her a good match. He is not willing to accept Juliet's excuses for not getting married and **threatens to throw her out on the street to starve** and disown her unless she gives in. Lady Capulet refuses her daughter any sympathy. Juliet is outraged at the Nurse's suggestion to marry Paris and forget Romeo. She decides to **turn to Friar Laurence for help** and is resolved to kill herself "If all else fail, myself have power to die".

Modern adaptations

Modern film versions or adaptations include:

- ***West Side Story*** (1961), directed by Jerome Robbins and Robert Wise. Based on Broadway musical by Leonard Bernstein and Stephen Sondheim. Tony (Romeo) and Maria (Juliet) are two kids from rival gangs in 1950s New York.
- ***Romanoff and Juliet*** (1961), directed by Peter Ustinov. Film version of Ustinov's play of the same name; loosely based on Shakespeare's original and more of a Cold War parody. Juliet Moulsworth, the daughter of the American ambassador, and Igor Romanoff, the son of the Russian ambassador, meet at a party.
- ***Romeo and Juliet*** (1968), directed by Franco Zeffirelli. Set in 14th century Renaissance Italy with young actors in the title roles: Leonard Whiting (18) and Olivia Hussey (17); earlier film versions had used adult actors.
- ***Romeo + Juliet*** (1996), directed by Baz Luhrmann. Shakespeare's play is updated to modern times. Romeo and Juliet are the children of wealthy warring families in "Verona Beach". The film still retains the original dialogue.
- ***Romeo Must Die*** (2000), directed by Andrzej Bartkowiak. Loosely related to Shakespeare's original. Set in California; the Montagues and Capulets are now the Sing (Chinese) and O'Day (Black) families.
- ***High School Musical*** (2006), directed by Kenny Ortega. Musical TV film; the young lovers are in rival high school cliques instead of feuding families.
- ***Romeo and Juliet in Harlem*** (2017), directed by Aleta Chappelle. The film is set in Harlem, retains the dialogue and storyline of the original; first version with a majority African American cast.

Love and Power in Shakespeare's Plays

Despite the fact that in Shakespeare's time a woman, Queen Elizabeth I (also known as the Virgin Queen because she never married) ruled the country and gave her name to an entire period, **women in Elizabethan society** were completely subordinate to men. Their function was relegated to the household and the upbringing of children. In *The Taming of the Shrew*, Katherina defines the ideal of an obedient and subordinate wife – as men liked to see it ("bound to serve, love and obey"). For centuries, men dominated all spheres of life because women were regarded as weaker and inferior to men and were therefore denied access to positions of power. Only in the 19th century, social reformers began to successfully fight for equal rights for women, such as the control of property, equality of opportunity in education and employment, suffrage, and sexual freedom.

In Shakespeare's works, women play different roles, often more important and emancipated ones than in the real world of the Elizabethans. It should especially be kept in mind that all main characters in the plays of that time were members of the nobility.

Love and marriage

- *The Taming of the Shrew*

  The relationship between Petruchio and Katherina is a combat of unequals. Two different characters clash, the self-assured macho Petruchio is the master, who is undeterred by Katherina's wild and rebellious behaviour. Using brutal tactics (no food, no sleep) he manages to tame the bad-tempered, scolding woman. Like a proud circus director, he presents his tamed and docile "product" at the end of the play to an astonished audience.

- *Romeo and Juliet*

  Romeo and Juliet are loving partners who are devoted to each other and prepared to go to extremes to overcome the obstacle, the opposition of their feuding families, on the way to achieving happiness together. While Romeo is the more impetuous of the pair, Juliet tries to keep a cool head and makes plans to be united with Romeo.

- *Much Ado About Nothing*

  Beatrice and Benedick are equals in as much as they exercise their freedom and independence. Neither care much about social conventions and both are against marriage. They have been sparring partners for some time, mocking and teasing each other until they are tricked into love.

The strive for power

- *Macbeth*

  The prospect of becoming King and Queen completely destroys the happy marriage of the Macbeths. After the murder of King Duncan, Macbeth commits and orders one killing after the other in order to stay in power. Lady Macbeth, initially the driving force behind the murder of Duncan, disappears into the background and gradually loses her mind. Later, when Macbeth is informed of his wife's death, he does not react at all to the sad news.

Fathers and daughters

- *King Lear*

  Lear's cunning and reckless daughters Goneril and Regan take advantage of their father's failing mental health to receive a share of the kingdom. They easily win his favour with exaggerated professions of affection. Once they have achieved their aim, they make fun of their father and refuse to house him. In contrast, Cordelia is more reserved and honest and states her love to her father in simpler words. Lear mistakes this sincere reply as lack of affection and disowns and banishes Cordelia.

- *The Taming of the Shrew*

  Baptista, the father of Katherina and Bianca, controls his daughters' lives. He has decided that Bianca, his youngest, can only marry when Katherina, the elder daughter, has found a husband.

- Both in *Romeo and Juliet* and *Much Ado about Nothing*, there are scenes in which fathers react very harshly to the real or imagined disobedience of their daughters.

Inequalities in Western Capitalist Societies[4]

When categorised by the criterion of ownership of means of production, there are basically two opposing main types of economic systems: **capitalism and socialism**. Most industrialised countries in the Western world have organised their economies along capitalist lines. The main characteristics of a **capitalist economy** are **private ownership** of the means of production (e. g. factories), their operation for profit, and removal or reduction of state regulations (deregulation). Prices for goods and labour, stocks and shares are determined on a competitive **free market** by **supply and demand**. In contrast, in a **centrally planned economy**, for example in North Korea (or historically in the Soviet Union and German Democratic Republic), there is **no private ownership**. Instead, all means of production lie in the hands of the **state**. The government develops economic plans, **controls production and fixes prices**. Advocates of a planned economy argued that this was the only way to avoid the exploitation of the masses and to distribute wealth equally. However, as George Orwell showed in his allegorical novel *Animal Farm* (1945), this ideal socialist vision of economic equality in a classless society is nowhere near perfect. This has been proven in reality several times, for example in the GDR, where the state controlled all areas of life and people were not free and equal but oppressed and constrained.

The development of the free market theory

According to some theorists, the main reason why the idea of a classless society, most notably expressed by Karl Marx, has never been successful in reality is **human nature**. In the 18th century, for example, the Scottish philosopher and economist Adam Smith explained in his book *An Inquiry into the Nature and Causes of the Wealth of Nations* (1776) that people are naturally selfish and that this self-interest incites them to work hard in order to achieve wealth and power. According to Smith, this egoistic desire was not to be criticised or condemned, however. On the contrary, Smith argued that the pursuit of self-advantage would guarantee general welfare, which would mean, in the end, that the whole of society would profit from individual endeavours. Consequently, Smith advocated private enterprise and free trade, the cornerstones of **capitalism**, which were the main driving forces behind the Industrial Revolution and Britain's rise to the world's number one economic power in the 19th century. At the beginning of the 20th century and during World War I, the countries which had embraced Smith's doctrine of economic freedom and the function of market forces experienced economic upheavals, the culmination of which was the Great Depression in the USA (Wall Street Crash of October 1929). These declines brought discredit upon Smith's idea of "laissez-faire" and some countries broke with the capitalist principle. The US government, for example, interfered with the market by investing large sums of money into programmes to revive economic growth (Franklin D. Roosevelt's New Deal). After the recovery, the state assumed a more important

4 Schwerpunktthema ist nur relevant für das berufliche Gymnasium.

role and the classical 19th-century liberalism was adapted. The new economic approach became known as **neoliberalism**.

In the 20th century, the most influential proponent of free trade was the American economist Milton Friedman (1912–2006), who was awarded the Nobel Prize in Economics in 1976. In line with Adam Smith's doctrine that a **free market economic system** leads to progress and general welfare, Friedman coined the phrase "the business of business is business". As an economic advisor to US President Ronald Reagan (in office: 1981–1989), he helped shape an economic policy which became known as "**Reaganomics**": limited government spending and reduced government intervention in the private sector to leave more room for private initiative. In his first Inaugural Address of 1981, Reagan summed up his belief and that of his Republican Party that "[w]e are a nation that has a government – not the other way around". As an incentive for businesses and individuals, he introduced tax cuts which, it was hoped, would finance themselves by stimulating growth and, in return, revenues.

The UK equivalent to the American Reaganomics was "**Thatcherism**", named after Prime Minister Margaret Thatcher (in office: 1979–1990), who formulated a radical free-market policy along the same lines as Ronald Reagan. The economic programme of the "Iron Lady" was characterised by privatisation of key industries (including gas, water and electricity), deregulation (removal of state control), as well as the passing of acts to limit the power of the UK's trade unions.

To avoid economic disasters like the Great Depression of the 1930s and the financial crisis of 2008, advocates of what became known as **modern American liberalism** called for changes to stop the unbridled and risky play of market forces. They argued that in the capitalist "laissez-faire" system, those who have less power and money find it very hard to survive and to improve their own situation without any help from the state. Therefore, the government should not only provide welfare programmes for the disadvantaged sections of society, but also assume a more powerful role in economic activities. This means taking measures to correct market failures (such as the development of monopolies), maintain steady growth and high levels of employment, and manage the money supply (by means of the fiscal policy of central banks). As a look at indicators of people's social and economic status (e. g. **income**, **education** and **property**) reveals, the success of these interventions is not guaranteed: **inequalities in Western capitalist societies** still exist.

Inequalities in income and property

In 2017, the three richest individuals in the USA – Jeff Bezos, Bill Gates and Warren Buffett – possessed more wealth than the bottom half of the US population (about 160 million people) combined. Similarly, a 2018 study found out that in Germany, 45 well-to-do households owned as much as the lower-earning half of the population (about 40 million people). For critics of the free market economic system, this is ample proof that capitalism is benefiting a relatively small elite at the expense of the majority of people and produces a **massive income inequality**. Most people find it hard to understand why some top managers should earn immense sums and be given huge bonuses every year. Even if they fail, top executives often receive generous compensation packages. In fact, the **gap between rich and poor** is growing: the rich are getting richer, the poor poorer. Wealth is concentrating into fewer and fewer hands. Politicians and economists warn that this unequal distribution of wealth could increase many people's mistrust towards the free market system and lead to social tensions.

The most relevant reasons for the **growing downward pressure on wages** are globalisation and technical innovations. Traditional working-class jobs have disappeared because they have either been taken over by **new technologies** (robots and computers) or, as a result of **globalisation**, outsourced to countries with lower labour costs. While many skilled manual workers have retrained for office jobs or started their own small businesses ("white van man"), the masses of unskilled workers have been left behind, confronted with the difficult task of finding new employment. Many have had to content themselves with working in menial jobs, for example as car park attendants, cleaners or shelf stackers – jobs with very low status and even lower pay. In the US, menial jobs often pay less than $ 10 per hour, which creates an income below the federal poverty level. These people have formed a new class, the so-called "**working poor**" – they work, but do not earn enough to live on and so have to rely on social welfare. Others who have lost their permanent jobs can only find freelance work or **temporary employment**, often arranged through a "temp agency", a supplier of contract labour. Thus, a whole new labour market has developed, the so-called **gig economy** or **on-demand economy**, with workers who do not know where, when or how long they will be employed. **Job insecurity** has become one of the most prominent workplace stress factors. Contract workers are hired for short-term assignments, and as they are not integrated into a company's regular staff, they are paid less and are often not entitled to holiday or sick pay. According to a predictive study presented by *Intuit* in 2010, 40 per cent of American workers were expected to be independent contractors (on-demand workers) in 2020. All in all, in the "free-for-all" economy, the situation for many workers has changed for the worse, and support or protection from trade unions is rather limited. American unions have never played a strong role, and the power of British unions has been curbed drastically by the regulations introduced by the Conservative government under Margaret Thatcher. Due to the Covid-19 pandemic of 2020, many workers have lost their jobs and with a global recession on the rise, their fate remains unsure but will no doubt be difficult.

In capitalist societies, **women are especially affected by inequalities** in several ways: they often **earn less** than men in comparable positions and have **fewer chances of promotion**. Although many women are as successful at gaining qualifications as men or even more successful, their subsequent careers are often interrupted after childbirth. In addition, when it comes to choosing applicants for well-paid and high-status jobs, women are frequently at a disadvantage because strong "old boy networks" pave the way for male applicants. Often, women are passed over and find it hard to advance beyond a certain level of management. This phenomenon has been termed the "**glass ceiling**" effect. As a result, female representation in leading positions is still rather low. Many governments in Western capitalist economies have started incentives for the **empowerment of women** to promote women's prospects, allowing them to participate fully not only in the job market, but in all sections of economic and political life. However, the number of women in politics is also still rather low. Therefore, an increasing number of countries have introduced various types of gender quotas for public elections. Every year on 8 March, **International Women's Day**, the world community commemorates the political, social and economic achievements of women and calls for the development of more effective measures to empower women and advance full equality.

One of these demands is to close the **gender pay gap**. Although many governments have been taking measures or have passed laws to guarantee equal pay (e. g. the Equal Pay Act of 1970 in the UK), the gulf between men's earnings and that of women still exists. According to a BBC analysis of about 10,000 large companies that reported their pay data in April 2018, 78 per cent of these companies pay men more than women. What is more, when they retire, working women receive lower pensions and may have difficulty making ends meet. The gender pay gap affects mothers in part-time work and single working mothers especially hard.

Inequalities in education

In many Western countries, inequalities exist not only in income and property, but also in the field of education. For many school-leavers, **higher education** at colleges and universities has become a luxury, a **privilege for the wealthy** in the USA and the UK. Students in the UK pay some of the highest student fees in the world. Since 2012, British colleges and universities may charge home students up to £ 9,250 a year for tuition fees. International students will even need to pay far more. In addition, apart from paying for university courses, students need money for their living expenses, which, according to some estimates, amount to at least £ 13,000 a year. Many colleges thus ask students to prove that they have sufficient resources before they can start their studies. In the USA, costs are similar, but vary considerably. In both the US and the UK, tuition fees mostly depend on the type and prestige of the institution. The top universities, e. g. those of the Ivy League (Harvard, Yale and Princeton etc.), charge enormous fees which only wealthier parents can afford for their children. For example, annual tuition fees at the Massachusetts Institute of Technology (MIT) amount to $ 51,520 (2018/19). Similarly, studying at one of the top universities in England, such as Oxford or Cambridge, also comes at a very high price, making **first-class education affordable only for young people from well-off backgrounds**. As a result, although more young people in general are attending university today, the **gap in attendance rates** between those from less well-off and those from better-off backgrounds is widening.

To cover the immense costs, most students in the UK and the US have to take out **tuition fee loans**. This debt is not only a financial burden, but also a psychological worry. A recent poll on behalf of the British educational charity organisation Sutton Trust confirmed that **finance and student debt remain key concerns for young people**. Before they start their working lives, most graduates have accumulated a huge debt of more than £ 40,000, with young people from less well-off backgrounds taking on the most debt. The British government has introduced some measures to facilitate repayment after graduation, but many school-leavers are still deterred from going to university because of the high costs. In the US, the situation is quite similar. Student loan debt is now the second highest consumer debt category there – coming second only to home mortgages – and higher than both credit cards and car loans. The enormous investment does not always pay off and having a university education is not necessarily the key to success and higher income. Very often graduates cannot find a job which would correspond to their university education but have to accept menial work or are confronted with **unemployment or underemployment**. Consequently, many college graduates end up worse off than if they had started working at the age of 18.

Inequality does not only exist in higher education. A study has found that across the European Union, **children from immigrant families** tend, on average, to **perform less well** in school and are more likely to be early school-leavers than their native counterparts. Among the most likely reasons why immigrant children often stay behind are their background of poverty, social isolation and language problems. Psychologists, educators and sociologists have always stressed the importance of early education for children's successful integration and improved future economic opportunities. Therefore, **educational empowerment** of immigrant children is important and must be put into practice by helping immigrant parents overcome financial barriers, providing better instruction in the host language earlier and dedicating more resources to schools with a high concentration of immigrants.

Inequalities in property rights and market power

Another important feature of capitalism – apart from private ownership of the means of production and free markets – is **private property rights**, which means that individuals and firms can accumulate private property that is secured by clear laws. For example, firms can have the brand name or design of their product protected by special laws. They can also apply for patents on new inventions or processes which grant them the exclusive right to use them. The idea behind this **legal protection** is to provide support and an incentive for firms and individuals to engage in creative and innovative activities. People or companies should be able to profit from their hard work and receive a return ("reap the fruits") for the time and money they have invested. However, this can also create great inequalities, namely when large companies have many patents or set industry standards and thus **dominate the market** to such an extent that competition is extremely tough or even impossible and prices for average consumers rise to very high levels. Monsanto, a US agricultural biotechnology corporation, for example, has been criticised not only by environmentalists questioning the safety of GMOs and pesticides, but also by small farmers who claim that Monsanto's tight control of the GM seed supply has driven them out of business. The acquisition of Monsanto by the German multinational pharmaceutical giant Bayer in 2018 created the world's largest seed and agrochemical company, with Monsanto controlling the global market for genetically engineered crops. If one firm controls the entire market, it is called a **monopoly**. Following the takeover of Monsanto, the EU warned that competition in digital farming and research could be impaired. Anti-monopoly criticism has also been directed at other big corporations, such as Amazon, Apple, Microsoft, Google, Facebook, Coca-Cola or Nestlé. Coca-Cola, for example, was taken to court for monopolising the soft drinks market and Nestlé was accused of price fixing.

Protests against capitalism

Defenders of capitalism have always argued that those with capital will use it to create more wealth that will, in turn, lead to more jobs and income for everyone. According to them, not only will the wealthy benefit, but their wealth will "trickle down" to the lower classes (**trickle-down theory**). This assertion has long been questioned, however. Towards the end of the 19th century, when the downsides of the Industrial Revolution (child labour, poverty, dreadful working conditions, long working hours and exploitation of workers) could no longer be ignored, socialists such as those organised in the Fabian Society demanded reforms, such as **the formation of trade unions**, to remedy economic and social injustices. More radical opponents of capitalism called for **class warfare** to replace private enterprise. In **2008**, the greedy and unethical behaviour of banks and investment advisors led to a serious **global financial crisis**. In the hope of high profits, banks had made credit easily available – even to millions of people with low incomes. When these borrowers were unable to repay their loans, panic spread through the stock market and financial institutions lost billions of dollars. The breakdown of the US housing market caused a recession in the USA and a serious crisis in the financial system worldwide. Governments in the USA, Britain and Germany were forced to spend billions of taxpayers' money to stabilise the financial market and save those big financial institutions which were regarded as essential to the economic system and therefore "**too big to fail**". Protests by activist groups like **Occupy Wall Street** and **Attac** against the abuse in the banking sector (using tricks and illegal insider information etc.) led to the introduction of several Wall Street reforms.

Today, not all sections of society are profiting from the fruits of capitalism. In fact, many people have the impression that wealth seems to "trickle up". The wealthy become better off, while the majority of the population does not benefit much, if at all. The widening gap between rich and poor creates **social tensions and an anti-establishment feeling**, which frequently erupts in violent street riots – such as in Italy, Spain or France. More often than not, a rather spontaneous protest against unemployment, austerity measures, tax increases or higher petrol prices shifts into a much broader **anti-government movement**. Many observers regard the protests as a manifestation of **a widespread "us and them" feeling**. Working-class or underprivileged people see themselves as almost helplessly exposed to unfair treatment by the government. Many of them suspect that the administration gives in to the lobbying of the rich, who manage to influence the passing of legislation that will only hurt the masses. This is where the government can step in by taking measures which prevent unfair treatment of social groups. In 2010, for example, Democrat Barack Obama signed a law called the Dodd-Frank Wall Street Reform and Consumer Protection Act to decrease various risks in the US financial system. However, some of the strict regulations of this law were eased again by Republican Donald Trump in 2018.

Possible solutions

Some economists say that the **disparity** between extravagant wealth and immense debt is both a fundamental flaw and characteristic of capitalism, and that a certain amount of inequality must be tolerated and even expected, because people are different. Some people, for example, are more talented, work harder, save more or manage their finances more prudently than others. Nevertheless, measures are needed to combat the high level of inequality which now exists. According to Joseph Stiglitz, a Nobel Prize-winning American economist, there is a wide range of possible reforms and policies that can help reduce inequality. One thing that is fundamental to addressing the issue is public investment in education. If, as in the United States, for example, only those with rich parents usually have access to good education, the inequality in one generation will be passed on to the next. Governments should thus ensure **equal access to education**, regardless of differences in ability and background. Regarding the labour market, macroeconomic policies are needed that maintain **economic stability** and **full employment**. The minimum wage must be increased and the voice of workers in the workplace must be strengthened. Furthermore, governments can reduce unequal opportunities and achieve a more just distribution of wealth through **fair and full taxation** on capital income. Laws and regulations must be introduced to avoid tax evasion. Taxing the rich more than the poor (progressive tax) can also help to narrow the gap between the haves and have-nots. Finally, refundable tax credits for low- to moderate-income working individuals and couples, especially those with children, such as the earned income tax credit (EITC) in the US or the working tax credit (WTC) and the child tax credit (CTC) in the UK, must be strengthened.

Zusätzlich für das erhöhte Anforderungsniveau:

J.D. Vance, *Hillbilly Elegy. A Memoir of a Family and Culture in Crisis* (2016)

The book *Hillbilly Elegy* is the memoir of author J.D. Vance, in which he writes about his own personal journey from poverty to (middle-class) success and offers an insight into the standing and problems of the White working class in the USA today. His book and views on frustrated White Americans aroused particular interest because its publication coincided with the stunning victory of Donald Trump as 45th President of the USA in 2016. Journalists called the vote for Trump a "whitelash", a rebellion of White, male American-born citizens who believed they were losing their dominant position in America's changing society. Since the 1970s, the income of households headed by a non-college graduate has fallen continually. Between 1999 and 2014, it declined by almost 20 per cent, making life hard for millions. Vance identifies with these working-class White Americans whose family tradition is poverty and whom the rest of the society calls "hillbillies", "rednecks" or "white trash". Vance admits that life at the bottom of society is difficult, but he criticises the White underclass for blaming the government or faceless companies for their lot and giving in to alcohol or drugs. Instead, people should ask themselves what they could do to make things better. Vance lists the reasons why "hillbillies" fail and pass on poverty, unemployment, alcoholism and aggression from one generation to the next. According to him, it is their lethargy and lack of stamina and application. He gives the negative example of a young co-worker he met, who threw away his chances just because he was too lazy and could not make himself go to work and earn a decent income. In the author's view this is not an exception but a widespread phenomenon: "Too many young men immune to hard work. Good jobs impossible to fill for any length of time. And a young man with every reason to work – a wife-to-be to support and a baby on the way – carelessly tossing aside a good job with excellent health insurance. More troublingly, when it was all over, he thought something had been done *to him*." Consequently, Vance urges, "we hillbillies must wake the hell up". People are responsible for breaking the cycle of anger and frustration themselves, because it is not the government that makes them skip work.

In his book, Vance narrates his own biography to prove that it is possible to make progress in American society today. In the 1940s, his grandparents moved to a small decaying steel town in south-western Ohio, where his grandfather found work in the Armco steel plant. Vance grew up in a rough culture that prized toughness and honour highly, where everybody was shouting and fighting, and every disagreement turned into a blood feud. His mother abused alcohol and prescription pills and had a steady stream of unsuitable male partners. Young J.D. barely knew his father until he was almost in his teens. The lack of a father figure, the poverty, drugs and a culture of confrontation was a painful experience for the boy. In the end, it was his grandparents who saved him. Supported by his grandmother, he finished school – many underclass children drop out –, joined the Marines and then graduated from Ohio State University and Yale Law School. He was lucky enough to marry a woman who showed him how to build a happy family. Today, he works as an investor at a leading venture capital firm.

Abiturprüfung Hamburg – Englisch:
Übungsaufgabe 1

Hörverstehen

Task 1: Purple Door Coffee Shop: Changing lives one cup at a time

You will hear a recording about how a project is helping young homeless people in Denver. While listening, tick (✓) the correct answer (a, b or c). Do not tick more than one answer.

You will hear the recording **twice**. You have **one minute** to look at the task.

1. The aim of the scheme is …
   a) ☐ to give homeless young people a job.
   b) ☐ to raise money to provide shelter for homeless young people.
   c) ☐ to give homeless young people a chance to change their lives.

2. The young people are found through …
   a) ☐ advertisements.
   b) ☐ suggestions by partner organisations.
   c) ☐ voluntary internships.

3. A big problem of young homeless people is that they …
   a) ☐ lack many basic life skills.
   b) ☐ often fight each other.
   c) ☐ do not eat healthily.

4. The coffee shop owners …
   a) ☐ provide an education for the young people.
   b) ☐ meet once a week to talk about their employees.
   c) ☐ help their employees to manage their lives.

5. What Kevin likes about working at the "Coffee Shop" is …
   a) ☐ gaining new ideas through the programme.
   b) ☐ the approach the owners adopt towards their employees.
   c) ☐ that employees can talk openly to the owners.

6. The owners feel that the best thing is seeing the people in the scheme …
   a) ☐ grow up.
   b) ☐ gain self-confidence.
   c) ☐ enjoy themselves.

Task 2: Teen Business Owner Creates Recipe for Success

You will hear a recording about a teenager who has started her own business. While listening, fill in the missing information. If not specified, one aspect is enough. Write **1 to 5** words or numbers. There is one example (**0**).

You will hear the recording **twice**. You have **one minute** to look at the task.

0) How Bree feels when baking:	innovative / creative / in another world
1) How her great-grandmother influenced Bree:	
2) What Bree's mother advised her daughter to do:	
3) What role Bree's mother has in the business today:	• •
4) What Leo Harrington thinks of Bree's work:	• •
5) What Bree has learnt through working in her bakery:	• •
6) What ingredient makes Bree's sweets special:	

Task 3: Journalism and its Audiences

You will hear a recording about journalism and its audiences. Choose the people (1–6) who match each phrase (A–H). There is only one correct answer. There are two options which are not needed.

You will hear the recording **twice**. You have **one minute** to look at the task.

1 Internet enthusiasts

2 Pro-sumers

3 Bystanders

4 Journalists today

5 Modern audiences

6 Journalists in former times

A benefitting from the latest radical changes

B actively gathering information from interview partners

C provided with more sources of information and items of news than before

D hoping that journalists and their audience work closer together

E both consuming and making the news

F witnesses taking pictures and putting them online

G accessing news more randomly than before

H putting different items of news in a new context

1	2	3	4	5	6

Sprachmittlung

Wie die Städte der Zukunft aussehen

[…] Immer mehr Menschen leben in Städten. Seit dem Jahr 2007 ist ihre Zahl weltweit sogar größer als diejenige aller Landbewohner – ein Novum in der Geschichte der Menschheit. Bis 2030 werden sich nach Schätzung der Vereinten Nationen rund fünf Milliarden Städter auf unserem Planeten drängeln, das sind rund zwei Milliarden mehr als heute. Selbst im stark urban geprägten Deutschland, wo bereits drei Viertel der Bevölkerung in Städten wohnen, wachsen die Ballungszentren und Metropolen weiter, obwohl die Gesamtbevölkerung insgesamt zurückgeht.

Längst drohen vielerorts Verkehrsinfarkte, Staus und Parkplatznot gehören zum Alltag. Vor allem Megacities verbrauchen Unmengen an Energie, Rohstoffen und Fläche. Auf der anderen Seite produzieren sie Massen an Schadstoffen, Abwasserströme und Müllberge.

„So wie bisher wird es in Zukunft nicht funktionieren, die Urbanisierung ist in eine Sackgasse geraten", warnt Steffen Braun vom Fraunhofer-Institut Arbeitswirtschaft und Organisation (IAO) in Stuttgart. Das Institut koordiniert maßgeblich die Fraunhofer-Initiative „Morgenstadt", die Konzepte und Technologien entwickelt für die Vision einer klimafreundlichen und lebenswerten Stadt.

Um sinnvolle Lösungen zu finden, erklärt Braun, sei es notwendig, verschiedene Bereiche wie Energie, Verkehr oder Gebäudetechnik miteinander zu vernetzen. Beispiel: Mobilität in der Stadt. „Die gegenwärtigen Fahrzeuge durch Elektroautos zu ersetzen, reicht allein nicht aus. Zusätzlich sind neue Konzepte notwendig, zum Beispiel das der gemeinschaftlichen Nutzung von PKWs." Denn dadurch verringert sich auch der Energieverbrauch und es entsteht Platz – auf den Straßen und auf Parkplätzen. Den notwendigen Strom erhalten die Elektroautos dann nicht mehr an öffentlichen Tankstellen, sondern zu Hause. Das birgt weitere Einsparmöglichkeiten. Laden Privatbesitzer ihr Fahrzeug in der heimischen Garage auf, lässt sich der Energiebedarf des Autos mit dem Energiehaushalt des Gebäudes abstimmen.

Wenn aber tatsächlich irgendwann überwiegend Elektroautos unterwegs sind, hat das weitere Auswirkungen. Zum Beispiel steigt die Luftqualität und die Lärmbelastung geht zurück. „Das bedeutet, dass dann eventuell wieder mehr Wohnraum entlang von Hauptstraßen entstehen könnte", sagt Braun. Insofern haben Veränderungen bei der Automobil-Technik durchaus auch Auswirkungen auf die Stadtplanung.

Schallschutz und Luftqualität lassen sich zudem noch auf andere Weise verbessern: So könnte man Fassaden derart beschichten, dass sie Schall absorbieren oder den Schadstoffgehalt in der Luft mittels Nanotechnik reduzieren. Auch wäre es möglich, die Gebäudeoberflächen so zu gestalten, dass beispielsweise aus einem Wohn- oder Bürohaus eine Art Minikraftwerk wird. Algen, in durchsichtigen Modulen an der Fassade angebracht, könnten Biogase erzeugen. Und Membranüberdachungen würden das Prinzip Photovoltaik noch viel stärker in die Architektur integrieren, als das bislang der Fall ist. […]

Auch im Wohnbereich selbst ließe sich einiges optimieren. In einem Beitrag im Wissenschaftsmagazin *Science* entwirft Diane Cook von der Washington State University in Pullman (USA) die Vision eines „Smart Home“. Künstliche Intelligenz könnte demnach im Haus viele energiesparende und lebenserleichternde Lösungen möglich machen: von Fenster- und Türkontrollsystemen oder der Lichtsteuerung via Sensoren bis hin zur automatischen Bewässerung des Gartens und Fütterung des Haustiers. Immerhin verbrauchen die Haushalte in den meisten Ländern mehr als 40 Prozent der insgesamt benötigten Energie.

Für saubere Straßen und Parks könnten in Städten der Zukunft Roboter sorgen. Wie Michael O'Grady und Gregory O'Hare vom University College Dublin in *Science* berichten, seien schon viele technologische Grundlagen dafür vorhanden. Das europäische Dustbot-Projekt habe gezeigt, dass Roboter in urbaner Umgebung autark Müll sammeln können. Die „Schmutzroboter“ navigieren per GPS, sie sollen telefonisch bestellt werden können und den aufgesammelten Unrat eigenständig zur Deponie bringen.

„Das technologische Potenzial für die Stadt der Zukunft existiert bereits“, bestätigt der Fraunhofer-Experte Braun. Was noch fehle, sei die weiträumige Anwendung in der Praxis. Und da könne Deutschland eine Leitfunktion einnehmen. „Die Probleme, die wir heute in Deutschland haben, gibt es beispielsweise in zehn bis 20 Jahren in China.“ Was in den Städten hierzulande funktioniere, könnte dann auch andernorts in der Welt Anwendung finden. Natürlich unter Berücksichtigung der jeweiligen Verhältnisse vor Ort, auf die Konzepte und Technologien abgestimmt werden müssten. *(622 Wörter)*

Quelle: Harald Wiederschein, Wie die Städte der Zukunft aussehen, Focus Online, *19. 04. 2012, https://www.focus.de/wissen/technik/tid-25536/neue-studien-wie-die-staedte-der-zukunft-aussehen_aid_739009.html*

Assignment

You are taking part in an international school project about visions of the future. Based on the text above write an article for the project website in which you elaborate on current problems in cities and how they could be solved in the future.
Write about 250 words.

Schreibaufgabe *(Love and Power in Shakespeare's Plays)*

Für das Schwerpunktthema „Love and Power in Shakespeare's Plays" müssen Sie einzelne Szenen aus bestimmten Shakespeare-Stücken kennen (auch wenn eher unwahrscheinlich ist, dass Ihnen eine dieser Textstellen tatsächlich als Prüfungstext im Abitur vorgelegt wird).Mit der folgenden Übungsaufgabe können Sie sich bereits eine dieser Szenen inhaltlich erschließen und trainieren zugleich das richtige Vorgehen bei der Schreibaufgabe.

William Shakespeare, *Macbeth* (excerpt)

Having been told by three witches that he will become King of Scotland, Macbeth is torn between the loyalty to his King Duncan and his own ambition.
The following scene takes place during a banquet at Macbeth's castle attended by King Duncan.

MACBETH: If it were done when it is done, then it were well
It were done quickly: if the assassination
Could trammel up the consequence, and catch
With his surcease success; that but this blow
Might be the be-all and the end-all – here,
But here, upon this bank and shoal of time,
We'd jump the life to come. – But in these cases,
We still have judgment here; that we but teach
Bloody instructions, which, being taught, return
To plague the inventor: this even-handed Justice
Commends the ingredients of our poisoned chalice
To our own lips. He's here in double trust;
First, as I am his kinsman and his subject,
Strong both against the deed; then, as his host,
Who should against his murderer shut the door,
Not bear the knife myself. Besides, this Duncan
Has borne his faculties so meek, has been
So clear in his great office, that his virtues
Will plead like angels, trumpet-tongued, against
The deep damnation of his taking-off;
[…] I have no spur
To prick the sides of my intent, but only
Vaulting ambition, which o'erleaps itself
And falls on the other.
(Enter Lady Macbeth.)
How now! What news?

LADY MACBETH: He has almost supped. Why have you left the chamber?

MACBETH: Has he asked for me?

LADY MACBETH: Know you not, he has?

MACBETH: We will proceed no further in this business:
He has honoured me of late; and I have bought
Golden opinions from all sorts of people,
Which would be worn now in their newest gloss,
Not cast aside so soon.

LADY MACBETH: Was the hope drunk,
Wherein you dressed yourself? Has it slept since?
And wakes it now, to look so green and pale
At what it did so freely? From this time
Such I account thy love. Art thou afeard
To be the same in thine own act and valour,
As thou art in desire? […]

MACBETH: Prithee, peace.
I dare do all that may become a man;
Who dares do more, is none.

LADY MACBETH: What beast was it then,
That made you break this enterprise to me?
When you durst do it, then you were a man;
And, to be more than what you were, you would
Be so much more the man. Nor time, nor place,
Did then adhere, and yet you would make both:
They have made themselves, and that their fitness now
Does unmake you. I have given suck, and know
How tender it is to love the babe that milks me:
I would, while it was smiling in my face,
Have plucked my nipple from his boneless gums,
And dashed the brains out, had I so sworn
As you have done to this.

MACBETH: If we should fail?

LADY MACBETH: We fail?
But screw your courage to the sticking-place,
And we'll not fail. When Duncan is asleep
(Whereto the rather shall his day's hard journey
Soundly invite him), his two chamberlains
Will I with wine and wassail so convince,
That memory, the warder of the brain,
Shall be a fume […]
What cannot you and I perform upon
The unguarded Duncan? What not put upon
His spongy officers, who shall bear the guilt
Of our great quell?

MACBETH: […] Will it not be received,
When we have marked with blood those sleepy two
Of his own chamber and used their very daggers,

That they have done it?

LADY MACBETH: Who dares receive it other,
As we shall make our griefs and clamour roar
Upon his death?

MACBETH: I am settled, and bend up
Each corporal agent to this terrible feat.
Away, and mock the time with fairest show:
False face must hide what the false heart doth know.
(Exeunt.)

(615 words)

Excerpt from: William Shakespeare. Macbeth. *1606 (slightly adapted).*

Annotations

l. 3	to trammel up the consequence	to be without consequence
l. 4	surcease	death
l. 7	to jump the life to come	to risk God's punishment
l. 11	chalice	cup
l. 17	has borne his faculties	has carried out his powers as king
l. 23	vaulting	jumping (Macbeth uses a metaphor from horse riding)
ll. 39/40	thy/thine	your
l. 42	prithee	please, I pray you
l. 47	when you durst do it	when you dared to kill Duncan
l. 50	to adhere	to be right
l. 52	I have given suck	I have breastfed a baby
l. 60	screw your courage to the sticking-place	get your courage up
l. 63	chamberlains	bodyguards
l. 64	wassail	alcoholic drink; a drinking toast, similar to "Cheers!"
l. 69	spongy	completely drunk
l. 70	quell	murder, slaughter
ll. 78/79	to bend up each corporal agent	to tense every muscle in one's body
l. 80	to mock the time with fairest show	to deceive the world

Assignments

Comprehension

1. Summarise the reasons which speak against the murder of King Duncan.

Analysis

2. Analyse how Lady Macbeth persuades her husband to murder the king.

Comment/Creative Writing

3. Imagine you are a criminologist. As such, you write an article for a magazine in which you assess the extent to which ambition can be a powerful motive for committing a crime. Refer to the text and your knowledge from your coursework.

Lösungsvorschläge

Hörverstehen

Text 1: Purple Door Coffee Shop: Changing lives one cup at a time

PAULA VARGAS: Kevin Person had been homeless for a quarter of his life. Today, he works at this espresso bar and is transitioning into a home.

KEVIN PERSON: The struggle to get a job even when you have a house nowadays, but when you don't have a house, trying to get a job is so much harder.

PAULA VARGAS: The mission of the Purple Door Coffee Shop goes beyond serving coffee. The owners want to turn lives around and for two years the non-profit has hired three to four young adults per year. They work with shelters like Urban Peak, where Kevin was staying, for recommendations on who to hire. Kim Easton, who runs Urban Peak, says the partnership is vital to this community.

KIM EASTON: When someone has lived in chronic stress and trauma for as long as these young people have, everyday fighting for survival, they haven't had the opportunity nor the example of how to learn conflict management, how to manage money, how to cook a meal, how to pay their rent on time – nor do they understand even why that's important.

PAULA VARGAS: Purple Door co-founder, Madison Chandler, and her partner meet with each worker once a week. They discuss 52 topics ranging from mental health, finance, hygiene and customer service, and provide a life coaching tour; they will help their employees put their past behind them. But there are success stories.

MADISON CHANDLER: Our very first guy that ever graduated from the programme; he's been working at an Auto Parts Warehouse since he left, which has been over a year now.

PAULA VARGAS: Kevin appreciates the chance to learn new skills. He says the programme is giving him things he never had.

KEVIN PERSON: They seem to have the philosophy that they don't want to change us, they want to help us change ourselves and to have, like, a purpose and, a goal that's, like, tangible.

MADISON CHANDLER: The more rewarding things are watching somebody start to believe in themselves and to believe that they can achieve a life for themselves that they have dreamed of, or to believe that they are worth it.

PAULA VARGAS: As for Kevin, who turns 25 this month, living off the streets in a home and having a job will be the best gift he gives himself. For VOA news, Paula Vargas in Denver.

From: Paula Vargas, "Purple Door Coffee Shop: Changing Lives One Cup at a Time".
In: Voice of America News, *29 May 2015.*

These text passages will help you find the correct answer:

1) *"The mission of the Purple Door Coffee Shop goes beyond serving coffee. The owners want to turn lives around …" (ll. 5/6)*
2) *"They work with shelters like Urban Peak, where Kevin was staying, for recommendations on who to hire." (ll. 7/8)*
3) *"… they haven't had the opportunity nor the example of how to learn conflict management, how to manage money, how to cook a meal, how to pay their rent on time – nor do they understand even why that's important." (ll. 11–14)*
4) *"Purple Door co-founder, Madison Chandler, and her partner meet with each worker once a week. They discuss 52 topics ranging from mental health, finance, hygiene and customer service, and provide a life coaching tour; they will help their employees put their past behind them." (ll. 15–18)*
5) *"Kevin appreciates the chance to learn new skills. He says the programme is giving him things he never had." – "They […] have the philosophy that they don't want to change us, they want to help us change ourselves and to have, like, a purpose and, a goal that's, like, tangible." (ll. 22–26)*
6) *"The more rewarding things are watching somebody start to believe in themselves and to believe that they can achieve a life for themselves that they have dreamed of, or to believe that they are worth it." (ll. 27–29)*

1. The aim of the scheme is …
   c) [✓] to give homeless young people a chance to change their lives.
2. The young people are found through …
   b) [✓] suggestions by partner organisations.
3. A big problem of young homeless people is that they …
   a) [✓] lack many basic life skills.
4. The coffee shop owners …
   c) [✓] help their employees to manage their lives.
5. What Kevin likes about working at the "Coffee Shop" is …
   b) [✓] the approach the owners adopt towards their employees.
6. The owners feel that the best thing is seeing the people on the scheme …
   b) [✓] gain self-confidence.

Text 2: Teen Business Owner Creates Recipe for Success

FAITH LAPIDUS: For Bree Britt nothing is more enjoyable, soothing and fulfilling than working in the kitchen.

BREE BRITT: I can be in the worst of moods and … once I get started baking it's just … something turns on where I'm just … in my whole … another world.

FAITH LAPIDUS: Here she says she can be innovative and creative.

BREE BRITT: I'd like to compare myself to an artist, sort of a painter for his canvas which … I'm the baker so, of course my cupcakes and cookies, and all my sweet desserts are my canvas. I think I'm going to do something with, maybe, a banana.

FAITH LAPIDUS: Bree started cooking with her great-grandmother when she was five years old.

LILLIE WALTER *(Great-grandmother)*: Well, I've always tried to help them learn to cook.

FAITH LAPIDUS: Bree perfected her great-grandmother's recipes and came up with her own. When she was 12, she told her mother she wanted to open a bakery.

BREE BRITT: She told me to really think about, you know, the sacrifices and the things that I'll have to go through. You know … I wasn't going to be just a normal teenager … or a normal kid anymore. So, she told me to really think about it.

CHARMAINE BRITT *(Bree's mother)*: I thought it was going to be fly-by-night. Something that she just would get tired of eventually and once she saw how much work it would be. So my deal was we'll start online – the only way we can start making money is we'll do it online.

FAITH LAPIDUS: It made enough money that Charmaine Britt became her daughter's business partner. They rented a shop and opened Bree's Sweet Treats. Charmaine runs the store during the day until Bree gets out of school.

LEO HARRINGTON *(customer)*: I guess it's going to be key lime today.

FAITH LAPIDUS: Leo Harrington, a neighbouring barber shop owner, comes almost every day.

LEO HARRINGTON: The flavour … she has all kind … a great assortment.

FAITH LAPIDUS: He admires what Bree's accomplished.

LEO HARRINGTON: I watch her diligence; school and then here – baking all evening, getting ready for the next day.

FAITH LAPIDUS: It's challenging but Bree says studying and running a business taught her how to better manage her time.

BREE BRITT: It has also taught me hard work and responsibility … and it has also taught me to be more aware of people and when they come into the store, more … friendlier, that I can say. It's … it's taught me a lot.

FAITH LAPIDUS: Whether it's vanilla or chocolate, key lime or strawberry, there is a secret behind Bree's recipes.

CHARMAINE BRITT: Her cupcakes are made … are flavoured with fresh fruits or more of the extracts, more so than of sugar.

FAITH LAPIDUS: But sugar or not, Bree's treats are sweet enough to keep them coming back for more.

CUSTOMER: They're so pretty!

FAITH LAPIDUS: For writer Faiza Elmasry, I'm Faith Lapidus, VOA news.

From: Faiza Elmasry, "Teen Business Owner Creates Recipe for Success."
In: Voice of America News, *17 April 2015.*

These text passages will help you find the correct answer:

1) "… I've always tried to help them to learn to cook." (ll. 11/12)

2) "She told me to really think about, you know, the sacrifices and the things that I'll have to go through. You know … I wasn't going to be just a normal teenager … or a normal kid anymore. So, she told me to really think about it." (ll. 15–17)

3) "It made enough money that Charmaine Britt became her daughter's business partner." (ll. 22/23); "Charmaine runs the store during the day until Bree gets out of school." (ll. 23/24)

4) "He admires what Bree's accomplished." (l. 29); "I watch her diligence; school and then here – baking all evening, getting ready for the next day." (ll. 30/31)

5) "… Bree says studying and running a business taught her how to better manage her time." (ll. 32/33)/"It has also taught me hard work and responsibility … and it has also taught me to be more aware of people and when they come into the store, more … friendlier, that I can say. It's … it's taught me a lot." (ll. 34–36)

6) "Her cupcakes are made … are flavoured with fresh fruits or more of the extracts, more so than of sugar." (ll. 39/40)

1) How her great-grandmother influenced Bree:	taught her to cook/taught Bree to bake/taught her great-granddaughter her recipes
2) What Bree's mother advised her daughter to do:	be prepared to make sacrifices/to really think about it
3) What role Bree's mother has in the business today:	• Bree's business partner • runs store during the day
4) What Leo Harrington thinks of Bree's work:	• admires what she accomplished • admires her discipline/diligence
5) What Bree has learnt through working in her bakery:	• to better manage her time • (to take) responsibility
6) What ingredient makes Bree's sweets special:	fresh fruits/flavoured with fresh fruits/ the extract of fresh fruits

Text 3: Journalism and its Audiences

TESS WOODCRAFT *(Reporter)*: Hello this is Pod Academy and I am Tess Woodcraft. Journalism and how we interact with it is changing but what exactly are those changes and do they matter? I caught up with Professor Angela Phillips, author of *Journalism in Context* just before she was due to speak at the […] Future of Journalism conference in Cardiff.

ANGELA PHILLIPS: I'm interested in the way in which news journalism is changing, and, in particular, how news audiences are changing in relation to changes in the industry. So I've looked at audiences in my book, *Journalism in Context,* but I've also been looking at young audiences … young news audiences in an international context to see how young people are accessing news.

TESS WOODCRAFT: So, what's been happening with journalism?

ANGELA PHILLIPS: Since the rise of the internet, there have been big changes, not only in how news journalism is produced, but also in how it is consumed. And, these two things are, kind of, in lockstep. At the end of the last century, the beginning of this one, there were a lot of people who were very enthusiastic about the kind of changes. They saw the internet as being a means of democratising news. They saw audiences being much more involved in news production and they talked about journalists becoming less elitist, more involved in their audiences, and that journalism would become much more of a collaborative process.

TESS WOODCRAFT: To a certain extent that's happened, hasn't it? We see, for example, the Shoreham Airshow – ordinary people's videos of the crash.

ANGELA PHILLIPS: In very marginal ways this "pro-sumer" revolution – the idea of the consumer that also produces – has come to pass, but not in anything like the way in which those web enthusiasts imagined it would. What we have today is people – bystanders with cameras. So, whereas before journalists would have gone and interviewed people about what they saw and it would have been sort of secondary – second-hand information – now if there is a big event like an air crash, like a bombing, there will always be people in the vicinity who have camera phones and will very often put that information into social media where journalists can access it. But actually this doesn't make them journalists, they are still sources. And although that information moves around – might make it on Twitter or on Facebook or on YouTube – most of what happens is that it is curated by journalists who bring it together and construct a narrative around the information and then repackage it in a different place and a different way. So, although one can look … so, really it is not collaborative.

What we're seeing is journalists who in many ways have more power than they used to have – they have the power to find their way into places where they would never, never otherwise have managed to be. The likelihood of a journalist being in the right place at the right time when a bomb goes off are miniscule. So the difference we have is that we now have access – to pictures in particular – that we didn't have access to before, but that doesn't really fundamentally change the job of journalists or the relationship between journalist and audience in any way.

From: Tess Woodcraft/Angela Phillips, Pod Academy, *8 Sept 2015.*
http://podacademy.org/podcasts/journalism-and-its-audiences/

The following passages might help you find the correct information:

1) "Since the rise of the internet […] there were a lot of people who were very enthusiastic about […] changes. They saw the internet as being a means of democratising news. They saw audiences being much more involved in news production and they talked about journalists becoming less elitist, more involved in their audiences, and that journalism would become much more of a collaborative process." (ll. 12–19)

2) *"In very marginal ways this 'pro-sumer' revolution – the idea of the consumer that also produces – has come to pass ..." (ll. 22/23)*

3) *"What we have today is people – bystanders with cameras [...] if there is a big event like an air crash, like a bombing, there will always be people in the vicinity who have camera phones and will very often put that information into social media where journalists can access it." (ll. 24–30)*

4) *"... information moves around [...] what happens is that it is curated by journalists who bring it together and construct a narrative around the information and then repackage it in a different place and a different way." (ll. 31–34)*

5) *"So the difference we have is that we now have access – to pictures in particular – that we didn't have access to before ..." (ll. 39–41)*

6) *„... before journalists would have gone and interviewed people about what they saw and it would have been sort of secondary ..." (ll. 25–27)*

1	2	3	4	5	6
D	E	F	H	C	B

Sprachmittlung

Für die erfolgreiche Bearbeitung der Sprachmittlungsaufgabe sollten Sie sich zunächst den Kontext der Aufgabenstellung (z. B. Adressatengruppe, Textsorte und Grund für Ihren Arbeitsauftrag) sowie die Aspekte, auf denen der Fokus liegen soll, bewusst machen. Wählen Sie dann die relevanten Informationen aus dem deutschen Text aus, bringen Sie diese in eine logische Reihenfolge und geben Sie sie auf Englisch zusammenfassend wieder. Achten Sie darauf, dass Ihr Artikel die textsortenspezifischen Charakteristika aufweist (z. B. Überschrift, Einleitung, klare Gliederung, Schlusssatz).

Your text should contain the following information:

- *worldwide, urban living is increasing rapidly*
- *current urban development not sustainable*
- *solution: connect different areas*
- *benefits of the use of electric cars*
- *improvements through*
  - *building construction*
  - *artificial intelligence in private homes and in public spaces*
- *technology exists, but application is missing → Germany could take the lead*

Cities of the Future

Urban living is rapidly increasing throughout the world. In Germany, for example, three-quarters of the population live in built-up areas. Traffic jams, congestion and the lack of sufficient parking spaces are the daily problems of urban areas. The growth of megacities, though, results in large amounts of energy, raw materials and

ground space being needed. Urban areas developing as they currently are have no future; there is an urgent need to change and adapt.
The solution to many problems is to connect areas together, such as energy, traffic and buildings, because one thing alone is not sufficient. Electric cars, for example, will not improve the problems of saving energy, reducing traffic and the parking problem by themselves. If communal car use was introduced, too, then an improvement would be seen. Electric cars would improve air quality and reduce noise, resulting in living spaces near main roads becoming attractive and usable, influencing urban planning.
Building construction can alleviate many problems, too, with surfaces absorbing noise, reducing pollutants or producing power, for example.
Lives can be improved by using artificial intelligence in the home to operate lights, water the garden and even feed pets. It can also be used for cleaning public spaces: robots are able to collect rubbish and dispose of it.
The technology for change exists but the application of it is missing. Germany could take the lead in urban development with countries like China following a decade later.

(239 words)

Schreibaufgabe

1. *In dieser Aufgabe sollen Sie die Gründe zusammenfassen, die Macbeth im Text dafür nennt, King Duncan nicht umbringen zu wollen. Verwenden Sie, so weit wie möglich, Ihre eigenen Worte und strukturieren Sie Ihren Text gut, um nur die wichtigsten Punkte schlüssig zusammenzustellen.*
   You should refer to the following points:
   - *Macbeth's fear of the consequences of his deed*
   - *Macbeth and Duncan as members of one family*
   - *Macbeth's duty to take care of his guest as a host and kinsman*
   - *Duncan's character: noble, popular, uncorrupted*

   At the beginning of the scene, Macbeth is unsure whether to kill King Duncan or not. Talking to himself, he tries to make up his mind. Although he does not fear God's punishment, there are several reasons against assassinating Duncan. First of all, he is afraid that murdering Duncan will lead to serious consequences. The king's followers might take revenge, so that Macbeth, as the killer, might die himself. Furthermore, Macbeth is related to Duncan, which means he would be murdering a family member. As a Scottish nobleman, Macbeth also owes allegiance and loyalty to his king, which implies that he must protect him from harm. Moreover, Macbeth is Duncan's host, and the medieval concept of hospitality forbids murdering your vulnerable guest. Finally, Duncan has shown many positive qualities as a king and gained a lot of support by his fellow noblemen. Murdering such a good and virtuous king could never be plausibly justified. So, Macbeth's reasons against murdering King Duncan are both fear of the consequences and moral reasons. *(170 words)*

2. *Hier verlangt die Aufgabe, genau zu analysieren, mit welchen Mitteln und Strategien Lady Macbeth ihren zögerlichen Mann letztlich doch überredet, den König zu töten. Konzentrieren Sie sich dabei auf den Inhalt, aber auch die Form ihrer Aussagen. Lady Macbeths Argumentation ist gut strukturiert. Daher ist es sinnvoll, weitgehend der Textchronologie zu folgen und zusätzlich die sprachlichen Mittel zu benennen, die verwendet werden, um den Aussagen Nachdruck zu verleihen. Zitieren Sie dabei zur besseren Nachvollziehbarkeit aus dem Text.*
The following aspects should be mentioned:
- *the questioning of Macbeth's manhood (cf. ll. 35–49)*
- *comparisons between her and her husband's courage and reliability (cf. ll. 49–57)*
- *assuring Macbeth of the feasibility of her plans (cf. ll. 61–70)*

When Lady Macbeth enters the scene, her husband has just decided to abandon the plan of murdering Duncan (cf. l. 30), which is contradictory to her hopes. Therefore, she immediately sets upon him and compares his ambition to a drunken fancy from which he now awakes feeling sick as if suffering from a hangover (cf. ll. 35–38). Thus, she leaves him with the possibility of either having been a fool in the past or being one in the present. Then she goes on taunting him by implying that from now on, she will see him as a coward rather than a loving husband (cf. ll. 38–41). Knowing full well that she is hitting a sore spot in Macbeth, she forces him to assert his bravery and manhood, which he does immediately (cf. ll. 43/44). This way, she has him hooked. All her subsequent remarks centre on questioning his manliness, repeating the word "man" over and over again (cf. ll. 47, 49). Killing Duncan would be proof of Macbeth's being a man, even enhancing his status (cf. ll. 48/49) from a normal nobleman to being a king himself.
She puts further pressure on him by declaring that he is panicking at the wrong moment (cf. ll. 49–52): both time and place would be perfect to commit the crime. This implies that there is a small window of opportunity which Macbeth is going to miss if he fails to take his chance. To prove that even a woman like her is stronger than him, Lady Macbeth claims that in contrast to Macbeth, she would always be as good as her word. She is prepared to sacrifice everything that is dear to her to achieve the crown: "I would, while [the baby] was smiling in my face, Have […] dashed [its] brains out" (ll. 54–56). The juxtaposition of the smiling baby and the violent act of killing it by hitting it on the head shows her cruelty and lack of emotion but also her determination: Lady Macbeth is even prepared to deny her human nature to achieve the crown. Again, she also implies that Macbeth has less willpower than a woman, thereby declaring him unmanly again. To prove her wrong, he needs to commit the murder.
Afterwards, she uses a different strategy: she reveals that she has already made a plan for the murder (cf. ll. 61–70). Using a rhetorical question (cf. ll. 75–77), she calms down Macbeth by claiming that the evidence against Duncan's bodyguards will be so strong that nobody would question their guilt. She uses various adjectives to illustrate the situation: the king, "asleep" (l. 61) and "unguarded" (l. 68), and the "spongy" (l. 69) guards do not stand a chance against Macbeth. Therefore, his doubts to pursue their plan make him appear even weaker.

In conclusion, Lady Macbeth's persuasive strategy reveals an intimate knowledge of her husband's character. She hits his weak spot when questioning his manhood and removes his doubts by presenting her plan as foolproof. Macbeth now has no choice but to kill Duncan in order not to appear as weak and cowardly and to re-establish her trust in him. *(531 words)*

3. *In dieser Aufgabe sollen Sie einen Artikel schreiben, in dem Sie Ehrgeiz als Mordmotiv beleuchten. Sie schlüpfen dazu in die Rolle einer Kriminologin/eines Kriminologen. Lassen Sie diese Rolle auch im Text durchscheinen. Kennzeichnen Sie ihn als Artikel, zum Beispiel durch einen interessanten Titel und eine klare Struktur. Um Ihre These zu unterstützen, sollen Sie auch auf andere Werke, die Sie aus dem Unterricht kennen, eingehen. Der folgende Beispieltext erörtert, dass Ehrgeiz nicht das stärkste Motiv hinter vielen Verbrechen ist. Sie können natürlich in Ihrem eigenen Text eine andere Meinung vertreten.*
   You could, for example, use the following argumentative structure:
   - *Lady Macbeth's persuasion as the driving force behind her husband's deed (ambition alone not sufficient)*
   - *Crimes are often committed for other reasons, like jealousy and revenge, as shown in many other Shakespeare plays*
   - *There are many types of crimes; public perception of ambition being a main motive might not be accurate*

Ambition – an Outdated Motive for Crimes?

It seems to be typical of the human race that we are constantly trying to better our position in society. Therefore, ambition could be expected to be quite a powerful motive to commit a crime, but is it really? What do both literature and criminologists' experience tell us about the reasons behind bloody deeds?

In Shakespeare's famous drama *Macbeth*, while brooding over whether to kill the king or not, the protagonist admits to himself that it is only his "[v]aulting ambition" that drives his murderous thoughts. Macbeth wants to become king, which is the highest position a man can reach in his lifetime. Nevertheless, there is no criminal intent in Macbeth until his wife persuades him to kill Duncan. She knows about her husband's desire for the crown but also about his hesitant nature, which keeps him from giving in to his ambition. Thus, one could argue that ambition is a powerful motive in *Macbeth* but were it not for his wife, this desire would probably not have resulted in Macbeth becoming a murderer.

Further literary examples might illustrate what other motives criminologists encounter as part of their profession. Shakespeare's works display a variety of motives to commit crimes. Jealousy is one of the most prominent ones, and it is not necessarily connected with the consideration and rationality behind many crimes driven by ambition. In *King Lear*, Goneril, one of the evil daughters, poisons her own sister Regan. Despite being a very ambitious person, the killing of her sister is not driven by ambition; it is driven by jealousy. Goneril had fallen in love with Edmund and suspects that Regan also has a romantic interest in him.

In *Much Ado About Nothing*, Don John also acts out of jealousy when he deceits his friend Claudio by telling him that Hero, Claudio's love interest, is having an affair with Borachio. Deception and defamation are not quite as bad as committing a murder, but they are still crimes, committed with evil intent.

Another example for a very ubiquitous motive for crime would be revenge, which can also be found in many of Shakespeare's plays. In *Romeo and Juliet*, for example, Romeo is banned from Verona for killing Tybalt. Romeo's motive, however, was not to advance in life through the murder. He would not have had anything to gain from Tybalt's death. Romeo killed him to take revenge for the killing of his best friend, Mercutio, who had been stabbed by Tybalt in a duel.

In conclusion, ambition and enhancing one's position in life may well be important motives for committing crimes. After all, human beings have always been, and probably always will be, attracted to power. However, they are not the only possible motives and maybe not even the strongest or most common. If the public perception is that crimes are mostly committed out of ambition, this perception is most likely flawed. Nowadays, the reasons for committing crimes are much better researched. The methods of investigation and detection have improved enormously in the last 50 years. So, many people might not be able to achieve the position they have been striving for without being found guilty by the police. Therefore, it seems likely that people who commit crimes must have a motive that is even stronger or more far-reaching than such an increasingly improbable reward in this life. *(562 words)*

Abiturprüfung Hamburg – Englisch:
Übungsaufgabe 2

Hörverstehen

Task 1: Behavioural Economics

You will hear an interview with a young psychologist on how people tend to behave. While listening, fill in the missing information. If not specified, one aspect is enough. There is one example (**0**).

You will hear the recording **twice**. You have **one minute** to look at the task.

0) What conflicts of interests are named at the beginning to attract the listener's attention:	• no activities to lose weight • postponing paying a parking fine
1) Why humans prefer short-term benefits to long-term ones:	• •
2) What areas of our life are influenced by short-term thinking:	• •
3) What is meant by "present buyer's preferences":	
4) What advantages older children have over younger ones according to the psychologist:	
5) What classical economics is about:	

6) What behavioural economics is about:	• •
7) What is meant by "time-inconsistent preferences":	

Task 2: Robotics

You will listen to two robotics experts talking about the potential for intelligent robots to transform society. While listening, tick (✓) the correct answer (a, b or c). Do not tick more than one answer.

You will hear the recording **twice**. You have **one minute** to look at the task.

1. The first expert, Alan Winfield, holds that …
   a) ☐ autonomous robots will change the world of work.
   b) ☐ intelligent robots are already doing a lot of important jobs.
   c) ☐ the most important jobs are not yet done by intelligent robots.
2. The robot industry still struggles to …
   a) ☐ provide better learning functions for toy robots.
   b) ☐ create robots which are smart enough to make the right decisions.
   c) ☐ invent more autonomous robots for the education sector.
3. The second expert, Adam Afriyie, believes that …
   a) ☐ it is dangerous not to know what an intelligent robot is capable of.
   b) ☐ the boundaries of what we allow intelligent robots to do need looking at.
   c) ☐ intelligent robots will help old people a lot in the future.
4. In general, both experts warn that …
   a) ☐ technological progress usually requires a long learning process.
   b) ☐ robots might soon be able to outsmart their inventors.
   c) ☐ researchers need to deal responsibly with technological possibilities.

Task 3: Brooklyn Film School Located in Working Film Lot

You will hear a recording about a New York film school. Choose the people or institution (1–6) that match each phrase (A–I). There is only one correct answer. Three phrases are not needed.

You will hear the recording **twice**. You have **one minute** to look at the task.

1 In comparison to other film schools, Feirstein students …

2 Both the building and the equipment …

3 The City of New York …

4 Remarkably, about 50 % of the Feirstein students …

5 Students appreciate that they can …

6 In the future, Feirstein might be able to …

A are female.

B have to pay less for study fees.

C learn where professionals work.

D are young and motivated.

E supported the project financially.

F attract nationwide interest.

G are state-of-the-art.

H decide which areas to study.

I offer another course.

1	2	3	4	5	6

Sprachmittlung

Unsere zweite Haut

Schön, wenn die Bluse nur zehn Euro kostet. Nicht gut, wenn dafür die Umwelt leidet und Arbeiter ausgebeutet werden. [...]

Beutestück Nummer zwei ist roséfarben und glänzt. Die junge Frau hält das Kleid in die Kamera, dreht und wendet es, Metallic-Optik sei das und habe 5,99 Euro gekostet. Ein Hammerpreis, sagt Funnypilgrim, wie sie sich auf YouTube nennt. Die weiteren Eroberungen der Shoppingtour: noch ein Kleid, ein Pulli, fünf Hosen, ein Oberteil, eine Strickjacke und ein Gürtel. Willkommen im Polyester-Paradies. [...]

Die Konsumenten, die Polyesterkleidchen für 5,99 Euro und ebenso billige Baumwoll-T-Shirts kaufen, sind Teil des Systems Fast Fashion. Viele tragen ihre Kleider nur ein paar Mal, dann muss etwas Neues her – weil die Mode sich geändert hat oder die Teile schlicht kaputt sind. Modeketten produzieren Kleidung in immer kürzerer Zeit und bringen ständig neue Stücke in die Läden. Die Billigproduktion und der schnelle Modezyklus gehen zulasten von Arbeitern, Umwelt, Klima und der Gesundheit derjenigen, die die Kleider am Ende tragen. [...]

Die Produktionsstrecke vom Entwurf bis zum ausgelieferten Kleidungsstück dauert heute nur noch wenige Wochen. Neue Kollektionen kommen nicht mehr wie früher zweimal pro Jahr in die Läden, es treffen kontinuierlich neue Kleider ein. So signalisieren die Anbieter den Kunden, dass sie ständig ihre Garderobe erneuern sollten – und machen dies möglich, indem ein T-Shirt oft kaum mehr kostet als ein Kaffee. Wer bei Billiganbietern wie H&M, Zara oder der gerade expandierenden irischen Kette Primark kauft, kann bei allen Trends mitmachen, ohne viel Geld auszugeben. Die Kunden spielen da gerne mit. Wegwerfen und Neukaufen wird zum Prinzip.

„Je mehr Kleidung hergestellt wird, desto größer wird auch die Belastung für die Umwelt", sagt Kirsten Brodde, Textilexpertin von Greenpeace. Bei der Produktion werden Hunderte verschiedener Chemikalien eingesetzt – Farbstoffe, Färbebeschleuniger und Bleichmittel, zusätzlich Substanzen, die dafür sorgen, dass Kleider griffiger werden, weniger knittern, mehr glänzen oder dass Leder nicht schimmelt. Gerade in Ländern wie China, Indien und Bangladesch, aus denen ein großer Teil unserer Textilien kommt, sind gefährliche Stoffe verfügbar. Greenpeace analysierte das Abwasser chinesischer Fabriken, die auch deutsche und multinationale Textilunternehmen beliefern, und fand langlebige giftige Chemikalien.

Die Menschen, die in solchen Fabriken unsere Kleidung herstellen, gefährden ihre Gesundheit. Bei der Sandstrahl-Methode etwa – mit der neue Jeans behandelt werden, damit sie abgetragen aussehen – atmen die Arbeiter Quarz ein, das die Lunge angreift. Nach heftiger Kritik verpflichteten sich H&M und das Jeanslabel Levi Strauss dazu, die Technik nicht mehr anzuwenden. Insgesamt haben sich die Sozialstandards jedoch kaum verbessert, obwohl die Zustände in den Fabriken lange bekannt sind. Die Organisation „Kampagne Saubere Kleidung" kritisiert niedrige Löhne und mangelnde Sicherheit. Bei einem Brand in einer Textilfabrik in Pakistan, die unter anderem für KiK produzierte, starben im September mehr als 250 Arbeiter.

20 Kilogramm Textilien pro Jahr

Auch hierzulande sorgt das Prinzip Fast Fashion für Umweltprobleme – in Form von Müll. Der durchschnittliche Europäer verbrauche im Jahr 20 Kilogramm Textilien, der Amerikaner sogar 35, schreibt Textil-Experte Andreas Engelhardt in seinem Buch *Schwarzbuch Baumwolle*. Der weltweite Fasermarkt umfasste nach Angaben der Bremer Baumwollbörse 1990 ein Volumen von 38 Millionen Tonnen, im Jahr 2000 von knapp 50 Millionen und 2012 sogar von 75 Millionen Tonnen. Etwa die Hälfte dieser Fasern wird für Kleidung genutzt, schätzt Engelhardt.

Die vielen chemischen Zusätze in Textilien schaden vor allem den Arbeitern, womöglich aber auch den Käufern. Einige der Textil-Chemikalien können Kontaktallergien auslösen, zum Beispiel Formaldehyd. Damit werden Kleider behandelt, damit sie weniger knittern und ihre Form behalten. Zinnorganische Verbindungen, die Kleidung während des Transports vor Pilzbefall schützen, könnten nach Einschätzung des Bundesinstituts für Risikobewertung (BfR) die Fruchtbarkeit einschränken und das Nervensystem angreifen. Sie sind in der EU verboten. Andere Substanzen stehen im Verdacht, das Krebsrisiko zu erhöhen, zum Beispiel einige Azofarbstoffe. Nach Angaben des BfR verzichtet die deutsche Industrie schon lange auf die gefährlichen Mittel, nur wird ja kaum noch Kleidung in Deutschland hergestellt. „Man muss davon ausgehen, dass in einigen importierten Textilien, insbesondere aus Nicht-EU-Staaten, solche problematischen Farbstoffe enthalten sein können“, schreibt das BfR. [...]

(632 Wörter)

Quelle: Susanne Schäfer, „Unsere zweite Haut“, in: ZEIT Wissen, *Nr. 1/2013.*
http://www.zeit.de/zeit-wissen/2013/01/Nachhaltige-Kleidung

Assignment

Sie machen ein Praktikum bei einer Nichtregierungsorganisation, die den Weblog letsgetfair.blogging.com betreibt. Sie werden gebeten, einen englischsprachigen Blogeintrag zu verfassen, um die Verbraucher über die negativen Konsequenzen der Kleidungsproduktion aufzuklären. Als Grundlage dient Ihnen der ZEIT-Artikel „Unsere zweite Haut“.
Ihr Text sollte ca. 250 Wörter umfassen.

Schreibaufgabe *(Love and Power in Shakespeare's Plays)*

Mark Powell, "Kill Bill: why we must take Shakespeare out of the classroom"

Shakespeare wrote to put money in his pocket, food on the table and fire in the bellies of his audiences, not strike modern teenagers with fear. Most of Shakespeare's audiences were illiterate. His words were chosen to be spoken or heard, not to be read and deadened behind a desk – they wither when performance is removed.

Our schools are full of Shakespeare, but often in completely the wrong places. Old uncle Bill has become the relative that we invite to family gatherings out of habit, not because we actually want to. He sits there in the corner sharing his stories with anyone who'll listen; the adults lend a patient ear out of a sense of duty and most of the kids have no concept of the vitality of his youth.

Even before, and most definitely since, the recent plummet in drama's status as a specialist subject in schools, many young people's first experience of Shakespeare is in an English classroom taught by enthusiastic purveyors of imagination, but primarily non-theatre practitioners. It's an English teacher's remit to analyse language, but pick apart every word of Shakespeare and you've dissected the butterfly – pretty in parts but a nonsensical whole and certainly unable to fly.

A well-meaning English teacher can take a student through the meaning of every word in a sentence and it soon becomes a drawn out and confusing process. Shakespeare's audience didn't know the meaning of every word uttered (uncle Bill was busily making new ones up) but the sounds and pictures they created kept viewers enthralled for hours.

English teachers agree that Shakespeare's language isn't intended to be desk-bound; it's crafted for stage. Simple. Well, not so simple these days. Recent governments have decreed that Shakespeare is so key to our national identity and intelligence that he should be studied by all the children in a specific year group. Great, you might say, but it's not.

Over the past few years I've welcomed fewer and fewer school groups to our theatre. The planning and paperwork involved is prohibitive. Consider as well the amount of staff needed to accompany such a group and the knock-on cost of cover needed back at school. Don't forget the travel time to get to a theatre for what is often a three hour show, plus travel time back. Trips can rarely happen in a school day because of other "core" subjects missed, and teachers can't be relied upon to give up their evenings to deliver what has become a luxury.

If a teacher does manage to get kids to a theatre for a rare visit, it's not always useful. Students who are inexperienced theatregoers think that a particular director's version is how Shakespeare intended his play to be done, when actually the personal interpretations can be brave, boring or bad enough to put a child off theatre for life. So, a teacher keeps the class in school and tries hard to explain the play.

Teachers are supposed to have all the answers, but dramatic literature is a playground of opinions: why does Juliet say this? Why would Macbeth do that? The real answer is that we don't know, but teachers are not encouraged to say just that: "I don't know." Their own suppositions are often reported back in essays as facts. Plays aren't meant to be taught like this. They are meant to be explored on their feet. Actors and audiences are supposed to argue over meaning, finding multiple ways of delivering word and deed.

Our BTEC acting course has just started work on *The Tempest*. These are engaged, talented young people from a range of secondary schools who auditioned to be on the course, but the majority expressed disdain, dislike and hatred for poor uncle Bill. They had all experienced him separately in schools, behind desks. Shakespeare had made them feel stupid rather than empowered.

Let's give English teachers a break, give drama teachers a boost and give young people an important sense of equality. You don't need an expensive education to understand the words, but you do need the luxury of time, space and specialism to put his words on their feet and try them out. *(694 words)*

Powell, Mark: "Kill Bill: why we must take Shakespeare out of the classroom." In: The Guardian,

Annotations

l. 10 *plummet:* Since 2012 various decisions in educational policy have severely decreased the status of drama as school subject.

l. 45 *BTEC (Business and Technology Education Council):* it provides secondary school leaving qualifications and further education qualifications

Assignments

Comprehension

1. State why the author claims that Shakespeare does not belong in the classroom.

Analysis

2. Analyse the way the author uses argumentative techniques and language to persuade the readers of his view.

Comment/Creative Writing

3. Evaluate the author's view that "most of the kids have no concept of the vitality of [Shakespeare's] youth" (ll. 8/9). Refer to your background knowledge as well as film adaptations that you know.

Lösungsvorschläge

Hörverstehen

Text 1: Behavioural Economics

CHANDY NATH: How many times have you not bothered to go to the gym even though you wanted to slim up in time for the summer holidays, or not paid a parking fine on time even though you knew that by putting it off you'd pay even more? The fact is that many of us are biased in favour of what we want in the short term rather than the long term. We're impatient. We want it now and we like quick wins; and this means that we don't always make decisions in our best interests.

My name's Chandy Nath from the Parliamentary Office of Science and Technology. In this podcast we'll be finding out how short-term thinking affects all aspects of modern life from our own health and well-being, right through to pensions and global warming. We'll be talking to economists, …

DANIEL READ, *Economist*: People have what are called present buyer's preferences. They really focus on the pleasures and pains of the moment.

CHANDY NATH: … neuroscientists, …

TREVOR ROBBINS, *Neuroscientist*: The sub-cortical brain will grab the immediate opportunity without thinking …

CHANDY NATH: … behavioural experts …

THERESA MARTEAU, *Psychologist*: Young children have much more difficulty deferring gratification than older children.

CHANDY NATH: … about what makes us short-term thinkers. And whether there's anything we can do about it. We'll also be talking to Deputy Leader of the Liberal Democrats, Vince Cable MP, to find out why this subject interests policy makers.

VINCE CABLE: Economics is not a science and anybody who could bring new insights to bear would seem to me very much to the good.

CHANDY NATH: To help me understand all this I'm going to talk to Laura Hayns, who's a PhD student in psychology at the University of Cambridge. Now Laura specialises in behavioural economics. Laura, do you want to start just by telling me what behavioural economics is?

LAURA HAYNS: Basically, behavioural economics integrates findings from psychology into classical economic theory.

CHANDY NATH: How does it do that?

LAURA HAYNS: Well, classical economics is all about how ideal people in an ideal world make rational decisions. But there's a lot of evidence now that people are actually not always rational, and the ways in which we deviate from rationality are quite systematic. So, this is where behavioural economics comes in. How do real people in a real world make decisions and what are the biases that we have when processing information?

CHANDY NATH: So, in practical terms, what does that mean? Can you give me an example?

LAURA HAYNS: Sure. So, for example, according to classical economists our preferences should be stable across time. So, say my long-term goal is to give up smoking. Classical economists would expect that my short-term goal would be not to smoke today. However, as any smoker knows, it's actually quite difficult to resist the temptation of a cigarette. And it turns out that contrary to classical economics, our preferences are what we call time-inconsistent, so they're not stable across time – they actually change. So, even though my New Year's resolution might be to give up smoking this year, chances are in the short term, so, even, disappointingly, on New Year's Day, I might actually prefer the immediate gratification of a cigarette. I think this pattern of decision-making comes into a lot of areas of our lives.

From: Chandy Nath/Laura Hayns, Parliamentary Recording Unit.
http://www.parliament.uk/audio/scienceinparliament/behaviouraleconomics/

These text passages will help you find the correct answer:

1) *"We're impatient. We want it now and we like quick wins ..." (ll. 5/6)*
2) *"In this podcast we'll be finding out how short-term thinking affects all aspects of modern life from our own health and well-being, right through to pensions and global warming." (ll. 9–11)*
3) *"People have what are called present buyer's preferences. They really focus on the pleasures and pains of the moment." (ll. 12/13)*
4) *"Young children have much more difficulty deferring gratification than older children." (ll. 18/19)*
5) *"... classical economics is all about how ideal people in an ideal world make rational decisions." (ll. 32/33)*
6) *"So, this is where behavioural economics comes in. How do real people in a real world make decisions and what are the biases that we have when processing information?" (ll. 35–37)*
7) *"And it turns out that contrary to classical economics, our preferences are what we call time-inconsistent, so they're not stable across time – they actually change." (ll. 44–46)*

1) Why humans prefer short-term benefits to long-term ones:	• lack of patience • we like quick wins/want things now
2) What areas of our life are influenced by short-term thinking:	• health/well-being • pensions (• global warming)
3) What is meant by "present buyer's preferences":	focus on pleasures/pains of the moment

4) What advantages older children have over younger ones according to the psychologist:	They are more patient. / They can defer gratifications.
5) What classical economics is about:	ideal people in an ideal world making rational decisions
6) What behavioural economics is about:	• real people in a real world making decisions • in how far people are prejudiced
7) What is meant by "time-inconsistent preferences":	preferences change over time

Text 2: Robotics

ALAN WINFIELD: The new kind of robotics that really has not yet made a big impact in society but is on the verge, if you like … on the cusp of making a big impact is called intelligent robotics. So, intelligent robots unlike those old kind of robots that make cars. Intelligent robots are capable of deciding what to do next on their own. The word that we use is "autonomous". So, the … if you like, the autonomous robot industry is new. The best examples of autonomous robots are really, so far, are toys. So, for instance, you know the Sony Aibo, which was the pet robot dog – that was a very good example of an autonomous mobile robot. Of course, I've forgotten the biggest application of autonomous mobile robots, which is, of course, robot vacuum cleaners.

Most of those robots that I've just described are not learning. The toy robots do have some learning functions. One of the reasons, of course, the toy robots can be more advanced is because the scope for things going wrong is smaller. In other words, the potential for it to do harm if it does the wrong thing is much smaller than if it's a robot that's driving your car, for instance. So, typically, we find that the more serious and safety-critical the application, then the less the intelligence or the learning.

One of the big challenges that we face in the robotics research community is how to figure out how to make intelligence safe; and that's a problem that we haven't yet cracked. We're just beginning to solve that problem but my guess is it'll be another 10 or 20 years before we can really build intelligent robots that we can have good confidence … are both going to do the right thing and equally importantly, not do the wrong thing.

CHANDY NATH: Alan Winfield pointed out that the autonomous robots we have today aren't really that bright. So, toy robot dogs, robot vacuum cleaners – but hopefully the technologies demonstrated at the reception which Lord Salisbury just referred to were at the forefront of current research. Now, we've heard how Lord Salisbury was particularly impressed by the robot arm; Adam Afriyie, was there anything at the reception that particularly caught your eye?

ADAM AFRIYIE: What struck me most was actually – and what Alan raises there – which actually was the ethical debate around how far does one allow robots, these new technologies to make decisions? And one of the speakers pointed out that if, for example, you've got assistive living technologies and an iPad, for example, where an older person who needs some support – maybe they've got Alzheimer's ... needs some reminders, needs some medical input – how far do we allow that to go before we say ... actually people need human interaction. Now I'll pick one example which is actually that, in the computer industry, computer chips actually design the next generation of computer chips. And, in fact, most technologists will admit they actually don't know how these computer chips work anymore because the ... other computers have designed them. So, we're already into this vein where actually we may require those laws of robotics that Asimov first came up with to be applied. [...].

From: Chandy Nath, Parliamentary Recording Unit.
http://www.parliament.uk/about/podcasts/scienceinparliament/robotics/

The following clues will help you find the correct answer:

1) The first expert, Alan Winfield, talks about intelligent robots that are used today, such as toy robots and vacuum cleaners but also mentions that there is still a lot of research needed until more intelligent robots can be used (cf. ll. 1–10, 20–23).

2) Alan Winfield claims toy robots have "some learning functions" (l. 12) because they cannot do a lot of harm. Before autonomous robots can be used to drive cars, for example, their actions and reactions need to be a lot more reliable as far as safety is concerned (cf. ll. 15–23).

3) The second expert, Adam Afriyie, thinks that intelligent robots can already do more than the technicians that designed them can fully comprehend. But he does not see that as a threat in itself. He just points out that this is an issue that has to be taken into consideration (cf. ll. 36–42).

4) Both experts are convinced that scientists and researchers need to use what might already be possible from the technological point of view in a responsible way (cf. ll. 20–23, 30–32).

1. The first expert, Alan Winfield, holds that ...

   c) ☑ the most important jobs are not yet done by intelligent robots.

2. The robot industry still struggles to ...

   b) ☑ create robots which are smart enough to make the right decisions.

3. The second expert, Adam Afriyie, believes that ...

   b) ☑ the boundaries of what we allow intelligent robots to do need looking at.

4. In general, both experts warn that ...

   c) ☑ researchers need to deal responsibly with technological possibilities.

Text 3: Brooklyn Film School Located in Working Film Lot

REPORTER: The Steiner Studio lot is home to the brand new Barry Feirstein Graduate School of Cinema, part of the city university system. It is the only film school in New York that's on a film lot. Unlike other prestigious film schools, the Feirstein school is public and costs a third of the price of a private film school. The instructors are all professionals.

JONATHAN WACKS *(Director of Feirstein)*: We had the good fortune to be able to build this from the ground up. So the whole building is brand new, the facility was purpose-built for a film school, and all the equipment is brand new, the students are brand new, the faculty, the whole thing was very, very carefully and consciously designed to be a 21st-century film school.

REPORTER: New York City contributed about $ 7 million for construction and scholarships. City officials say the goal is for a world class school that reflects New York's population.

LUIS CASTRO *(NYC acting commissioner for Media and Entertainment)*: If you take a look at their student body right now about half of the students are women. This first incoming class, about 45 % are from under-represented backgrounds. So, it's a real testament to the school's commitment to helping diversify the industry.

REPORTER: Professor Sarah Cawly praises the students' drive and enthusiasm.

SARAH CAWLY: I'm not having to whip them up at all. I'm having to guide them and to train them to professional procedures but they're already bringing a lot of enthusiasm to the task.

RYAN EMANUEL *(Student)*: My goal is to be a cinematographer. And the reason why I came here, to Feirstein, is to get a very well-rounded education on how to work both in independent productions and also studio productions.

ROSE HAAS *(Student)*: I was working in theatre a lot before I came here. And I really liked … I really like just being in the room with actors and helping create a performance.

REPORTER: With the school on the lot, the students are surrounded by professionals making movies.

JONATHAN WACKS *(Director of Feirstein)*: The whole place has got, you know, is packed with trucks and professionals and people going about their business making movies. It creates a, I think, a fantastic atmosphere in which to study film.

REPORTER: Doug Steiner who helped bring the school to his production line is now looking forward to next year when he hopes to add a media programme from Pittsburgh's Carnegie Mellon University. Bernard Shusman, VOA News, Steiner Studio, Brooklyn, New York.

From: Bernard Shusman, "Brooklyn Film School Located in Working Film Lot."
In: Voice of America News, *6 Nov 2015.*

1) *"[…] the Feirstein school […] costs a third of the price of a private film school." (ll. 3/4)*
2) *"We had the good fortune to be able to build this from the ground up. So the whole building is brand new, the facility was purpose-built […] and all the equipment is brand new, […] the whole thing was very, very carefully and consciously designed to be a 21st-century film school." (ll. 6–10)*
3) *"New York City contributed about $ 7 million for construction and scholarships." (ll. 11/12)*
4) *"… about half of the students are women." (l. 15)*
5) *"With the school on the lot, the students are surrounded by professionals making movies." (ll. 28/29)*
6) *"Doug Steiner […] is now looking forward to next year when he hopes to add a media programme from Pittsburgh's Carnegie Mellon University." (ll. 33–35)*

1	2	3	4	5	6
B	G	E	A	C	I

Sprachmittlung

Sie werden aufgefordert, in Ihrem Text auf die negativen Auswirkungen von „fast fashion" aufmerksam zu machen. Hierfür sollten Sie zuerst alle relevanten Fakten im Ausgangstext sammeln und diese strukturieren (z. B. hinsichtlich der Probleme auf Arbeitnehmer- und Konsumentenseite). Nachdem Sie selbst für eine Nichtregierungsorganisation schreiben, die sich für fairen Handel einsetzt, kann Ihr Blogeintrag nicht neutral sein: Sie wollen Konsumenten schließlich davon überzeugen, keine „fast fashion" mehr zu kaufen. Eventuell fällt es Ihnen leichter, die wichtigsten Aspekte auf Deutsch zusammenzufassen, bevor Sie sie ins Englische übertragen. Vergessen Sie nicht, Ihrem Text eine prägnante Überschrift und eine logische Struktur zu verleihen.
Your text should contain the following information:
- *the consequences of producing cheap clothes in low-wage countries*
- *motivating the readers to buy sustainably produced clothes at trustworthy stores*

Bloody clothes – Fashion victims cause victims of fashion
Have you ever wondered how it is possible to buy a dress for only € 5.99? Western consumers are trapped in the vicious circle of "fast fashion" that makes us buy new clothes constantly, only to replace them quickly after some time because they are not up-to-date anymore.
But someone has to pay the price for our craving for the biggest bargain: In this case, it is the workers who produce cheap fashion in India, China, Bangladesh and Pakistan. Due to lack of safety measures, hundreds of workers have already died e. g. when a fire broke out in their factory. In China and Bangladesh, toxic substances used in production endanger the workers' health and pollute the underground water.

Workers run huge risks in the sweatshops of Western fashion labels, for example, but cannot be paid appropriate wages as the big companies would then not be able to sell their products as cheaply as they do now.
But in the long run, we as consumers have to face the consequences of our greed. More and more waste is produced due to our endless hunger for fashionable clothing. Chemical substances used to prevent clothes from wrinkling or becoming mouldy can damage our health severely, threaten fertility and even enhance the risk of cancer. The good news is: You can help put an end to all that: Start shopping for fair trade clothes and feel better instantly.
Have you already tested fair trade stores? Tell us about your experiences …

(256 words)

Schreibaufgabe

1. *In dieser Aufgabe sollen Sie Ihr Textverständnis unter Beweis stellen. Nennen Sie die Gründe, die der Autor für seine These angibt, dass Shakespeare nicht mehr im üblichen Unterrichtskontext behandelt werden soll.*
   Main arguments mentioned in the text:
   - *Shakespeare's plays are to be seen and heard but not to be read.*
   - *It has become more difficult to take school groups to the theatre for organisational reasons.*
   - *English teachers analyse Shakespeare's words, which deprives the plays of their entertainment and may even lead to confusion.*
   - *It is more of a duty than a real desire to study and teach Shakespeare.*
   - *Teachers are believed to know how to interpret the plays but that is not true as there is no one truth about them, their meaning needs to be discussed.*
   - *Decisions in educational policy have decreased the importance of drama as a school subject, which would be a more fitting approach to study Shakespeare.*
   - *Dealing with Shakespeare in class makes students feel ignorant.*

   In his article "Kill Bill: why we must take Shakespeare out of the classroom", published in *The Guardian*, Mark Powell argues that Shakespeare's plays should no longer be taught in English classes.
   The most important reason he gives is that these plays are not to be read but to be seen and heard in a theatre. This, however, is becoming more and more difficult as the regulations for taking school groups to the theatre are getting stricter and stricter, according to the author. Moreover, he complains that decisions in educational policy have decreased the importance of drama as a school subject in its own right.
   Powell holds the view that Shakespeare is taught more out of a sense of duty than a real desire to deal with the playwright. He adds that English teachers tend to analyse Shakespeare's words and thus deprive his plays of their entertainment value. He claims that this approach to Shakespeare makes it more difficult for students to understand the texts and thus leads to even more confusion.

Finally, teachers are believed to know how to interpret Shakespeare's plays. As a result, the plays' meaning or, even better, meanings are not discussed but students just convey their teachers' understanding of the plays in their papers. As a result, Powell's experience shows that students hate Shakespeare because reading his plays makes them feel ignorant.
All in all, Powell argues that plays should not be taught by English teachers but by drama teachers, who teach their students how to stage Shakespeare's plays.

(254 words)

2. *In dieser Aufgabe geht es darum, dass Sie die Mittel beschreiben und analysieren, mit denen der Autor seine Leserschaft von seiner Meinung überzeugen möchte, nämlich dass Shakespeare im Schulunterricht nicht mehr behandelt werden soll. Konzentrieren Sie sich dabei auf rhetorische Techniken, die die Argumentation unterstützen. Das ist zum Beispiel das Nennen von Fakten und bestimmtem Wissen, aber auch sprachliche Mittel wie beispielsweise bildhafte Sprache, Allegorien, Imperative und Gegensätze. Beschreiben Sie diese nicht nur, sondern erläutern Sie auch, welchen Effekt sie auf die Leser*innen haben.*
   You could mention the following aspects:
   - *Argumentative techniques:*
     Powell bases his arguments on …
     - *historical facts (cf. ll. 1–4) → stresses differences between Elizabethan age and the present*
     - *references to recent decisions in educational policy (cf. ll. 10/11, 22–25) → displays his authoritative knowledge to come across more trustworthy*
     - *his anticipation of the readers' reaction, which he seeks to contradict (cf. ll. 24/25) → refutes counterarguments*
     - *authoritative knowledge (cf. ll. 26–32) → explains why fewer and fewer classes go to the theatre*
     - *personal experience (cf. ll. 45–49) → students want to put Shakespeare on stage even though most of them learned to hate him at school*
   - *Language (examples):*
     Powell uses …
     - *numerous contrasts to underline the difference between Shakespeare's plays as they were intended and received in the Elizabethan age and today (cf. e. g. ll. 1–4, 21/22)*
     - *figurative speech:*
       - *His plays "wither" (l. 4) like flowers without water if they are not performed. → stresses importance of seeing the plays in a theatre*
       - *Analysing Shakespeare is like "dissect[ing] the butterfly" (l. 14).*
         → easier for the reader to imagine the detailed approach that is taken to deal with Shakespeare; also implies that the butterfly is dead; imagination cannot fly
       - *Students have to explore Shakespeare "on their feet" (ll. 42, 53).*
         → stresses importance of drama teachers

- *allegory (cf. ll. 5–9) → the reader can easily imagine the situation*
- *imperatives/parallelism/enumeration in ll. 50–53 to underline the demand to have drama teachers teach Shakespeare and not English teachers*
- *lists numerous reasons why less and less school groups come to the theatre (cf. ll. 27–32) → it is virtually impossible to take students to the theatre*
- *alliteration, enumeration (cf. l. 36) → if one manages to take students to a play, it might even be a poor performance*
- *enumeration ("disdain, dislike and hatred", l. 47) → studying Shakespeare in school makes students hate the bard*
- *contrast ("stupid rather than empowered", l. 49) → Shakespeare makes them feel ignorant*

The author stresses his view that Shakespeare should be removed from the classroom by employing different argumentative techniques which are supported by stylistic devices such as contrasts, figurative speech, allegory and imperatives.
Throughout the whole text, Powell emphasises that Shakespeare cannot be taught without acting his plays out, or at least seeing them in a theatre. To prove this assertion, he describes what Shakespeare intended to achieve with his plays when he wrote them 450 years ago, namely to "put […] fire in the bellies of his audiences, not strike modern teenagers with fear" (ll. 1/2). The contrast underlines the counter-productive effect Shakespeare's plays have when taught inside today's classrooms. Further contrasts which stress that the plays belong on stage can be found in lines 3/4 and 21/22.
The author also claims that Shakespeare's plays are dead if their language is analysed and if they are not put "on their feet" (l. 42). When he makes this point, he uses figurative speech. For instance, he employs the verb "wither" (l. 4) to describe what happens to the words "when performance is removed" (l. 4) and compares the analysis of the plays' language to "dissect[ing] the butterfly – pretty in parts but a nonsensical whole and certainly unable to fly" (ll. 14/15). The comparison to the butterfly allows the readers to vividly imagine the detailed approach that is taken when dealing with Shakespeare in the English classroom. Furthermore, most people probably would not want to dissect a butterfly as the beauty of the creature is slowly destroyed, leaving but parts of a dead body. So it can be deduced that they would not want to analyse Shakespeare word by word either.
Powell uses different stylistic devices to stress the effect this approach has on the students. He employs an enumeration to show that students are left feeling "disdain, dislike and hatred" (l. 47) for the poet. Using a contrast, he points out that dealing with Shakespeare's plays makes students "feel stupid rather than empowered" (l. 49). Thus, it seems entirely counterproductive to teach Shakespeare at school.
Additionally, the author argues that Shakespeare is only dealt with out of traditions and not out of enthusiasm. To stress this argument, Powell employs an allegory in which he calls Shakespeare "[o]ld uncle Bill" (ll. 5/6) and compares him to a relative whom we invite "out of habit, not because we actually want to"

(ll. 6/7). The reader can easily relate to this situation as it is a typical experience many families share.

Powell argues that the situation is getting worse due to recent decisions in educational policy. Dealing with Shakespeare has become obligatory for students "in a specific year group" (l. 24). Powell assumes that many readers might agree with that decision and therefore he anticipates what readers might think and contradicts: "Great, you might say, but it's not" (ll. 24/25). Thus, he can refute possible counterarguments. The problem he perceives is that the status of drama as a subject in its own right has decreased. The word "plummet" (l. 10) emphasises the seriousness of the situation. To make things worse it also becomes harder and harder for teachers to take their students to a theatre because of the "planning and paperwork involved", which he calls "prohibitive" (l. 27). The adjective stresses the hopelessness of the situation. Furthermore, Powell lists numerous other reasons why less and less students come to the theatre (cf. ll. 26–32). On the rare occasion that a group attends a performance, they even risk seeing a poor one. Here Powell uses an enumeration and alliteration to make his point ("brave, boring or bad" (l. 36). The readers readily believe the author as he has first-hand experience (cf. ll. 45–49) and therefore radiates authority. Increasing the importance of Shakespeare for the national curriculum while at the same time weakening drama as a subject does not seem to make much sense.

Finally, the author uses imperatives (cf. l. 50) and an enumeration (cf. l. 52) to summarise his demands in a nutshell. As he does so in the last paragraph of his comment, the readers can easily keep his demands in mind.

To sum it up, Powell uses the historical perspective, a humorous allegory and his personal experience to support his most important argument for taking Shakespeare out of the classroom: the fact that a play without performance is pointless.

(743 words)

3. *Beginnen Sie Ihren Text damit, die Bedeutung des gegebenen Zitats zu erklären. Danach müssen Sie auflisten, was für und gegen diese Sichtweise spricht, um abschließend Ihre eigene Meinung darzulegen und zu begründen.*
   You could use the following aspects as part of your evaluation:
   - *Explanation: Young people do not understand that Shakespeare's plays are still up-to-date.*
   - *Pros:*
     - *Their language is outdated.*
     - *Shakespeare made up new words, which may be difficult to understand.*
     - *Characters and their values are old-fashioned (e. g. role of women)*
   - *Cons:*
     - *Shakespeare's topics are still important today, e. g. love, power, jealousy.*
     - *His themes can easily be transferred into our time, e. g.* Romeo and Juliet.
   - *Conclusion: It depends on how the plays are put on stage, turned into films or discussed in class.*

In his article, Mark Powell claims that young people today fail to see that Shakespeare's plays are still up-to-date. According to him, they are bored by the plays because they do not grasp the energy and enthusiasm that is inherent in them. Whereas it is certainly true that it is difficult to fill young people with enthusiasm for Shakespeare, it is not impossible.

The major reason why it is hard for young people to accept that Shakespeare's plays are still up-to-date is probably their language. These plays were written about 450 years ago in Elizabethan English and many of their words are outdated like "thee" and "thou". Also, Shakespeare made up many words, some of which have become part of everyday language but sometimes their meaning is difficult to grasp. Therefore, this language is hard to understand for British teenagers and all the more so for learners of English as a second language. They need to decode the meaning of Shakespeare's words, which often means hard work, before they can grasp the ideas he wants to convey.

Moreover, some of his characters and their values seem old-fashioned. Especially the role of women has changed considerably. These days, they usually are not dominated by their fathers or husbands.

On the other hand, modern theatre productions and films can demonstrate Shakespeare's vitality. As teenagers are more likely to go to the cinema than to the theatre, films are an adequate medium to bring Shakespeare closer to young people. Baz Luhrmann's film adaptation of *Romeo and Juliet*, for example, is set in the present but still uses Shakespeare's words. Alongside the film's very powerful imagery, Shakespeare's play becomes understandable and topical.

Moreover, the action of the film is convincing for a young audience. Romeo and Juliet are madly in love with each other and cannot imagine their lives apart. Even though today, most young people hopefully would not commit suicide out of lovesickness, they still dream of passionate and overwhelming love. Other plays deal, for instance, with jealousy, hatred or ambition, which are also feelings young people today may easily share.

All in all, to my mind, it is a question of how Shakespeare's plays are put on stage or adapted to film. If these productions manage to convey the impression that the action and the message are still important in today's world, many young people will readily accept Shakespeare's vitality. *(398 words)*

Abiturprüfung Hamburg – Englisch: Übungsaufgabe 3

Hörverstehen

Task 1: All-Women's Mosque Opens in L.A.

Listen to a report about the first women-only mosque in the United States, which has recently opened in Los Angeles, California. While listening, tick (✓) the correct answer (a, b or c). Do not tick more than one answer.

You will hear the recording **twice**. You have **one minute** to look at the task.

1. Interviewee Tanzila Ahmed stresses that she likes going to this mosque because she …
   a) ☐ prefers women-only prayer.
   b) ☐ appreciates meeting people from different cultural backgrounds.
   c) ☐ enjoys the unique spiritual experience.

2. In traditional mosques …
   a) ☐ women and men pray separately.
   b) ☐ men lead all the prayers.
   c) ☐ women are excluded from Friday prayers.

3. Edina Lakovic, who gave a sermon on the opening day of the all-women's mosque, felt …
   a) ☐ proud to stand in front of the audience.
   b) ☐ overwhelmed with joy because she had waited so long for this moment.
   c) ☐ that speaker and audience had a common goal.

4. The all-women's mosque is different to mixed-sex mosques because women …
   a) ☐ do not have the impression of being marginalized.
   b) ☐ are not harassed by male worshippers.
   c) ☐ have to obey a special dress code.

5. Founder and president of the all-women's mosque, M. Hasna Maznavi, was inspired by the Golden Ages in Islam when …
   a) ☐ women were first allowed to worship in public.
   b) ☐ multi-faith exchanges took place.
   c) ☐ many Muslim preachers promoted tolerance.

6. Islamic scholars say that it is …
   a) ☐ possible for women to lead other women in certain prayers.
   b) ☐ not acceptable for women to worship separately.
   c) ☐ likely other Muslim communities will soon offer all-women services.
7. The all-women's mosque allows Muslim women to focus on …
   a) ☐ gender issues.
   b) ☐ their faith.
   c) ☐ discussing the purpose of their existence.

Task 2: What Does It Mean to Be British?

The UK think tank, British Future, has been set up to look into identity, integration, migration and opportunity in modern Britain. Their report "Hopes and Fears" looks at what it means to be British. It was broadcast in 2012 before the Olympic Games in London. Fill in the gaps. Write down the exact words from the text.
You will hear the recording **twice**. You have **one minute** to look at the task.

James Forsyth stresses that one of the things about Britishness was that it was not **(1)** ____________________. Formerly influential institutions like the monarchy and the **(2)** ________________ have been deprived of most of their **(3)** ___________ in order to stay. Forsyth believes a good example for the British attitude to the monarchy is the way the population got rid of the **(4)** ______________________ but then realized that it still wanted to be ruled. He continues to stress the importance of **(5)** ______________ for British identity. The Olympics, by contrast, are seen as a **(6)** _____________ as the British need to obey certain regulations in the course of this special event. On the other hand, he believes the Olympics to be an occasion to demonstrate the mental **(7)** _________________ of Britishness.

Promise Campbell then talks about her British identity which was and still is quite defined by **(8)** ________________, where she grew up. Besides the years she spent in Cambridge, she has never lived anywhere else. On the whole, Campbell is quite **(9)** _______________ being British. Nevertheless, she realizes that this sadly might not be the case with every British citizen as the topic of nationality has been taken up by **(10)** _________________ for their own purposes.

Sprachmittlung

Text 1: Kampf der Drachenläufer

In Brasilien beginnt die Hochsaison für ein seltsames Hobby

Sommerferien in Brasilien. Hochsaison der Drachenläufer, der kleinen und der großen. Die einen stehen auf einer freien Wiese, andere lassen ihre Drachen hoch oben über den Dächern der Favelas steigen. Wo man hinsieht, flattern bunte Papierdrachen am Himmel. Meiner ist aus verblasstem, rotem Seidenpapier mit einem lilafarbenen Totenkopf drauf. Er hängt im Schrank, und ich traue mich nicht, ihn endlich mal steigen zu lassen, weil ich mir sicher bin, nach ein paar Minuten wäre er weg.

Auf Anfänger wie mich nehmen die Profis an den Drachen nämlich keine Rücksicht. Sie kappen alles, was an einer Schnur durch die Luft weht [...].

Noch ein Grund, warum ich meinen Drachen erst gar nicht startklar machen muss: Das Drachen-Steigen-Lassen ist in Brasilien in fester Männerhand. Frauen und Mädchen sieht man selten inmitten der begeisterten Drachenläufer. Das Ziel ist einfach, jedenfalls beim Wettstreit mit den Drachen: Je mehr Exemplare eines anderen Teams gekappt und eingesammelt werden können, desto besser. Dafür werden die Drachenschnüre sogar ordentlich frisiert. Sie werden durch eine klebrige Masse gezogen, das so genannte Cerol. Es ist eine Mischung aus Leim, Zahnpasta und vielen fein gemahlenen Glassplittern. Danach schneidet so eine Drachenschnur wie ein Messer. Nicht selten liest man in brasilianischen Zeitungen von Unfällen mit den fast kaum zu erkennenden Schnüren, die über hunderte Meter auch Straßen kreuzen. Motorräder haben in Brasilien extra eine Art Antenne am Lenker, die die Drachenschnüre durchtrennen, bevor sie den Motorradfahrer verletzen.

Doch nicht immer dienen die Papierflieger nur dem Vergnügen. Eben weil sie so ein gewohntes und unauffälliges Bild am brasilianischen Himmel sind, haben die Drogengangs früh begonnen, sie für ihre Zwecke zu nutzen. Die Drachen werden teilweise als Kommunikationssystem genutzt, mit dem sich Drogenhändler untereinander verständigen. Drachen kündigen die Ankunft einer neuen Ladung Kokain an, warnen vor der Polizei oder melden Fremde in der Favela. Wer die Zeichen der Papierdrachen zu deuten weiß, ist schneller und sicherer informiert als mit jedem Funkspruch.

Dass das Drachenstiegen vor allem bei den unteren Einkommensklassen so populär ist, hat seinen Grund: Neben dem hohen Spaß- und Wettkampffaktor ist das Hobby mit den Papierdrachen sehr kostengünstig. Für zwei Euro bekommt man die komplette Ausrüstung mit Schnur und Drachen. Hunderttausende gehen pro Saison über die Ladentheken der kleinen Geschäfte. [...]

Der starke Küstenwind in Rio de Janeiro und die schnellen Manöver mit den Drachen verlangen jedem Mitspieler vollen Einsatz ab, und das heißt, fest zupacken, auch wenn die Schnur voller Glassplitter ist. Gelingt es, einen gegnerischen Drachen zu kappen, muss auch noch einer aus dem Team hinterherhetzen und ihn einsammeln. Wenn es dabei über Gräben, Mauern und Flüsse geht – Pech gehabt, da muss ein echter Drachenläufer durch. [...] *(436 Wörter)*

Quelle: Solveig Flörke, „Kampf der Drachenläufer", in: DIE WELT. *http://www.welt.de/print/die_welt/sport/article123940300/Kampf-der-Drachenlaeufer.html*

Text 2:

Für den normalen Touristen gibt es in Brasilien viel zu sehen. Diejenigen von ihnen, die mehr über die brasilianische Kultur herausfinden wollen und sich nicht mit den ausgetretenen Pfaden zufrieden geben, können besonders viel entdecken. Dies gilt im speziellen für den Bereich der Jugendkulturen. Eine sehr beliebte Freizeitbeschäftigung für Kinder und Jugendliche ist Drachen steigen lassen. Gerade bei gutem Wetter kann man sehr viele Drachen, auf Portugiesisch Papagaios oder Pipas, über brasilianischen Vorstädten fliegen sehen. […]

Überall auf der Welt lassen Kinder Drachen steigen, aber in Brasilien machen dies besonders viele. Weiterhin die Frage nach dem wieso? Es ist sicherlich ein billiges Vergnügen und kann somit von vielen Kindern ausgeübt werden. Es mag auch des Menschen Streben nach dem Unmöglichen, einem vogelgleichen Fliegen ausdrücken. Für manchen kann es die Verbindung der Erde oder des selbst zu etwas im Himmel oder dahinter darstellen. All dies oder nichts davon mag es sein, aber es gibt weitere Erklärungsversuche. Wenn brasilianische Großstädte aus der Fernsicht von Google Earth betrachtet werden, ist unschwer zu erkennen, dass sie sehr zugebaut sind, viel mehr als vergleichbare westliche Großstädte. Beispielsweise hat Sao Paulo weniger als ein Prozent Grüngebiete. Da bleibt für Kinder nicht viel zu entdecken. Der einzige Freiraum, der noch bleibt, ist der Raum über ihren Köpfen. Diesen erobern sie sich mit ihren Pipas. […] *(218 Wörter)*

Quelle: Peter Michalski. Artikel: „Claiming the Sky", in: Graffiti Magazine, *S. 4–8.*

Assignment

Ihr englischer Freund plant für ein Jahr in Recife, eine Stadt im Nordosten Brasiliens, zu studieren. Er hat von einer bei Brasilianern beliebten Freizeitbeschäftigung, dem Drachen steigen lassen, erfahren und freut sich schon sehr darauf, selbst ein Drachenläufer zu werden. Sie haben sich anhand der beiden vorliegenden Artikel genauer über dieses Hobby informiert. Sie finden das Drachen steigen lassen interessant, sind aber auch um Ihren Freund besorgt.

Schreiben Sie eine englische E-Mail an Ihren Freund, in der Sie das Hobby mit seinen positiven und problematischen Aspekten differenziert darstellen.
Ihr Text sollte etwa 250 Wörter umfassen.

Schreibaufgabe *(African American Experiences)*

Kathryn Stockett, *The Help* (excerpt)

In the early 1960s, Skeeter Phelan, a White young woman who has grown up in Jackson, Mississippi, under the care of her beloved Black nanny, Constantine, decides to write a book about the unfair treatment of Black home helps. The idea has come to her after her friend Hilly suggested building a separate outside toilet for Black household employees. Aibileen and Minny, two Black domestic servants, have agreed to help Skeeter in her secret endeavour. In the excerpt below, Skeeter is in the library looking for material for her planned project.

[…] "I'm just browsing, thanks." I hurry off. I'll fend for myself in the stacks. There is no way I can tell her what I'm looking for. I can already hear her whispering at the League meetings, *I knew there was something not right about that Skeeter Phelan, hunting for those Negro materials …*

I search through card catalogues and scan the shelves, but find nothing about domestic workers. In nonfiction, I spot a single copy of *Frederick Douglass, an American Slave*. I grab it, excited to deliver it to Aibileen, but when I open it, I see the middle section has been ripped out. Inside, someone has written NIGGER BOOK in purple crayon. I am not as disturbed by the words as by the fact that the handwriting looks like a third grader's. I glance around, push the book in my satchel. It seems better than putting it back on the shelf.

In the Mississippi History room, I search for anything remotely resembling race relations. I find only Civil War books, maps, and old phone books. I stand on tiptoe to see what's on the high shelf. That's when I spot a booklet, laid sideways across the top of the *Mississippi River Valley Flood Index*. A regular-sized person would never have seen it. I slide it down to glance at the cover. The booklet is thin, printed on onionskin paper, curling, bound with staples. "Compilation of Jim Crow Laws of the South", the cover reads. I open the noisy cover page.

The booklet is simply a list of laws stating what colored people can and cannot do, in an assortment of Southern states. I skim the first page, puzzled why this is here. The laws are neither threatening nor friendly, just citing the facts:

No person shall require any white female to nurse in wards or rooms in which negro men are placed.

It shall be unlawful for a white person to marry anyone except a white person. Any marriage in violation of this section shall be void.

No colored barber shall serve as a barber to white women or girls.

The officer in charge shall not bury any colored persons upon ground used for the burial of white persons.

Books shall not be interchangeable between the white and colored schools, but shall continue to be used by the race first using them.

I read through four of the twenty-five pages, mesmerized by how many laws exist to separate us. Negroes and whites are not allowed to share water fountains, movie houses, public restrooms, ballparks, phone booths, circus shows. Negroes cannot use the same pharmacy or buy postage stamps at the same window as me. I think about Constantine, the time my family took her to Memphis with us and the highway had mostly washed out, but we had to drive straight on through because we knew the hotels wouldn't let her in. I think about how no one in the car would come out and say it. We all know about these laws, we live here, but we don't talk about them. This is the first time I've ever seen them written down.

Lunch counters, the state fair, pool tables, hospitals. Number forty-seven I have to read twice, for its irony.

The Board shall maintain a separate building on separate grounds for the instruction of all blind persons of the colored race.

After several minutes, I make myself stop. I start to put the booklet back, telling myself I'm not writing a book about Southern legislation, this is a waste of my time. But then I realize, like a shell cracking open in my head, there's no difference between these government laws and Hilly building Aibileen a bathroom in the garage, except ten minutes' worth of signatures in the state capital.

On the last page, I see the pica type that reads *Property of Mississippi Law Library*. The booklet was returned to the wrong building. I scratch my revelation on a piece of paper and tuck it inside the booklet: *Jim Crow or Hilly's bathroom plan – what's the difference?* I slip it in my bag. Susie sneezes behind the desk across the room.

I head for the doors. I have a League meeting in thirty minutes. I give Susie an extra friendly smile. She's whispering into the phone. The stolen books in my bag feel like they're pulsing with heat. […] *(731 words)*

Annotations

Skeeter: "Skeeter" is the protagonist Eugenia Phelan's nickname, which she got from her older brother; in AE "skeeter" is a synonym for "mosquito"

Assignments

Comprehension

1. Outline what Skeeter finds out in the library.

Analysis

2. Characterise Skeeter Phelan, explain her attitude towards race relations, and examine the language the author uses to show Skeeter's character and opinions.

Comment/Creative Writing

3. Imagine you are a known supporter of the Civil Rights Movement. After finishing her book, Skeeter Phelan asks you to write an introductory text for it.
   Write that text, also including your background knowledge.

Lösungsvorschläge

Hörverstehen

Text 1: All-Women's Mosque Opens in L.A.

ELIZABETH LEE: Once a month, Muslim women gather inside this building for an experience unlike any other in the United States.

TANZILA AHMED, WORSHIPPER: I came here two months ago and it was so empowering to be surrounded by women of all ethnicities or races.

ELIZABETH LEE: Unlike most traditional mosques where men and women are separated and men lead Friday prayers, the women's mosque is for women and led by a woman. Edina Lakovic gave a sermon on the opening day of the mosque.

EDINA LAKOVIC: When I stepped up to the plate, I felt that I was connected to the women in the audience and realising that we were all there for the same reason because we wanted to reconnect to our faith, or take the next step in our faith and that we wanted to try something a little different.

ELIZABETH LEE: Something a little different because some Muslim women say they've always felt like outsiders at traditional mosques.

TANZILA AHMED: In the mosques that I've been growing up in, we were always kind of shadowed into a backroom. We weren't allowed to be in the same space as, you know, where the sermons were being held. What was empowering about this was, we didn't – I didn't even have to think about that. I didn't have to worry about the patriarchy issues that I usually have to deal with when going to a mosque.

ELIZABETH LEE: The women's mosque does not have a dress code. The women pray in a multi-faith building that also houses Jewish and Christian events. Founder M. Hasna Maznavi says this was the reason she picked this place for the mosque.

M. Hasna Maznavi: Something that really inspires me is … are the Golden Ages in Islam. And this was a time when Muslims, Jews, and Christians all worked together.

Elizabeth Lee: But not everyone believes an all-women's mosque is necessary. Islamic scholars say while it is acceptable for women to lead other women in prayer, they question whether that should include the shortened midday Friday prayer or the sermon. The discussion about women's role in Islam is not a new one, says Brie Loskota at the University of Southern California.

Brie Loskota: The women's mosque itself is not an isolated event. There have been a lot of critiques of women's roles and the limited and narrowed nature of many of those roles in Muslim institutions for many decades. And that has come to a head especially with sort of the gen-next millennium Muslim women.

Elizabeth Lee: Loskota says the women's mosque is a response to this critique with the uniquely American characteristics.

Brie Loskota: There is a large focus on interreligious dialogue. There is a great focus on pluralism and how do you exist in a plural context. There's a great focus of diversity.

Elizabeth Lee: And for these women: a focus on spirituality. Elizabeth Lee for VOA News, Los Angeles.

From: Elizabeth Lee, "Unconventional All-Women's Mosque Opens in Los Angeles."
In: Voice of America News, *3 April 2015.*

These text passages will help you find the correct answer:

1) "I came here two months ago and it was so empowering to be surrounded by <u>women of all ethnicities or races</u>." (ll. 3/4)

2) „Unlike most traditional mosques where <u>men and women are separated</u> and men lead Friday prayers …" (ll. 5/6)

3) "When I stepped up to the plate, I felt that I was connected to the women in the audience and realising that <u>we were all there for the same reason</u> because we wanted to reconnect to our faith, or take the next step in our faith and that we wanted to try something a little different." (ll. 8–11)

4) "Something a little different because some Muslim women say they've always <u>felt like outsiders at traditional mosques</u>." (ll. 12/13); "In the mosques that I've been growing up in, <u>we were always kind of shadowed into a backroom</u>." (ll. 14/15)

5) "… when Muslims, Jews, and Christians <u>all worked together</u>." (ll. 23/24)

6) "Islamic scholars say while <u>it is acceptable for women to lead other women in prayer</u>, they question whether that should include the shortened midday Friday prayer or the sermon." (ll. 26–28)

7) "There is a large focus on <u>interreligious dialogue</u> [,] […] on pluralism and how do you exist in a plural context. There's a great focus of diversity." (ll. 36–38)

1. Interviewee Tanzila Ahmed stresses that she likes going to this mosque because she …

   b) ☑ appreciates meeting people from different cultural backgrounds.

2. In traditional mosques …
   a) ✓ women and men pray separately.
3. Edina Lakovic, who gave a sermon on the opening day of the all-women's mosque, felt …
   c) ✓ that speaker and audience had a common goal.
4. The all-women's mosque is different to mixed-sex mosques because women …
   a) ✓ do not have the impression of being marginalized.
5. Founder and president of the all-women's mosque, M. Hasna Maznavi, was inspired by the Golden Ages in Islam when …
   b) ✓ multi-faith exchanges took place.
6. Islamic scholars say that it is …
   a) ✓ possible for women to lead other women in certain prayers.
7. The all-women's mosque allows Muslim women to focus on …
   b) ✓ their faith.

Text 2: What Does It Mean to Be British?

JAMES FORSYTH: […] I think one of the things about Britishness is that it isn't entirely logical. These institutions like the monarchy and the House of Lords, we strip them of most of their powers and then they can stay. And I always think the British attitude to the monarchy is well summed up by the way we lopped the king's head off before anybody else, and then we knew that we'd put them in their place and they could then remain, they could then come back and – I think that is actually quite a kind of important part of Britishness, which doesn't feel the need to follow things through entirely to a logical conclusion!

[…] In some ways we in this country, I mean, have essentially parked the debate on monarchy as long as the Queen is on the throne. I mean that is now she's done so long, everyone thinks she's doing a good job, no one wants to say anything negative and I think that will carry them through the Jubilee. I mean the Royal Family are astute enough to do it on the cheap. And I think it will be lots of, like the royal wedding, it will be lots of street parties, and the BBC and the press will give it a very fair wind. And I think it will get through. I think the Olympics in some ways presents more of a challenge because one of the things about Britishness is a kind of resistance to authority and a kind of slight bolshiness. And I think that having Zil lanes [= traffic lanes reserved for Olympic traffic] for the first time in this country is going to be something people won't like. But I also think it will be a wonderful testament to the flexibility of Britishness, because the British Olympic committee have gone round the world finding people who've got kind of claims to a British passport through a grandparent here or there, to up our count for the medals count. And I think you'll see that and that you'll see everyone just as lustily celebrating the person who didn't know they were British until someone from the British Olympic Federation called them up three years ago. So I mean that there you will see a kind of … it will be a lot like the English cricket team, it will be a wonderful testament to a flexible approach to national identity.

REPORTER: And you'll also hear from Promise Campbell, a young graduate who joined the panel as the youngest member of the team.

PROMISE CAMPBELL: I think for me what it actually means to be British is quite, pretty much narrowed down to my experience of growing up in London. So, for me London is this sort of pocket of Britain, that's just so diverse and so eclectic and so very much different from anywhere else. And apart from my three years in Cambridge, I've never actually lived anywhere else apart from London. So my, in response to your question, my view of what it means to be British is reduced to London. And …

REPORTER: And did Cambridge feel very different?

PROMISE CAMPBELL: Cambridge did feel incredibly different. I think being in Cambridge, for me, I not only discovered that I was black, I also discovered that I was female and working class! […] This debate is quite interesting in a sense because I think for some, people are almost anxious, you know, about the idea or the reality of being British. I'm quite proud of being British. You know, it's almost acceptable for me to say I'm happy to be British. And it's not acceptable for others to say they're happy to be British. And in a conversation with a local councillor last week, who was completely upset about a local heritage being pulled down in the London Borough of Brent, and in the meeting, she said "I'm 4th or 5th generation Brent, and, you know, I'm absolutely livid about this building being demolished". And I, you know, I found it so fascinating that she was as excited about Brent as I was. So I tried to have a conversation, and she was completely defensive and said, "Oh, I hope I didn't offend you," and I said, "No, I mean, I love Brent, I grew up in Brent, don't be afraid to say that you love Brent." And she said that, you know, that because the discourse has been so hijacked by the far right, some … a lot of people feel marginalized by talking about their sense of identity, people are afraid about expressing their Britishness. As Sunder rightly mentioned it's almost become permissible for some people to claim Britain and to say "I'm British and I'm happy about being British", and others not to and that saddens me.

From: Rachael Jolley/Sunder Katwala, Pod Academy, *23 Feb 2012.*
http://podacademy.org/podcasts/what-does-it-mean-to-be-british/

These text passages will help you find the correct answer:
1) "… one of the things about Britishness is that it isn't entirely logical." (ll. 1/2)
2) "These institutions like the monarchy and the House of Lords, …" (l. 2)
3) "These institutions like the monarchy and the House of Lords, we strip them of most of their powers and then they can stay." (ll. 2/3)
4) "And I always think the British attitude to the monarchy is well summed up by the way we lopped the king's head off before anybody else …" (ll. 3–5)

5) *"In some ways we in this country [...] have essentially parked the debate on the monarchy as long as the Queen is on the throne [...] everyone thinks she's doing a good job, no one wants to say anything negative and I think that will carry them through the Jubilee." (ll. 9–12)*
6) *"I think the Olympics in some ways presents more of a challenge because one of the things about Britishness is a kind of resistance to authority and a kind of slight bolshiness." (ll. 15–17)*
7) *"But I also think it will be a wonderful testament to the flexibility of Britishness, because the British Olympic committee have gone round the world finding people who've got claims to a British passport through a grandparent here or there, to up our count for the medals count." (ll. 19–23)*
8) *"I think for me what it actually means to be British is quite, pretty much narrowed down to my experience of growing up in London." (ll. 30/31)*
9) *"I'm quite proud of being British." (l. 42)*
10) *"And she said [...] because the discourse has been so hijacked by the far right [...] a lot of people feel marginalized by talking about their sense of identity, people are afraid about expressing their Britishness." (ll. 51–54)*

James Forsyth stresses that one of the things about Britishness was that it was not (1) **entirely logical**. Formerly influential institutions like the monarchy and the (2) **House of Lords** have been deprived of most of their (3) **powers** in order to stay. Forsyth believes a good example for the British attitude to the monarchy is the way the population got rid of the (4) **king** but then realized that it still wanted to be ruled. He continues to stress the importance of (5) **the Queen** for British identity. The Olympics, by contrast, are seen as a (6) **challenge** as the British need to obey certain regulations in the course of this special event. On the other hand, he believes the Olympics to be an occasion to demonstrate the mental (7) **flexibility** of Britishness.

Promise Campbell then talks about her British identity which was and still is quite defined by (8) **London**, where she grew up. Besides the years she spent in Cambridge, she has never lived anywhere else. On the whole, Campbell is quite (9) **proud of** being British. Nevertheless, she realizes that this sadly might not be the case with every British citizen as the topic of nationality has been taken up by (10) **the far right** for their own purposes.

Sprachmittlung

Für die erfolgreiche Bearbeitung der Sprachmittlungsaufgabe müssen Sie sich den Kontext und Adressatenbezug Ihres Textes klarmachen. Zudem sollten die Vorgaben zu Inhalt und Textsorte berücksichtigt werden. Diese Rahmenbedingungen bestimmen das Sprachregister und den Stil Ihres Textes.
Your text should contain the following aspects:
- *the general information on flying kites as well as the positive and negative sides of this hobby as mentioned in the two German texts*

- *references to the context of the task (e. g. the year abroad that your friend is planning, his interest in flying kites, your mixed feelings on that matter)*
- *a friendly, informal tone as you are writing an e-mail to a friend you care about*
- *an adequate form of address and salutation as you are required to write an e-mail*

Hi Frank,

It was very exciting to hear about your plans for your year abroad in Recife. Your enthusiasm about becoming a "pipa guy" was contagious and so I informed myself about this interesting hobby. What I read left me a bit worried, so I'd like to give you some information I've found in two German newspaper articles.
In summer, the Brazilian sky is full of kites, also called pipas or papagaios. Mainly men or boys, particularly the youngsters from poor areas, are into pipas. It's a cheap hobby so everyone can afford it. Furthermore, there's not much natural space left to explore for poor kids in Brazilian cities and that's why they claim the sky. You might even feel like a part of the elements, or flying yourself, when using the kite. Still, for some people, it's the competitive factor they like best: This means cutting the strings of as many other kites as possible and collecting the trophies. And this is where my concerns come in. The competitors take flying kites too seriously: they are ruthless and strengthen their strings by gluing bits of broken glass to them so that they're razor-sharp! I think it's awful that non-participants are exposed to the nearly invisible strings, which frequently cause accidents in the streets. Besides, I really dislike the thought that drug dealers also use kites as a quick and efficient means of communication. Are you sure this is the right hobby for you? I wish you'd think it over again – at least take care, please.

Hugs,
Kristin

(258 words)

Schreibaufgabe

1. *In dieser Aufgabe wird Ihr Textverständnis überprüft. Beginnen Sie Ihre Antwort mit einer Einleitung, in der Sie den Romantitel sowie den Namen der Autorin nennen und kurz skizzieren, worum es in der Textstelle generell geht, bevor Sie dann das, was Skeeter in der Bibliothek herausfinden kann, in Ihren eigenen Worten zusammenfassen.*
   In your text, you should focus on the following aspects:
   - *it's not easy to find material on the topic of race relations at all*
   - *Skeeter finds a copy of* Frederick Douglass, An American Slave *and a booklet that contains a list of the Jim Crow laws*
   - *she is shocked*
   - *she realises a connection between the Jim Crow laws and the discrimination against Black home helps*

In the excerpt from Kathryn Stockett's novel *The Help,* the first-person narrator Skeeter Phelan is in the local library. As she is planning to write a book about the unjust treatment of Black maids, she hopes to find useful information there.
It seems as if there is not much to be found on the topic of segregation or unfair treatment of African Americans. Apart from a copy of *Frederick Douglass, An American Slave*, which is seriously damaged and has "Nigger Book" written inside it, she finds a booklet that was obviously returned to the wrong library because it says "Property of Mississippi Law Library". It is titled *Compilation of the Jim Crow Laws of the South.* While she knew somehow that all those laws existed and hindered Black and White people from really living side by side, sharing the same facilities, etc., it is shocking to see them written down for the first time.
At first, she thinks she will not need the information from the booklet because she is interested in the treatment of Black home helps, not laws. Then she realises that inequality and hypocrisy are the basis of both the Jim Crow Laws and the fact that her friend Hilly wants to build a separate outside toilet for Black staff. So the booklet really opens her eyes about how widespread discrimination is, how much it is taken for granted and how little it is really questioned. *(239 words)*

2. *Bei dieser Aufgabe sollen Sie sämtliche Informationen, die einer Charakterisierung Skeeters dienen, aus dem Text herausarbeiten. Sie können selbstverständlich auch Informationen aus dem Vorspann einbeziehen. Da die Textstelle nicht sehr viele direkte Charakterisierungen enthält, sollten Sie in einem zweiten Schritt untersuchen, was Skeeters Einstellung und Vorhaben über ihren Charakter verraten. Analysieren Sie außerdem, welche sprachlichen Mittel verwendet werden, um Skeeters Charakter und Standpunkt zu verdeutlichen. Denken Sie daran, Ihre Ergebnisse anhand relevanter Textstellen zu belegen.*
   You should mention the following main points:
   - *young White woman from the American South, rather tall, from a prosperous family, member of a League, witty*
   - *intention to write a book about the unfair treatment of Black home helps can be interpreted as a brave and justice-seeking side to her character although she also appears to be a bit anxious*
   - *first-person point of view: readers gain insight into Skeeter's thoughts and memories*
   - *use of the pronoun "me" and anaphoric phrases: Skeeter is aware of the fact that she herself is part of this unjust society*
   - *meaning of the nickname "Skeeter" (mosquito): can be symbolic for someone small but irritating and rebellious*

Skeeter Phelan is a young White girl from Jackson, Mississippi (cf. introductory note). According to the text, Skeeter is rather tall, as she describes finding a booklet that "[a] regular-sized person would never have seen" (ll. 15/16). She obviously grew up in a rather wealthy household, which is demonstrated by the fact that she used to have an African American nanny. Furthermore, Skeeter also seems to

have an active society life because she is a member of some sort of League, which most likely consists of young White girls or women.
This makes her involvement with race relations quite remarkable: she seems to be prepared to cross the boundaries of her upbringing and social surroundings to speak up against injustices. That her endeavour is quite courageous and that she also knows this herself is hinted at in several instances: for example, she lies to the librarian that she is "just browsing" (l. 1) and states clearly that "[t]here is no way [she] can tell her what [she is] looking for" (ll. 1/2). She even imagines the librarian whispering about her at the League meetings (cf. ll. 2–4), which further illustrates the fact that Skeeter is very aware of her break with social conventions and her potential position of an outsider.
While Skeeter is brave and has a strong sense of justice, she is also a little insecure and seems almost surprised at her own daring. For example, when she finds the vandalised copy of *Frederick Douglass, an American Slave*, and secretly puts it in her bag, she glances around before stowing it away, indicating her nervousness (cf. l. 10). This becomes even more obvious in the metaphorical description that "[t]he stolen books [...] feel like they're pulsing with heat" (ll. 55/56). Skeeter knows exactly that she is crossing a line, not only by stealing the books, but especially by taking up the fight for Black household staff at all. Still, she is determined to follow through with it.
As the excerpt is written from Skeeter's point of view, the reader also learns how that determination develops, as one can share both Skeeter's thoughts and her memories directly. The scene in the library seems to be quite an important wake-up call for Skeeter. Although she has grown up in a climate of inequality and discrimination and remembers it quite clearly from personal childhood memories, such as when she and her family had to drive to their holiday destination without stopping for the night because the hotels along the road would not have allowed her nanny Constantine inside (cf. ll. 34–37), the real extent of the unfair treatment only seems to dawn on her when reading about the Jim Crow laws. She admits that she is "mesmerized by how many laws exist to separate [Black and White people]" (ll. 31/32) and further elaborates on the fact that she – like everyone else around her – has known about the discriminatory practices for a long time, but has just accepted them as given.
That she knows of her own role in upholding the segregation becomes clear when she uses the pronoun "me" (l. 34) in describing one example of the Jim Crow laws, and especially in the anaphoric phrases, "We all know about these laws, we live here, but we don't talk about them" (l. 38). While this tacit agreement might make her seem a little naïve, her subsequent realisations and actions are all the more remarkable because they go against all that Skeeter has learned to ignore for years.
Her sharp wit is exemplified by her grasping the irony behind the law that blind people of different races should not be instructed together (cf. ll. 40–43). Skeeter seems to realise that the differences between Black and White are only skin-deep and her moment of revelation becomes especially apparent when she finally connects the laws to the everyday attitude of White people looking down upon Black

people. "[L]ike a shell cracking open in [her] head" (l. 46), Skeeter realises the ingrained prejudices in the society around her and her conviction that something has to be done seems to intensify.
To conclude, Skeeter is presented as quite a remarkable young girl, not so much because she has always felt that there was injustice in the Southern USA in the 1960s, but rather because she attempts to fight against it despite her own entanglement in this unjust society.
Skeeter's name also offers room for interpretation: in American English, a skeeter is a mosquito. On the one hand, that could mean that Skeeter is just a small insect, which is nothing much to worry about, but on the other hand, it could also predict that she will stir up and irritate White society with her rebellious book project.

(795 words)

3. *Bei dieser Aufgabe dürfen/sollen Sie kreativ sein und gleichzeitig Ihr Hintergrundwissen zur amerikanischen Bürgerrechtsbewegung unter Beweis stellen. Sie sollen sich hierfür in die Rolle eines Bürgerrechtlers/einer Bürgerrechtlerin Anfang der 1960er Jahre hineinversetzen und aus dieser Perspektive ein passendes, authentisches Vorwort für Skeeters Buch schreiben. Demnach sollten Sie sich auch positiv zu Skeeters Projekt äußern und keinesfalls historische Ereignisse, die nach dem Beginn der 1960er Jahre stattfanden, erwähnen.*
Aspects you might want to include:
   - *"all men are created equal" (Declaration of Independence) vs. reality in the southern states of the USA*
   - *Jim Crow laws*
   - *no appreciation of African Americans' contributions to the country (e. g. as workers on plantations or fighters in two world wars)*
   - *exploitation and discrimination of Black household helps described in the book is symbolic for the unfair treatment of all Black people*

Preface

"We hold these truths to be self-evident, that all men are created equal." That is what is written in our Declaration of Independence and that is what our country's spirit should be about: equality for everyone. However, if you look at the everyday experience that we, the African American population, endure in the southern states of the USA, you will see that the goal of equality is still far from being reached.
These southern states, which are home to us as much as the Whites, are still characterised by injustice and discrimination. Since the first Black men were enslaved as labourers on the plantations by white merchants, we have been contributing to the wealth of our economy, but what have we been given in return? In two world wars, in which we shed the same red blood as White Americans and which were supposedly fought to bring democracy to the world, we once more confirmed our love and loyalty to our country. And once more we were given nothing but false promises in return.

"Separate, but equal." That is the famous slogan about the facilities we are not allowed to share with our fellow citizens. However, our facilities are not equal, nor are we seen as equals if there seems to be the necessity to separate us from our White countrymen.
We will not take it any longer. The NAACP is dealing with our case and we are slowly making progress. Montgomery and Little Rock, sit-ins and freedom rides are just a few prominent examples of how we intend to raise our voices and make our country gradually live up to its constitution.
In comparison, Skeeter Phelan's book seems like a small contribution and it apparently has no connection whatsoever to big politics. However, it addresses an issue at the heart of our society. That household helps are treated unfairly might seem unfortunate, but trite. For me, however, the household helps Phelan writes about are a symbol of something bigger. Like so many of us, they are exploited for the use of White people whilst even being entrusted with the most precious gifts in the world: the children, the future generation. On the other hand, they are not given due recognition for their indispensable service, but instead meet with humiliation and daily discrimination.
Many small waves create an ocean. I want to offer thanks to the brave women who dared to share their stories with Skeeter Phelan. And I want to offer thanks to Skeeter Phelan herself, who – from a position of advantage – dares to address disadvantages. People like them make me believe in our fight for a better and more just America.

Jackson, August 1962
John Darrington
(449 words)

Abiturprüfung Hamburg – Englisch: Übungsaufgabe 4

Hörverstehen

Task 1: The Problem of Species Extinction

You will hear a recording about the problems of species extinction and climate change. VOA reporter Rosanne Skirble is talking to Kate Burns from the Al Bustan Zoological Centre and ecology professor Mark Urban.
Choose from the list (A–H) the statement that each speaker makes.
For each speaker, there are two correct answers. Put the corresponding letter (A–H) into the correct box. There are two extra statements which you will not need.

You will hear the recording **twice**. You have **one minute** to look at the task.

A Hunting and poaching is still the number one reason why animals die out.

B Swapping animals helps to preserve the genetic diversity of species.

C If we do not reduce the emission of greenhouse gases, one in six species could die out.

D The problem of species extinction will affect all parts of the world in equal measure.

E The effects of climate change will be worst if temperatures rise 4.3 degrees above pre-industrial times.

F It is worth fighting for each individual animal.

G The extinction of some species, such as predators of crop pests, could increase the problem of hunger.

H Urbanisation and oil production contribute to the loss of biodiversity.

Speaker	Statement 1	Statement 2
Rosanne Skirble		
Kate Burns		
Mark Urban		

Task 2: Happiness by Design: Finding Pleasure and Purpose in Everyday Life

You will hear a report on what makes us happy. While listening, fill in the missing information. If not specified, one aspect is enough.
Write **1 to 5** words or numbers. There is one example **(0)**.

You will hear the recording **twice**. You have **one minute** to look at the task.

0) The two things Professor Dolan talks about in his book *Happiness by Design*:	• pleasure • purpose
1) Two things that are essential for the first client's happiness:	• •
2) How Dolan knows what makes people happy:	• •
3) What makes most people miserable:	
4) What kind of time is least valuable to most people:	
5) Why it is important how we use our time:	
6) Two instant measures of being happier:	• •
7) How to achieve happiness according to Dolan:	
8) Two activities that do not make us happier:	• •

Task 3: Why South African Students Have Turned on Their Parents' Generation

You will hear a report on a Black South African student who threw a bucket of excrement over a statue of Cecil Rhodes. This kicked off a protest movement that is shattering the way the country sees its past.
While listening, fill in the gaps with an appropriate answer. It is not necessary to use the exact same words from the text.

You will hear the recording **twice**. You have **one minute** to look at the task.

Chumani Maxwele, the son of a poor miner from the Eastern Cape, South Africa, realised one day that the apartheid past was still (**1**) ________________. The realisation made him feel (**2**) ________________, because it had not been what he had been taught growing up. His generation had been told they were the "(**3**) ______________": an exceptional generation in South African history, the first one raised with almost no direct (**4**) ________________ of apartheid's terrors. In school and at home, parents and grandparents of Maxwele's generation often reminded the young people how different life was for them and how much they had to be (**5**) ________________. On the morning of 9 March, Maxwele travelled by (**6**) ________________ out to Khayelitsha, picked up one of the buckets of shit that he found in the street, and brought it back to the campus of the University of Cape Town (UCT), where, in 2011, he had gained a scholarship to study (**7**) ________________. He took it to a bronze statue of the 19th-century (**8**) ________________ colonialist Cecil John Rhodes. Rhodes had been one of the main architects of South Africa's (**9**) ________ ________. "Where are *our* heroes and ancestors?" Maxwele shouted to a gathering, curious crowd. Then he opened the bucket and hurled its contents into Rhodes's (**10**) ________________.

From: Eve Fairbanks, "Why South African students have turned on their parents' generation."
In: theguardian.com, *18 Nov 2015. Copyright Guardian News & Media Ltd.*

Sprachmittlung

Nacktfotos als Tauschobjekt: Lehrer warnen vor „Sexting"-Trend

Das „Sexting"-Problem ist den Schulleitern so wichtig, dass sie keine Zeit verlieren. „Wir … stehen vor einem Problem", schreiben die fünf Pädagogen aus dem niedersächsischen Cloppenburg gleich im ersten Satz ihres Briefes an die Eltern.

Berlin. Immer häufiger berichteten Schülerinnen und Schüler von Nacktbildern, die über Soziale Netzwerke und Smartphones verbreitet würden. Auf diesen Bildern seien auch eigene Schüler zu sehen, berichten die Schulleiter in dem Elternbrief, den der NDR auf seiner Webseite veröffentlichte. Der Schulleiter des Cloppenburger Clemens-August-Gymnasiums, Günter Kannen, sagte dem Sender, dass oft 13- bis 14-jährige Mädchen auf den Bildern zu sehen seien. Die Fotos würden schnell weitergereicht, „so dass alle Handys voll von Nacktfotos sind", sagte er dem NDR. „Ich finde es sehr erschreckend, vor allen Dingen wenn ich bedenke, dass wir Lehrer ebenso wie die Eltern von diesen Dingen tatsächlich nichts wissen."

Kannen und seine Kollegen sind auf ein Phänomen gestoßen, das aus den USA nach Deutschland herüberschwappt: das „Sexting". Das Kunstwort setzt sich aus „Sex" und dem englischen „texting" zusammen, was „SMS schreiben" bedeutet. Vor allem Jugendliche schießen anzügliche oder nackte Fotos von sich und anderen und stellen sie ins Internet oder verschicken sie mit dem Handy. Denn ihre Smartphones benutzen Teenager schon lange nicht mehr vorrangig zum Telefonieren, wie es die Eltern vielleicht erwarten. Stattdessen kommunizieren sie über Apps wie WhatsApp, Snapchat oder Facebook. Auf Facebook sind 81 Prozent der 12- bis 19-Jährigen aus Deutschland aktiv, zeigen Zahlen der JIM-Studie über Jugendliche im Netz. Mit der App Snapchat können Nutzer Bilder verschicken, die sich innerhalb weniger Sekunden selbst zerstören. Der Anschein der Vergänglichkeit sorgte für einen Nutzeransturm, über 200 Millionen Bildchen werden inzwischen nach Angaben der Firma pro Tag verschickt.

Jugendliche nutzten auch die Frage-Webseite Ask.fm, um erotische Bilder hochzuladen, berichtet Stefanie Rack von der Initiative klicksafe. Sie hat Material zum Thema für Lehrer entwickelt. Teenager machten sich oft wenig Gedanken darüber, wie sich die Bilder im Internet verbreiten können, sagt sie. „Sie glauben immer noch, dass das nur ein eingeschränkter Kreis sehen kann." Weil die Apps ständig verfügbar sind, landeten Fotos schnell im Netz. Das sollten Eltern beim Smartphone-Kauf bedenken, warnen die Schulleiter. „Sie kaufen ein Gerät mit unbeschränktem Zugang zum Internet."

Zu überprüfen, was Kinder und Jugendliche damit anstellen, ist gar nicht so einfach. „Viele dieser Gespräche zwischen Jugendlichen laufen inzwischen versteckt", sagt der US-Forscher Justin Patchin von der Universität von Wisconsin. Früher führten Jugendliche etwa Telefonate vom gemeinsamen Familienapparat in der Küche, SMS und WhatsApp-Nachrichten dagegen sind für Eltern eben meist uneinsehbar.

Patchin forscht zu digitalem Mobbing, neben Nacktbildern ein weiteres Problem. Doch er warnt davor, die Verantwortung auf die Technik zu schieben: Dieses Schikanieren habe es lange gegeben, „bevor es diese Technologie gab", sagte er kürzlich bei einem Kongress gegen Cybermobbing in Berlin. Er rät Eltern, sich über Technik-Trends zu informieren, um ihren Kindern Rat geben zu können. Eltern sollten mit Kindern und Jugendlichen über ihren Umgang mit Technologie sprechen, meinen die Experten. Denn die Verbreitung von Pornobildern könne auch rechtliche Folgen haben: „Die machen sich strafbar, wenn sie das anderen Jugendlichen zugänglich machen“, warnt Rack von klicksafe. Sie rät Teenagern dazu, die Selbstdarstellung privat auszutesten – mit dem eigenen Partner, nicht dem Smartphone. *(531 Wörter)*

Quelle: „Nacktfotos als Tauschobjekt: Lehrer warnen vor „Sexting“-Trend“, 31. 10. 2013, https://www.zeit.de/news/2013-10/31/gesellschaft-nacktfotos-als-tauschobjekt-lehrer-warnen-vor-sexting-trend-31160404; Originaltext: dpa, *„Schulleiter warnen vor „Sexting“ bei Jugendlichen“ vom 31. 10. 2013*

Assignment

Your American friend Roisin is taking part in a school project about dangers on the Internet. In a German newspaper, you have found an article dealing with the phenomenon of “sexting”, which might be interesting for Roisin.

In an e-mail, summarise the article for her, focusing on the situation at German schools, the problems that arise and the reactions of scientists, parents and teachers.

Schreibaufgabe *(African American Experiences)*

Wail Qasim, "Yes, Barack Obama Was the First Black President – But He Didn't Improve the Lives of Black Americans"

With vigilantes and law enforcement killing Black people across the United States, communities and campaigners on the ground stood up loudest. In support of that movement the president said little that would rock the boat and even less was done.

Eight years ago I was sat in a secondary school classroom the morning after the US presidential election. It was a GCSE English lesson and, in a moment of rare acknowledgement for the real world, we were given a warm-up activity to describe in one sentence what we thought about the election of America's first black president. I wish I still had the exercise book where my fifteen-year-old self expressed biting cynicism and pointed out that judgement should be reserved for what Obama would actually do. I wish I still had the evidence only because it would be useful to take in the irony that I am far less justified in the disappointment I feel now having preempted it in typical teenage style.

Today it already seems trite to point out where Obama offered so much hope and promise, yet failed to deliver so spectacularly. Before even being conscious that you're about to make that suggestion, someone invariably reminds you that it's all the fault of Republican efforts to block and impede him at every turn. It's true. We need think no further than the many times Republicans held the federal government to ransom by refusing to raise the debt ceiling if they weren't bowed to.

But Obama didn't run on the promise that it would be easy to change America. His was a campaign that emphasised how deeply rooted that nation's problems are, accepted their difficulty and yet crucially broke the consensus that nothing could be done by saying "Yes We Can". His 2008 run for the presidency suggested that by investing hope in him, there was hope for America.

Three years before Obama's election the disastrous impact of Hurricane Katrina had wrecked so many lives. The government's response – betrayed by its own racial and class interests – was itself a catastrophe. This context of George Bush's government having left black and other poor people so obviously helpless would see America go on to elect its first black president. Undisputedly the promise of Obama was wrapped up in the significance of his racial background and the possibility of a US leader from one of the nation's most hard done by communities.

For this reason race will be a measure by which we judge Obama's time in office and on that basis opinions are likely to be mixed.

In some sense the president became just another black celebrity for white consumption. Either out and out racists demanded his birth certificate to question why he dared to speak in American public life at all and prove he was ineligible to be president or we heard endlessly about his charm, charisma and sense of cool. Obama's blackness, whether hated or not, was in fashion.

What about his actual policies touching on race? The unemployment figure for Black Americans remains double that of their white counterparts at over 8 per cent, so while unemployment dropped since the recession for all, nothing was done to close the gap between different racial groups. Somehow, despite its centrality to the financial collapse, Obama's administration had little in the way of housing policy. When the <u>foreclosure crisis</u> hit it was Black and Latin American communities who were hit hardest. Not only losing their homes, but the wealth tied up in them.

But perhaps most telling is that it was during the Obama-era that a nationwide movement of protest had to erupt in defence of Black lives. With vigilantes and law enforcement killing black people across the United States, communities and campaigners on the ground stood up loudest. In support of that movement the president said little that would rock the boat and even less was done. Obama chose not to lead as a Black president except where he showed great confidence in admonishing his own community with calls to take self-responsibility.

I remember news footage of Jesse Jackson crying when Barack Obama was elected president. It looked as though the civil rights movement that he had fought in was coming to an end with that election victory. As Obama's successor is announced it looks as though his term confirmed the need for another movement to succeed Jackson's. (689 words)

http://www.independent.co.uk/voices/barack-obama-donald-trump-us-presidency-black-lives-matter-hurricane-katrina-a7413416.html, 12 November 2016.

Annotations

l. 40 *foreclosure crisis:* (here) referring to events from 2010 to 2012 when a large number of homeowners in the US received foreclosure *(= Zwangsvollstreckung)* notices from their banks that had either been forged, were legally invalid, or had been issued without a proper background check

Cartoon

Assignments

Comprehension

1. Outline the author's assessment of Obama's presidency, as stated in the text.

Analysis

2. Analyse the cartoon and assess its suitability as an illustration to Wail Qasim's article.

Comment/Creative Writing

3. In a letter to the editor, comment on the author's claim in lines 51 to 53 that "[a]s Obama's successor is announced it looks as though his term confirmed the need for another movement to succeed Jackson's." Include your background knowledge on historical and current events in the US.

Lösungsvorschläge

Hörverstehen

Text 1: The Problem of Species Extinction

ROSANNE SKIRBLE: In the United Arab Emirates, the rare bongo antelope is on the brink of extinction says Kate Burns, a veterinary nurse at Al Bustan Zoological Centre, which houses several of the animals. Burns hopes to breed more.

KATE BURNS: Each individual counts. Mhmm, there is only 47 left in the wild. Mhmm, so, yeah, breeding, we need to maintain the genetic diversity of the species and that means, you know, swapping, swapping animals, swapping experience.

ROSANNE SKIRBLE: Humans are pushing this species and others to extinction. While hunting and poaching certainly play a role, so do urban sprawl and oil extraction. Climate changing emissions from power plants, buildings and transport also threaten biodiversity. Climate models predict the Earth's temperature will increase from two to six degrees Celsius this century. Experts say a 4.3-degree increase above pre-industrial times is a tipping point, which will lead to the worst impacts of climate change. Extinctions will accelerate, says University of Connecticut ecology professor Mark Urban.

MARK URBAN: We reached the point where we had 16 % extinction risk for species. So one in six species could be endangered if we don't do anything about controlling greenhouse gases.

ROSANNE SKIRBLE: Urban reviewed 131 articles on species extinction for an analysis, which appears in the journal *Science*. He says some regions of the world will be harder hit than others.

MARK URBAN: The small land masses play a role, places with lots of endemic species like Australia and South America. Mhmm, these are species that are already constrained to, to small ranges and so even a small shift in those ranges could endanger them.

ROSANNE SKIRBLE: Climate change will alter species and the habitats in which they live, Urban warns. Their loss will spread disease and have other unintended consequences.

MARK URBAN: If you think about our food security and we have crops. Well, it's very important to understand, say, the rainfall pattern in the future, and, and the ability of those crops to still be grown. But what we're neglecting are the biotic interactions. So, what if we lose a, a really important predator of a pest in that field and suddenly that pest increases and decreases the crop yields.

ROSANNE SKIRBLE: Urban says his study gives policy makers and the public added incentive to adopt new strategies, to conserve and protect the most threatened species. Rosanne Skirble, VOA News, Washington.

From: Rosanne Skirble, Kate Burns, Mark Urban, "One in Six Species Threatened with Extinction." In: Voice of America News, *30 April 2015.*

These text passages will help you find the correct answer:

A) "Humans are pushing this species and others to extinction. While hunting and poaching certainly play a role, so do urban sprawl and oil extraction. Climate changing emissions from power plants, buildings and transport also threaten biodiversity." (ll. 7–10): Hunting and poaching are mentioned as two reasons among others, not as the most important ("number one") reason.

B) "… we need to maintain the genetic diversity of the species and that means, you know, swapping, swapping animals …" (ll. 5/6)

C) "… one in six species could be endangered if we don't do anything about controlling greenhouse gases." (ll. 16/17)

D) "He says some regions of the world will be harder hit than others." (ll. 19/20): This quote clearly shows that statement D must be wrong and therefore can't be matched to any of the speakers.

E) "Experts say a 4.3-degree increase above pre-industrial times is a tipping point, which will lead to the worst impacts of climate change." (ll. 11–13)

F) "Each individual counts." (l. 4)

G) "If you think about our food security and we have crops. Well, it's very important to understand […] the ability of those crops to still be grown. […] So, what if we lose a, a really important predator of a pest in that field and suddenly that pest increases and decreases the crop yields." (ll. 28–32)

H) "Humans are pushing this species and others to extinction. While hunting and poaching certainly play a role, so do urban sprawl and oil extraction." (ll. 7/8)

Speaker	Statement 1	Statement 2
Rosanne Skirble	H	E
Kate Burns	F	B
Mark Urban	C	G

Text 2: Happiness by Design: Finding Pleasure and Purpose in Everyday Life

PROFESSOR PAUL DOLAN: For me happiness is in our experiences of life. Things that we feel day to day, moment to moment. And I talk about pleasure and purpose.

OK, so my name's Paul Dolan, I'm at London School of Economics and my book is called *Happiness by Design – Finding Pleasure and Purpose in Everyday Life*.

So, happy lives are ones that contain some balance; it's not the same for everybody and it's not in equal measure. But some kind of balance between things that we find fun on the one hand and things that we find fulfilling on the other.

Well, it is a subjective experience. I think everything ultimately matters because it makes us feel better, so I can describe to you I think the things that I find pleasurable and the things that I find purposeful. And I can also probably give you a good sense of how much I find them pleasurable and how much I find them purposeful. And equally, of course, things that I find painful and things that I find pointless, so

I think we are now getting a better insight into the quantitative nature of those elements.

CLIENT 1: Happiness for me is a very ethereal thing, I think. By that I mean that it is very difficult to say what it is, and it can be different, at different stages of my life. But in essence, happiness for me, as I've grown older, is quite a few intangible things, things which make me think that life is worth it, so it's spending time with the people I want to be with, it's not just living from moment to moment but actually just being in the moment and doing the things that are actually most important. So the places that are really important for me, and often, actually, it's later on that you realise the happiest times. Well, I'm getting better at that.

PROFESSOR PAUL DOLAN: We're getting many observations on many people over many years, and there seems to be something sensible coming through from the answers people give us. We get associations with some things that you would expect them to be associated with, you know, poverty makes people miserable but being rich doesn't make people happier. So, you know, there are some nice insights coming through from this data. Time that we spend with other people that makes us feel nice, time spent on trains and on tubes and on buses, not so nice.

CLIENT 2: The things that make me happy are: spending time with my friends and family, going out for dinner, going to watch my football team play football, playing with my cat.

PROFESSOR PAUL DOLAN: Well, I think how we use our time is absolutely critical, it's the scarcest resource we've got, right? The few moments that we've been talking now, or that I've been talking now, are a few moments closer to death and it's time I won't ever get back, so I think it's incumbent on us all to think about how we use that time and just reorientate some of it away from things that we're finding painful and pointless. And spend a bit more time, you know, with things that we find pleasurable and purposeful which would include spending more time with people that we like being with; would include spending a bit more time outdoors, maybe listening to music, all of these things, I think most of us know if we stop and think for a moment, would make us feel a bit happier. The interesting question is why we don't do more of it? And helping others, too, makes us feel nice, too. So all these things that we would get good feedback for if we paid attention to those experiences but one of the reasons why we don't do those things more is we don't pay attention to those experiences as much as we might, we tell ourselves big stories about the things that we think should make us happy, buying more stuff, earning more money, the kind of narratives and stories that we tell ourselves or we're told by other people that sometimes deviate us off the path of using our time in those ways that make us happier.

Yeah, I mean, I think we all know people, you know, who like to moan. It probably makes them happy moaning, too, but there are some people that are just temperamentally, naturally, you know, happier. But I think the important thing is that all of us could be a little bit happier by doing some more of the things that make us feel good. And the critical thing is to design environments that make it easier for us to do those things. You know, if you've got a friend that you want to speak to, plan a time in the diary that you speak to them, the same time every week, and then habits will get formed and automatically you speak to that person without having to think too hard about doing so. So all of us, wherever we start from, I think, can nudge ourselves a little bit happier.

From: Paul Dolan/Lee Millam, Pod Academy, *5 Oct 2014.*
http://podacademy.org/podcasts/happiness-design/

These text passages will help you find the correct answer:

1) *"But in essence, happiness for me, as I've grown older, is quite a few intangible things, things which make me think that life is worth it, so it's spending time with the people I want to be with, it's not just living from moment to moment but actually just being in the moment and doing the things that are actually most important. So the places that are really important for me ..." (ll. 17–21)*
2) *"We're getting many observations on many people over many years, and there seems to be something sensible coming through from the answers people give us." (ll. 23–25)*
3) *"... you know, poverty makes people miserable but being rich doesn't make people happier." (ll. 26/27)*
4) *"Time that we spend with other people that makes us feel nice, time spent on trains and on tubes and on buses, not so nice." (ll. 28/29)*
5) *"The few moments that we've been talking now, or that I've been talking now, are a few moments closer to death and it's time I won't ever get back ..." (ll. 34–36)*
6) *"And spend a bit more time, you know, with things that we find pleasurable and purposeful [...] spending a bit more time outdoors, maybe listening to music, all of these things, I think most of us know if we stop and think for a moment, would make us feel a bit happier. [...] And helping others, too, makes us feel nice, too." (ll. 38–43)*
7) *"So all these things that we would get good feedback for if we paid attention to those experiences ..." (ll. 44/45)*
8) *"... we tell ourselves big stories about the things that we think should make us happy, buying more stuff, earning more money, the kind of narratives and stories that we tell ourselves or we're told by other people that sometimes deviate us off the path of using our time in those ways that make us happier." (ll. 46–50)*

1) Two things that are essential for the first client's happiness:	• people he likes • places that are important
2) How Dolan knows what makes people happy:	• through observations • through people's answers
3) What makes most people miserable:	poverty
4) What kind of time is least valuable to most people:	time spent on public transport

5) Why it is important how we use our time:	we won't get it back
6) Two instant measures of being happier:	• spending more time outside • listening to music (• helping others)
7) How to achieve happiness according to Dolan:	paying attention to pleasurable experiences
8) Two activities that do not make us happier:	• buying more stuff • earning more money

Text 3: Why South African Students Have Turned on Their Parents' Generation

The apartheid past, Maxwele realised, was still shaping his life. The realisation made him feel more and more angry, because it had not been what he had been taught growing up. His generation had been told they were the "born frees": an exceptional generation in South African history, the first one raised with almost no direct memory of apartheid's terrors. "They're like nothing that's ever been!" bleated a promo segment for born frees, a reality TV show that began airing in South Africa in 2004. In school and at home, their elders often reminded them how different life was for them and how much they had to be grateful for.

On the morning of 9 March, Maxwele travelled by minibus taxi out to Khayelitsha, picked up one of the buckets of shit that sat reeking on the kerbside, and brought it back to the campus of the University of Cape Town (UCT), where, in 2011, he had gained a scholarship to study political science. He took it to a bronze statue of the 19th-century British colonialist Cecil John Rhodes that held pride of place on campus, just downhill from the convocation hall. Rhodes had been one of the main architects of South Africa's segregation. "Where are *our* heroes and ancestors?" Maxwele shouted to a gathering, curious crowd. Then he opened the bucket and hurled its contents into Rhodes's face.

From: Eve Fairbanks: Why South African students have turned on their parents' generation.
In: theguardian.com, *18 Nov 2015.*

In this task, you do not need to fill in the gaps with the exact words from the text. However your solution has to make sense in the context given.

Chumani Maxwele, the son of a poor miner from the Eastern Cape, South Africa, realised one day that the apartheid past was still **(1) shaping/influencing his life**. The realisation made him feel **(2) more and more/increasingly angry**, because it had not been what he had been taught growing up. His generation had been told they were the **(3) "born frees"**: an exceptional generation in South African history, the first one raised with almost no direct **(4) memory/recollection** of apartheid's terrors. In school and at home, parents and grandparents of Maxwele's generation often

reminded the young people how different life was for them and how much they had to be (**5**) **grateful for/thankful for/glad of/glad about**.
On the morning of 9 March, Maxwele travelled by (**6**) **minibus taxi** out to Khayelitsha, picked up one of the buckets of shit that he found in the street, and brought it back to the campus of the University of Cape Town (UCT), where, in 2011, he had gained a scholarship to study (**7**) **political science/politics**. He took it to a bronze statue of the 19th-century (**8**) **British** colonialist Cecil John Rhodes. Rhodes had been one of the main architects of South Africa's (**9**) **segregation**. "Where are *our* heroes and ancestors?" Maxwele shouted to a gathering, curious crowd. Then he opened the bucket and hurled its contents into Rhodes's (**10**) **face**.

Sprachmittlung

Bedenken Sie, dass Sie die Zusammenfassung für jemanden in Ihrem Alter verfassen. Es ist daher möglich, in einem relativ lockeren Ton zu schreiben, allerdings sollte Ihr Text auch nicht zu umgangssprachlich sein, da Roisin die Informationen für ein Schulprojekt benötigt. Die Aspekte, nach denen in der Aufgabenstellung gefragt wird (wie die Situation an deutschen Schulen aussieht, welche Probleme dadurch verursacht werden und wie Eltern, Pädagogen und Wissenschaftler darauf reagieren), helfen Ihnen, den Text zu strukturieren.
Your text should contain the following information:
- *"sexting" is an underestimated problem at German schools*
- *parents and teachers are unable to control what teenagers do on the Internet*
- *possible consequences include a damage of people's reputation and bullying*
- *scientists demand that children and teenagers be made aware of the dangers on the Internet by parents and teachers*

Hi Roisin,

Here is the information from the article: "sexting" is a real problem at our schools here in Germany, which is underestimated especially by young students. More and more photos of 13- to 14-year-old girls are being shared via smartphone or the Internet.
The problem is that it is difficult to control what children and teenagers do on the Internet. Teenagers decide themselves what they put on the Internet and usually neither parents nor teachers know about it. By posting a picture the girls and boys give away the ability to control what happens with their images. Most of them do not think about the consequences at all and thus involuntarily destroy their or their friends' reputations with one click. Another problem caused by this phenomenon is bullying, which is the reason why more parents and teachers are becoming aware of what their children and pupils are doing, and are calling for prevention.
Scientists say that the problem does not only have a technical side but that awareness is the key. Since children have direct access to the Internet at any time and almost everywhere thanks to smartphones, it is easy to communicate secretly. To keep phe-

nomena like "sexting" from happening, parents and teachers must talk to the children. Stefanie Rack from klicksafe has rather plain advice – get naked if you want but do not do it on the Internet.
So you can see that we are aware of the problem here in Germany and that prevention is the first line of defence against it. Let me know your results at the end of your project …

Bye,
Anne

(270 words)

Schreibaufgabe

1. *Bei dieser Aufgabe geht es darum, kurz zu umreißen, wie der Autor des Artikels Barack Obamas Präsidentschaft rückblickend beurteilt. Dazu sollten Sie dem Text die Kernaussagen entnehmen, diese logisch strukturieren und in Ihren eigenen Worten wiedergeben. Verzichten Sie auf Zitate und sonstige Textverweise.*
   An appropriate structure could be:
   - *start with an introductory sentence in which you mention the author's name, the title of the article and where it was published*
   - *mention the hope and optimism at the time of Obama's election*
   - *name different areas in which Obama failed to deliver (e. g. in the housing or work sectors)*

   In his article, "Yes, Barack Obama Was the First Black President – But He Didn't Improve the Lives of Black Americans", published in *The Independent*, Wail Qasim looks back on Barack Obama's presidency. He puts it into the context of a society dominated by racial inequality during the Bush era in order to explain the optimism evoked by Obama's candidacy and election, which he himself was sceptical about from the start.
   The author claims that the hopes ethnic minorities invested in a Black president were dashed. Although he concedes that many of the president's plans were impeded by the opposition, Qasim also blames Obama himself for not clearly taking a stand for African Americans. Furthermore, he deplores that, as the first African American president, Obama confirmed racial stereotypes rather than fighting them. According to Qasim, Obama was either the victim of open discrimination or he was presented as the stereotypically cool African American.
   Additionally, the author cites the ongoing discrimination against African and Hispanic Americans in the workplace and housing sector as examples for Obama's failure to ameliorate the situation for minorities. According to him, this disregard for the problems of the African American population became especially obvious in the apparent need for a protest movement against the violence Black Americans had to endure at the hand of police officers. Obama did not clearly support that protest movement, which is in Wail Qasim's opinion an indication of his indecisiveness as to racial matters.

In the end, Wail Qasim predicts that the fight of the Civil Rights Movement is far from over, which seems especially true in the light of Donald Trump's election.

(271 words)

2. *Bei dieser Aufgabe kommt ein zusätzliches Material (ein Cartoon) ins Spiel, das Sie mit dem vorliegenden Artikel in Verbindung bringen sollen. Gehen Sie hierfür schrittweise vor. Zunächst sollte eine kurze Beschreibung des Cartoons erfolgen. Im Anschluss daran sollten Sie seine Bedeutung interpretieren und dabei Unterschiede und/oder Gemeinsamkeiten zwischen den beiden Materialien herausarbeiten. In einem abschließenden Fazit sollten Sie beurteilen, inwieweit Cartoon und Artikel zusammenpassen. Denken Sie daran, Ihre Ergebnisse stets am Text zu belegen.*

   The following aspects should be mentioned with regard to the cartoon:
   - *description: unhappy Obama, graffiti, three statements "Yes, we can!", "I think we can!", "I thought we could!" (the first two crossed out)*
   - *interpretation:*
     - *initial statement "Yes, we can!" = Obama's election campaign slogan: full of optimism and hope*
     - *first correction (during presidency) "I think we can!": restriction of initial optimism, doubtful, political realities weaken Obama's confidence*
     - *final correction (after/at the end of presidency) "I thought we could!": negative conclusion expressing disillusionment and admitting failure*

The cartoon shows a dissatisfied Barack Obama standing on a scaffolding, a pot of paint beside him, writing graffiti on a wall decorated with a stylised stars and stripes motif. On the wall, there are three statements, "Yes, we can!", "I think we can!" and "I thought we could!". Obama seems to have crossed out the first two, leaving only the last one.

The first statement refers to Obama's election campaign slogan from 2008, promising optimism and hope for change. Wail Qasim addresses these promises in his article as well when he writes that "[Obama's] 2008 run for the presidency suggested that by investing hope in him, there was hope for America" (ll. 19/20). These hopes are also reflected in the reaction of Civil Rights Movement icon Jesse Jackson to Obama's election: The movement leader cried because he was confident that what the Civil Rights activists had been fighting for had finally been achieved (cf. ll. 49–51).

The second statement on the wall already qualifies Obama's optimism about his plans, possibly reflecting his problems with the Republicans' stonewalling his policies (cf. ll. 12–15). By means of this, the cartoonist shows how the reality of governing the country diverges from the hopes and promises before an election. Although Qasim concedes that Obama did not make empty promises and admitted already before his election that "it would [not] be easy to change America" (l. 16), even his confidence and belief are shown to have suffered in the light of political realities.

The third and final version is even more disillusioned and seems to express regret about Obama's two terms of office. In contrast to "I think we can!", "I thought we could!" is not only cautious and doubtful, but an outright admission that Obama's plans failed. According to Wail Qasim, this failure is what characterises Obama's presidency: He expresses this opinion in the antithetical sentence that "Obama offered so much hope and promise, yet failed to deliver so spectacularly" (ll. 10/11). Since the success of his presidency will mainly be measured with regards to race relations (cf. l. 28), Qasim cites examples from this area where nothing has changed or things have even become worse for ethnic minorities, like in the housing or work sectors (cf. ll. 35–41). But most of all, he criticises Obama for not speaking out clearly against inequality and hate crimes (cf. ll. 42–48), thereby not becoming the saviour the minorities longed for.
Considering all these connections, the given cartoon would be perfectly suitable as an illustration to Wail Qasim's article because it reflects the author's critical attitude towards Obama's presidency. The only slight difference is that the cartoon depicts a gradual disillusionment whereas Qasim states that he already anticipated the disappointment beforehand and countered the overall initial enthusiasm with his "biting cynicism" (ll. 5/6) and the opinion that "judgement should be reserved for what Obama would actually do" (ll. 6/7). *(491 words)*

3. *In dieser Aufgabe sollen Sie einen Leserbrief verfassen, in dem Sie zu einer Behauptung des Verfassers des Artikels persönlich Stellung nehmen. Hierfür ist es wichtig, dass Sie zunächst einmal für sich entscheiden, ob Sie der Aussage, dass eine neue Bürgerrechtsbewegung vonnöten sei, zustimmen oder nicht. Um Ihre Antwort zu untermauern, sollten Sie auf Ihr Hintergrundwissen zurückgreifen und sowohl aktuelle als auch historische Ereignisse in den USA als Belege einbringen. Denken Sie auch daran, die formalen Anforderungen an einen Leserbrief zu erfüllen. Hierzu gehören die Anrede des Adressaten bzw. der Adressatin (für den Fall, dass der Name nicht bekannt ist, wird "Sir or Madam" verwendet) und das Nennen des Artikels, auf den Sie sich beziehen.*
Possible events and conditions you might want to mention:
- *Civil Rights Act (1964), Voting Rights Act (1965)*
- *hate crimes*
- *ongoing discrimination against ethnic minorities (cf. unemployment rate, average income, life expectancy, incarceration rate)*
- *Trump's disrespectful attitude towards women*
- *Trump's effort to override "Obamacare"*

Dear Sir or Madam, 24th of November 2016

In the article "Yes, Barack Obama Was the First Black President – But He Didn't Improve the Lives of Black Americans", the author Wail Qasim states that after Obama's and at the beginning of Trump's presidency, there seems to be a need for a new Civil Rights Movement. While this assumption might seem surprising after the hopeful assertions that the election of a Black man to the highest office in the

USA would mark an ending point in the Civil Rights activists' struggles, I heartily agree with Mr Qasim.
Of course, one cannot really compare the situation nowadays to the one when Martin Luther King, Jesse Jackson and other important figures first started to fight for equal rights for African Americans. Some of the Civil Rights Movement's primary aims, like desegregation or equal voting rights, have certainly been achieved and turned into law through the passing of the Civil Rights Act in 1964 or the Voting Rights Act in 1965. So, it can easily be understood that Obama's nomination and election seemed like a dream come true after decades of disenfranchisement and discrimination. And still, all is not well and equality for all parts of society seems further away than ever.
With hate crimes already on the rise while there still was an African American president, it seems unlikely that race relations are bound to improve soon. Ethnic minorities are still discriminated against in numerous ways: their unemployment rate is still higher than that of White Americans, their average income and life expectancy are lower, their chance of going to prison or becoming a victim of police violence is higher.
And it is not only discrimination according to race which is still a pressing issue. With the inauguration of Donald Trump, an era of discrimination against various parts of society might begin. Let me state just two examples: firstly, the new president shows a lack of respect for women, boasting openly about sexual harassment. Secondly, one of his first official acts was an attempt to repeal the American Health Care Act ("Obamacare"), which would leave millions of Americans without proper health insurance and hurt the most vulnerable.
There is a ray of hope, however: many decisions of this new administration have finally mobilised the silent majority, triggering protest and creativity. Maybe these protest movements are not yet as organised and far-reaching as the Civil Rights Movement surrounding icons like Jesse Jackson, Martin Luther King Jr. or Malcolm X, and maybe their goals are not as clear-cut as desegregation or voting rights. But Wail Qasim is perfectly right: We live in times that are seriously threatening the achievements of the Civil Rights Movement and therefore need a new strong movement. The issues to be tackled are numerous: it is not only minority rights we will have to fight for but also women's rights and religious tolerance. So hopefully, the new movement will be diverse and colourful, like America itself. All ethnic groups, women and men, old and young, healthy and disabled, people of all religions, should fight together for equality and tolerance.

I'm looking forward to being a part in this movement!
Sally Bates,
Virginia

(526 words)

Abitur 2018 Englisch (Hamburg) –
grundlegendes Anforderungsniveau

Hörverstehen

You will hear each recording **twice**. After each listening you will have time to complete your answers.

Task 1: March on Washington

7 BE

You will hear an interview in which Lawrence Cumberbatch and his son Simeon talk about the March on Washington. While listening, tick (✓) the correct answer (a, b, c or d). There is only one correct answer.

1. When his parents heard about Lawrence's plan, they were
   a) ☐ worried.
   b) ☐ pleased.
   c) ☐ undecided.
   d) ☐ enthusiastic.

2. Uncle Lloyd advised the family to
   a) ☐ join Lawrence.
   b) ☐ let Lawrence go.
   c) ☐ talk to Lawrence again.
   d) ☐ make Lawrence obey them.

3. The marchers got their food
   a) ☐ at filling stations.
   b) ☐ from delivery cars.
   c) ☐ at railway stations.
   d) ☐ from roadside spectators.

4. The authorities in Delaware made the marchers
   a) ☐ stop on US 1.
   b) ☐ walk all the time.
   c) ☐ stop for some hours.
   d) ☐ walk 20 miles every day.

5. In Washington Lawrence Cumberbatch
   a) ☐ could not see the podium.
   b) ☐ talked to a lot of demonstrators.
   c) ☐ stood very close to Martin Luther King.
   d) ☐ had no chance to see Martin Luther King.

6. Lawrence was most impressed by
   a) ☐ the size of the Mall.
   b) ☐ the length of the march.
   c) ☐ the power of the speech.
   d) ☐ the number of protesters.

7. Thinking back to the event, Cumberbatch's son Simeon expresses
   a) ☐ admiration for his father.
   b) ☐ pride in the black community.
   c) ☐ gratefulness to Martin Luther King.
   d) ☐ astonishment at the reporters' interest.

Task 2: An Astronaut's Guide to Spacewalking 12 BE

You will hear an interview with the British scientist Dr. Patrick.
While listening, answer the questions. You need not write complete sentences.

1) What do astronauts need for a spacewalk?	
2) What makes Dr. Patrick an expert on space travel?	
3) What was a major part of his training?	
4) What makes a spacewalk physically challenging?	
5) What makes a spacewalk mentally demanding?	

6) What makes the job of the two astronauts so difficult?	
7) What is it like to get out into space?	
8) What will Tim Peake probably do when he first gets out into space?	
9) What does Dr. Patrick recommend to the astronaut?	
10) What does Dr. Patrick say about our planet as experienced from outside the space station?	
11) Why was Dr. Patrick not worried during his space-walks?	
12) What do astronauts need to do to get the chance for a spacewalk?	

Task 3: Drones 4 BE

You will hear a conversation between the two journalists Jason Palmer and Tim Cross about drones. What functions and dangers do the two journalists mention in connection with flying drones?
Name two functions and two dangers. You need not write complete sentences.

functions	dangers

Assignment

You are doing an internship with *Spiegel Online International*, which aims at an international readership and publishes English versions of original German articles.

Its editor in charge has given you the text below and asked you to write an article in English for their website, outlining the information as described by Carola Padtberg-Kruse.

Warum die erste Stunde für Jugendliche Folter ist (2015)
von Carola Padtberg-Kruse
Schluss mit der Quälerei am Morgen: Mit mehr Schlaf würden Schüler motivierter und erfolgreicher lernen. Warum also der frühe Start?

Wer schon einmal Jugendliche in der ersten Schulstunde beobachtet hat, weiß: Schlafforscher müssen recht haben mit ihrer Forderung nach einem späteren Unterrichtsbeginn. Zwei Drittel der Schüler haben zwar die Augen geöffnet, können aber kaum etwas aufnehmen. Sie gehören zum „Eulen"-Typ, für den der Schulbeginn jeden Tag aufs Neue eine Qual ist. Schläfrig bis komatös hängen sie in ihren Stühlen und bauen über die Schulwoche ein immenses Schlafdefizit auf. Sie leben permanent in einer Art Jetlag.

Viele Studien haben belegt, dass die Kinder ausgeglichener und erfolgreicher lernen und Jugendliche zu weniger Stimulanzien wie Nikotin und Koffein greifen, wenn die Schule später beginnt. Trotzdem tut sich nichts im Schulsystem. Warum ist das so? Wer bestimmt den Unterrichtsbeginn? Und wie viel Schlaf braucht der Mensch? Ein Überblick über die wichtigsten Antworten zum Thema.

Wie viel Schlaf brauchen Kinder?

Viel. Das Gehirn ist bei Schulkindern sehr aufnahmefähig, braucht aber ausgedehnte Regenerationsphasen, um die Informationen des Tages im Langzeitgedächtnis zu verarbeiten. Grundschüler sollten zehn bis elf Stunden pro Nacht schlafen, Jugendliche brauchen etwa neun Stunden. Schlafen Schüler weniger, können sie sich schlecht konzentrieren, werden missmutig und depressiv, manche entwickeln Wachstumsstörungen. Schlafmangel macht krank, dumm und dick, beschreibt Neurobiologe Peter Spork in seinem Buch „Aufbruch in eine ausgeschlafene Gesellschaft".

Fängt die Schule überall um 8 Uhr an?

8 Uhr ist die Regel in Deutschland, aber der Schulstart ist nicht einheitlich reglementiert. Manche Schulen zwingen Kinder zur „nullten Stunde" um 7.15 Uhr, in Sachsen und Sachsen-Anhalt müssen Schüler traditionsgemäß schon um 7.30 Uhr ran. In Baden-Württemberg und Hamburg legen die Schulen den Beginn selbst fest, einige wenige beginnen erst um 9 Uhr. In anderen EU-Ländern wie Frankreich, Spanien, Italien und Großbritannien ist das ebenfalls üblich.

Was passiert, wenn man gegen den eigenen Biorhythmus anlebt?

Es ist ein modernes Märchen, dass jemand, der früh aufsteht, auch besonders leistungsfähig ist. Wenn eine „Eule“ zu wenig schläft, sitzt sie nur völlig übermüdet in den ersten Schulstunden, ihre volle Konzentrationsfähigkeit erreicht sie erst am späten Vormittag. Ab der Pubertät schadet der Mehrzahl der Schüler der Unterrichtsbeginn um 8 Uhr: Eine Forschergruppe am Hasbro-Kinderkrankenhaus in Providence im US-Staat Rhode Island hat herausgefunden, dass schon mit einer halben Stunde mehr Schlaf am Morgen die Jugendlichen motivierter waren, seltener den Unterricht schwänzten und sich weniger oft als deprimiert beschrieben. Der Leipziger Biologe Christoph Randler sagt, der Schulstart um 8 Uhr diskriminiere die Mehrheit der Schüler, weil sie Spättypen sind und Frühaufsteher somit die besseren Noten erhalten.

Kann man seinen Biorhythmus verändern?

Nein. Der Schlafrhythmus ist individuell festgelegt und wird von einem Nervenzellsystem getaktet. Aber der Biorhythmus verschiebt sich im Laufe des Lebens. Kleinkinder sind oft noch ausgesprochene Frühaufsteher. Mit den ersten Hormonschüben bleiben Kinder abends länger wach, weil das Schlafhormon Melatonin erst später ausgeschüttet wird. Die Kinder mutieren zu Nachteulen, kommen morgens dann nicht aus dem Bett. Ab dem 30. Lebensjahr verändert sich die innere Uhr wieder in die andere Richtung. Das ist auch der Grund, warum Eltern dem Schlafrhythmus ihrer Teenager oft mit Unverständnis begegnen.

Was spricht gegen einen späteren Unterrichtsbeginn?

Während sich Bundespolitiker […] regelmäßig für einen späteren Schulstart stark machen, drücken sich die Landesminister um das Thema. Zum einen wehren sich die Lehrer, denen aufgrund ihres Alters das frühe Aufstehen leichter fallt – die Hälfte der deutschen Pädagogen ist 50 Jahre oder älter. Eine Umstellung hätte auch strukturelle Auswirkungen: Wenn sich der Unterricht bis weit in den Nachmittag verschöbe, müssten die Schulen zumindest für jüngere Kinder Mittagessen anbieten. Die Länder warnen außerdem vor dem Aufwand, der entstehen würde, wenn die Fahrpläne des Nahverkehrs angepasst werden müssten. Die meisten Schulgesetze der Länder sehen aber vor, dass die Schulen selbst über den Unterrichtsbeginn entscheiden können. Wenn also Eltern und Lehrer die Dinge verändern wollten, hätten sie die Möglichkeit dazu.

(635 Wörter)

SPIEGEL ONLINE, *Carola Padtberg, Warum die erste Stunde für Jugendliche Folter ist,* Spiegel Online *vom 06. 07. 2015, http://www.spiegel.de/lebenundlernen/schule/unterrichtsbeginn-warum-die-erste-stunde-folter-ist-a-1042065.html*

Lösungsvorschläge

Hörverstehen

Text 1: March on Washington

Renee Montagne, *Host:* Time now for StoryCorps, the project that captures the stories of everyday people. Next week is the 50th anniversary of the March on Washington. So, let's hear about one man's journey to that event on foot from New York City to Washington D.C. Lawrence Cumberbatch was only 16 when he walked with a group from Brooklyn. His parents thought two weeks on the open road was too dangerous for a teenager and, as Lawrence Cumberbatch told his son, they tried to talk him out of it.

Lawrence Cumberbatch: There's always someone in most families that everybody looks to as the authority. And in my case, it was my mother's brother, Lloyd. So, they did the usual. "Go and see Uncle Lloyd. He wants to talk to you." They were so sure. "Well, he'll fix this." And I discussed it with him and he says, "You know, you've thought this out, this makes sense." So he told my parents. He says, "I think the boy is okay, he'll be safe." And that was it. They followed his advice. We basically walked every day from sun up to sunset.

(Soundbite of singing)

Lawrence Cumberbatch: Our diet was eating out of the Coke machines in the gas stations. Cheese crackers with peanut butter. For the whole 13 days that's all we ate. We walked on U.S. 1 because the Turnpike authorities wouldn't allow us, and the state of Delaware, they would not let us stop for any purpose and we had to walk, and they literally put a patrol car behind us and one in front and they marched us 30 miles until we were out of their jurisdiction. When we got to Washington, we marched into the demonstration on the Mall and were led to the platform. And we were right behind King. It was overwhelming.

(Soundbite of archived recording:

Unidentified man: I have the pleasure to present to you Dr. Martin Luther King, J-R.

Martin Luther King, Jr.: I am happy to join with you today …)

Lawrence Cumberbatch: People said, "What did you think about the speech?" I says, "Nobody who was on that podium was thinking about the speech." It was just so mind-blowing to look at this sea of people. You'll never see this again.

Simeon Cumberbatch: This was definitely a defining moment.

Lawrence Cumberbatch: Yeah, I'd never forget this stuff.

Simeon Cumberbatch: I remember when I saw clips of Martin Luther King's speech at Washington, my mother said, "Your father's right behind him." It's a proud history, and you're a hero of mine.

Lawrence Cumberbatch: Thank you, son. I am very proud of that.

Renee Montagne: That's Lawrence Cumberbatch with his son Simeon at StoryCorps in New York. Their interview, along with all StoryCorps interviews, will be archived at the American Folklife Center at the Library of Congress. Subscribe to the StoryCorps podcast at NPR.org.

From: Katie Simon with Eve Claxton, Making A Trek to Make the '63 March on Washington, NPR, 23. 08. 2013, http://www.npr.org/2013/08/23/214520990/at-16-making-a-trek-to-make-the-63-march-on-washington [Hinweis: Die durch eine kleinere Schriftgröße kenntlich gemachte Stelle ist nur aus lizenzrechtlichen Gründen abgedruckt und wurde in der Abituraufgabe nicht berücksichtigt.]

1. When his parents heard about Lawrence's plan, they were
   a) ☑ worried.
2. Uncle Lloyd advised the family to
   b) ☑ let Lawrence go.
3. The marchers got their food
   a) ☑ at filling stations.
4. The authorities in Delaware made the marchers
   b) ☑ walk all the time.
5. In Washington Lawrence Cumberbatch
   c) ☑ stood very close to Martin Luther King.
6. Lawrence was most impressed by
   d) ☑ the number of protesters.
7. Thinking back to the event, Cumberbatch's son Simeon expresses
   a) ☑ admiration for his father.

Text 2: An Astronaut's Guide to Spacewalking

Interviewer: At around one o'clock this afternoon, two Tims, Tim Peake and his NASA colleague Tim Kopra, will emerge from the international space station for a six-hour spacewalk. Tim Peake's already said that he regards the spacewalk as the pinnacle of any astronaut's career. He'll be properly out in space, but unlikely to have much time to enjoy the view, because the walk is technically complicated and gruelling. And as astronauts before him have learnt, it requires stamina and patience. Well, today it is Tim Peake's turn to have that experience and among those who know what it'll be like is Dr. Nicholas Patrick, who was born in Britain and went to the space station twice with NASA carrying out three spacewalks in all. I asked him to explain first how he prepared for them.

Dr. Patrick: Most of the preparation, Michelle, occurs over the period of about a year when you're training for your mission. You spend a lot of time diving in what's called the Neutral Buoyancy Lab at Johnson Space Center in Houston in a full space suit and they weigh you down under water so that you're neutrally buoyant. It's a little bit like floating in space – close enough that you can practise going from handhold to handhold and carrying the tools and the supplies that you'll need for the spacewalk. We must have done that fifty to seventy-five times before we flew in space.

Interviewer: And you prepare that intensity, because of the difficulty of a spacewalk. Is it the hardest thing that you do on a mission to the international space station?

Dr. Patrick: I think it is one of the hardest things that astronauts ever have to do – yes. And there are a couple of reasons. It's physically demanding – you have to be able to squeeze into the suit, which is hard on the shoulders. You have to be able to pace yourself and you have to have strong – you have to really train your hands and forearms so that you don't run out of muscle strength in your hands. But it's also a real mental challenge. Everything you do has to be planned out and executed the same way every time, because if you grab the wrong handhold, then it's sort of like climbing the face of a rock mountain – you can't reach the next handhold. If you put your tools on the wrong side, they get in the way. Everything has to be planned meticulously.

Interviewer: And you're under time pressure. There's one part of what Tim Peake will do today that has to be completed in a thirty-minute window.

Dr. Patrick: That's right. Tim Peake and Tim Kopra will be replacing the sequential shunt unit, which is a fancy way of saying a sort of voltage regulator on one of these solar arrays. And of course, because it's the closest box to the solar array, there's no way to turn power off to it. So, they have to go in when it's dark and the array isn't generating any power.

Interviewer: And what is it like when the spacewalk begins – the moment where you open the hatch and you step out of the space station?

Dr. Patrick: Well, when you float out, it's really – it's a remarkable feeling. You're used to floating, because by this point Tim's been in space for a month. He'll know exactly what floating's like. What he won't be used to is being outside the space station with a fabulous view and, perhaps more importantly, with a very difficult set of time critical tasks ahead of him. So, my bet is that, like me, when he goes out, he won't be looking down initially, he'll be looking left and right, finding his way around and getting ready for the tasks ahead. But it's a great thing to go out – it's really a wonderful experience.

Interviewer: But would you advise at some point, however intense the process is, try and enjoy the sensation of being out in space?

Dr. Patrick: Absolutely. Take a look around, look down and enjoy it would be my advice to Tim. It's the astronaut's equivalent to stopping to smell the roses.

Interviewer: And does the earth look different when you look down at it from outside rather than from inside?

Dr. Patrick: No, it looks the same, but it feels different. There's something almost – there's something intangible but important about being in a suit and separated from space not by the aluminium shell of the space station, but by just a quarter of an inch of plexiglass in your helmet's visor. It feels different – it doesn't look different.

Interviewer: How aware were you when you did it of the dangers – most of us, we just think of it in terms of films like *Gravity* where they're on a spacewalk and something goes horribly wrong. Did you worry about it?

Dr. Patrick: No. You know, by the time you get to do any of these things as an astronaut you've had all sorts of time to think about those things and get over them. And once you're out, you're really thinking about just two things: the tasks ahead of you, because you can't really get them wrong, and when you have time, the majesty of the view – the stunning view and the privileged view you have of the earth below you. It's really remarkable.

Interviewer: Is it also a prize for an astronaut in terms of the difficulty of what you're doing?

Dr. Patrick: It is a bit, I would say yes. I think there's a fair amount of competition to get spacewalks. That's a healthy thing, it means that people train very hard and study very hard and that's – that's good for everybody. But, err, yeah, it's a wonderful experience to have. Tim's lucky. I wish I were on the spacewalk with him.

Interviewer: Did yours always go according to plan?

Dr. Patrick: Err, they did. I credit the great training we had, and I think Tim's had that too and that's what makes it work so well.

Interviewer: Dr. Nicholas Patrick – thank you very much.

From: Dr. Nicholas Patrick, An astronaut's guide to spacewalking, 15. 01. 2016, http://www.bbc.co.uk/programmes/p03fl1vv

1) What do astronauts need for a spacewalk?	stamina / patience
2) What makes Dr. Patrick an expert on space travel?	has been to a space station twice / worked with NASA / has done three spacewalks himself
3) What was a major part of his training?	diving in a space suit to prepare for weightlessness
4) What makes a spacewalk physically challenging?	difficult to get into space suit / necessary to pace oneself / a lot of muscle strength in hands and arms is needed
5) What makes a spacewalk mentally demanding?	everything must be planned carefully / everything must be done the same way every time
6) What makes the job of the two astronauts so difficult?	limited time (only 30 minutes) causes time pressure / impossible to switch off power / job must be completed in darkness

7) What is it like to get out into space?	it feels remarkable / you have a spectacular view
8) What will Tim Peake probably do when he first gets out into space?	concentrate to find his way (instead of looking down) / get ready to do his job
9) What does Dr. Patrick recommend to the astronaut?	look around / look down / enjoy the view
10) What does Dr. Patrick say about our planet as experienced from outside the space station?	the earth looks the same as from inside the space station, but the feeling is different
11) Why was Dr. Patrick not worried during his space-walks?	had time to think about dangers and get over them / could only think of two things: tasks ahead and great view
12) What do astronauts need to do to get the chance for a spacewalk?	train and study very hard

Text 3: Drones

Jason Palmer: I'm Jason Palmer and I'm joined today by our science correspondent, Tim Cross, and our essays and briefing editor, Oliver Mordon. Today we'll be speaking about drones run amok and scientists trying to catch a gravitational wave. First up Tim, let's start with the drones – we've got a piece this week suggesting that one million, one million drones will be sold this year. Now that sounds like a lot if we're talking about the defense kind or the industrial kind.

Tim Cross: Luckily, we're not. If we were talking about a million predator or reaper drones, big military aircraft, robotic aircraft, flying around with missiles, then that would probably be quite a worrying thing.

Palmer: We're talking about the goofy little sort of quadcopter type things.

Cross: We're talking about everything from the little toy quadcopters to the slightly bigger more capable quadcopters that people want to use for business and so on. So, lots of companies are interested in this. We've heard about Amazon and people like that wanting to use drones to do deliveries instead of having to use vans. You can use them for aerial surveying. You can use them for photography and films, you know lots of journalists like them. And the other thing is you know that they're just – they're fun as toys.

'mer: And the issue here is not just that there's more, but that there is a greater sense danger. We've seen these things flown into places they definitely should not be

Cross: Yes, there were some cases, been some cases recently, um, there were, French nuclear power plants were being buzzed by drones, last year I think that was. Um, one ended up landing on the roof of the Élysée Palace. There have been cases in the U.S. I think where, um, people trying to fight wildfires – when you have to use planes to drop water or chemicals on the fire – they've had to actually stop operations, because so many people were flying drones up, going "hey cool, a wildfire, this would make some good video". And it was getting in the way of the actual people trying to fight the fire. And it does sort of change things in a way, because if drones become – like I was saying – if they become a toy, something that the mass of people have access to, that's quite different. It gives people access to the sky in a way that they never had before – like a pilot.

Palmer: But there's also questions around, I suppose, privacy. We hear also about these things using in what might be termed a sort of a spying capacity.

Cross: Yes, so again you can get anecdotes of people saying things like "oh, you know, my young daughter was having a pool party and then someone was flying a drone over our garden and appeared to be taking pictures", which is kind of creepy. You have cases in – again in the U.S. where people sort of object to other people flying drones over their land. They're quite noisy as well, these things – they make quite a lot of noise.

From: Jason Palmer, Tim Cross, The Economist, *23 September 2015, http://audio.economist.com/news/science-and-technology/21666109-rise-drone-hobbyism-raises-questions-about-how-best-control-skies-and-scientists?zid=314&ah=607477d0cfcfc0adb6dd0ff57bb8e5c9*

functions	dangers
two functions out of the following: • delivering goods • aerial mapping • taking pictures and making films • toys	**two dangers out of the following:** • flying into places or landing where not supposed to (power plants, roof of Élysée Palace) • preventing firefighters from doing their job (in the case of wildfires) • invading privacy • spying

Sprachmittlung

Achten Sie insbesondere auf folgende Punkte:

- *Textsorte: Online-Artikel (mit Überschrift, kurzer Einleitung, nachvollziehbarer Gliederung und Schlusssatz)*
- *Sprachlicher Stil: eher gehobene bzw. neutrale Sprache, da sich der Text an eine breite, internationale Öffentlichkeit richtet*
- *Inhalt: Unterrichtsbeginn an deutschen Schulen und seine Auswirkungen:*
  - *aktuelle Situation: Beginn der ersten Stunde meistens um 8 Uhr; Großteil der Jugendlichen ist übermüdet und nicht in der Lage, sich zu konzentrieren*
  - *Gründe für die Übermüdung: der Biorhythmus verändert sich im Laufe des Lebens (v. a. während der Pubertät), d. h., Kleinkinder und Erwachsene gehen eher früher ins Bett und stehen dementsprechend früher auf, die meisten Jugendlichen bleiben länger wach und haben daher Probleme mit dem frühen Aufstehen*
  - *mögliche Konsequenzen: Benachteiligung gegenüber Frühaufstehern in Bezug auf den schulischen Erfolg, Depressionen, Wachstumsstörungen, Übergewicht*
  - *Ergebnisse von Studien: ein späterer Unterrichtsbeginn führt dazu, dass die Schülerinnen und Schüler motivierter, konzentrierter und erfolgreicher sind*
  - *Reaktionen: Wissenschaftler*innen fordern späteren Unterrichtsbeginn; seitens der Landesministerien, Lehrkräfte und Eltern fehlt bislang jedoch die Bereitschaft*

The early bird catches the worm? – Not at schools

If we take a look at German schools, we are mostly confronted with the same sight during the first lesson: overtired pupils sitting on their chairs with sleepy eyes, unable to concentrate. Why is this?

In Germany, school usually starts at 8 o'clock, in some places even earlier. This is a real problem for the majority of pupils, as they do not get enough sleep – and the sleep deprivation increases from day to day. "Why don't they go to bed earlier then?", you might ask. It's not as simple as that. We all have our individual sleep pattern, but what we have in common is that our biorhythm changes during our lifetime. Whereas we tend to be early birds as infants and adults, most of us mutate into late risers during puberty and are automatically disadvantaged when it comes to academic performance. On top of this, constant sleep deprivation can have further negative consequences, such as disturbance of growth, overweight or depression.

As scientific studies show, the majority of pupils is more successful if school starts later. They can concentrate much more easily, are more motivated and in a generally better mood. Half an hour of extra sleep is often enough.

Nevertheless, while scientists voice their support for a later start of the school day, teachers, parents and local politicians refuse steadfastly and justify their standpoint, among other reasons, with the enormous expenditure that would be required to …tpone the first lesson.

…ins to be seen if German schools will someday show more consideration for the …t owls among their pupils instead of forcing them to be early birds.

(280 words)

Abitur 2018 Englisch (Hamburg) – erhöhtes Anforderungsniveau

Hörverstehen

You will hear each recording **twice**. After each listening you will have time to complete your answers.

Task 1: An Atlanta neighborhood 14 BE

Listen to a radio feature about an Atlanta neighborhood. While listening, do the given tasks. You do not need to write complete sentences.

1. What event is described in the introduction?

   ____

2. Why was East Lake called "Little Vietnam"?

   ____

3. What else is said about East Lake's past?

   ____

4. What were Tom Cousins's plans for the new East Lake? Name the two key ideas.
   - ____________________
   - ____________________

5. Where does the money go? Tick the correct model.

a)	East Lake Golf Club → Purpose Built Communities East Lake Foundation	☐
b)	East Lake Golf Club Purpose Built Communities → East Lake Foundation	☐
c)	East Lake Golf Club → East Lake Foundation Purpose Built Communities	☐
d)	East Lake Golf Club East Lake Foundation → Purpose Built Communities	☐

6. According to Danny Shoy, what was the original intention behind the project?

____

7. Complete the table.

sum	purpose	paid to
$ 125,000		East Lake Golf Club
$ 200,000		East Lake Foundation

8. What requirements did residents have to meet to return to East Lake? Name two.

- ______________________________________
- ______________________________________

9. What made East Lake attractive to Marilyn Hack as a single mother? Name two aspects.

- ______________________________________
- ______________________________________

10. What is the main function of this radio program? Tick one answer.

a) ☐ attract new residents to East Lake
b) ☐ find new sponsors for local charities
c) ☐ report on the re-modelling of a neighborhood
d) ☐ inform about the social impact of urban golf courses

Task 2: Boredom

13 BE

Listen to an interview with psychologist Sandi Mann, who is speaking about her research on boredom. While listening, answer the questions. You do not need to write complete sentences.

1) Why might boredom be positive?	
2) What was the first thing people had to do in an experiment?	
3) What was special about this activity?	
4) What did people have to do in the second task?	
5) What was the result of this experiment?	
6) What happens when you daydream?	
7) When does boredom become a particularly unpleasant experience?	
8) What did a teacher do in meetings to overcome boredom?	
9) How does the psychologist explain behaviour like vandalizing?	
10) Which eating habits of bored people are mentioned? Name two.	• •
11) What is boredom often confused with?	
12) What does "positive boredom" imply?	

Sprachmittlung

Assignment

You are a guest student at an American high school and your class is working on a project about popular fiction series. You have been asked to contribute an example from Germany.
Write an article for the project website using the information in both texts to describe the series and the reasons for its success.

Material 1: Umsatzbringer „Die drei Fragezeichen“: Da sieht Lady Gaga alt aus (2013)

Seit Jahrzehnten lösen die kindlichen Krimihelden „Die drei Fragezeichen“ einen Fall nach dem anderen – und es ist kein Ende in Sicht. […]

Die Superstars dieser Welt – sie alle kommen nicht gegen drei milchgesichtige Hobby-Ermittler an. Justus Jonas, Bob Andrews und Peter Shaw, besser bekannt als: „Die drei Fragezeichen“. Sie stellen selbst Showbiz-Größen wie Lady Gaga in den Schatten.

Die Reihe aus Hörspielen und Büchern über die kindlichen Krimihelden bescherte dem Musiklabel Sony-Europa und dem Kosmos-Verlag seit ihrem Deutschland-Start 1968 einen Gesamtumsatz von fast einer halben Milliarde Euro; wie die *Wirtschaftswoche* am Samstag unter Berufung auf Branchenschätzungen berichtete. In Deutschland seien bislang mehr als 45 Millionen Tonträger und 16 Millionen Bücher der Reihe verkauft worden. […]

Die Geschichten funktionieren nach einem einfachen Grundprinzip: Verbrechensaufklärung mit einer Portion Grusel und einem hohen Wohlfühleffekt. […]

(129 Wörter)

mhe/afp, Umsatzbringer "Die drei Fragezeichen": Da sieht Lady Gaga alt aus, Spiegel Online *vom 30. 11. 2013, http://www.spiegel.de/kultur/literatur/die-drei-rekordumsatz-mit-den-kindlichen-krimihelden-a-936500.html*

Material 2: Kinderbuch als Bühnenshow: Die Live-Hörspiele der „Drei ???“ befördern den Kult um sie. Ein Interview mit Jens Wawrczeck (2015)

Drei Jugendliche, die in Kalifornien Kriminalfälle lösen: Justus Jonas, Peter Shaw und Bob Andrews sind Helden für jede Generation von Kindern in Deutschland seit 1968 – damals erschien der erste Band von „Die drei ???“ in deutscher Übersetzung. Die Reihe wird wegen ihres Erfolgs hierzulande weitergeführt, obwohl sie in den USA 1994 eingestellt worden ist. Zur Popularität tragen die Hörspiel-Adaptionen der Krimis [illegible] Seit 2002 treten die Sprecher Oliver Rohrbeck (Justus), Jens Wawrczeck (Peter) [illegible]ndreas Fröhlich (Bob) zudem mit „Drei ???“-Bühnenshows auf. Dabei verwan-[illegible]de noch so schnöde Halle in den fiktiven Sehnsuchtsort Rocky Beach.

Herr Wawrczeck, warum schreibt sich der Erfolg der „Drei ???“ derart fort?

Jens Wawrczeck: Wir werden vererbt. Menschen, die mit uns Kindheitserinnerungen verbinden, möchten uns in ihrem Leben behalten. Das klappt, wenn sie ihre Kinder „Die drei ???“ hören lassen. Auch wenn ich mir den Kultstatus nicht ganz erklären kann, fiel der Beginn in eine sonnenbeschienene Stunde des Hörspiels: Die Folgen spielten in Amerika. Das war damals ein weit entferntes Land, man konnte alles behaupten. Die Cover waren sehr einprägsam und stylish, nicht unbedingt wie bei Kinderhörspielen, daher konnten auch Erwachsene das kaufen, ohne rot zu werden. Inzwischen ist das ein Familien-Produkt, bei den Live-Auftritten versammeln sich die Generationen, jeder hat seine eigene Assoziation.

Die Geschichten bedienen Heldenfantasien von Heranwachsenden; zugleich kriegen Erwachsene erzählt, dass die Dinge in einer vermeintlich komplizierten Welt mit Tatendrang und Aufrichtigkeit ganz einfach zu regeln sind. Ist das der Trick?

Wir stehen in der Tradition erfolgreicher Kinderbücher, die den Erwachsenen zeigen: Ihr wisst nicht alles, ihr könnt nicht alles. Zudem sind Justus, Peter und Bob sozusagen Teile eines gesplitteten Menschen. Jeder steht für verschiedene Eigenschaften: Justus ist das Gehirn, Peter eher die Emotion, Bob erdet alles.

Haben sich die Hauptfiguren und ihre Geschichten über die Jahrzehnte verändert, vielleicht auch verändern müssen – um diejenigen zu bleiben, die sie sind?

Veränderungen sind nötig, um dem Zeitgeist gerecht zu werden – vor allem bei technischen Neuerungen. Aber alles, was diesen Kosmos zu sehr aus der Balance bringt – Freundinnen etwa – wird vom Publikum nicht akzeptiert und hat die Geschichten auch nicht befruchtet. […] Und je nostalgischer die Geschichten sind, desto besser funktionieren sie meines Erachtens. Auf keinen Fall wollen wir sprachlich hipp sein, wir verwenden keine extremen Schimpfwörter. Morde passieren eigentlich nie. Es ist dann vielleicht von Toten aus der Vergangenheit die Rede, aber es ist, glaube ich, noch nie richtig Blut geflossen.

Wie ticken Serienfiguren, damit sie für mindestens eine Generation das Potenzial zu Kindheitshelden haben?

Sie müssen authentisch sein. Meine Helden haben eine Haltung und enttäuschen mich darin nicht. Sie verkörpern ein Ideal, aber eines mit Schwächen. Glatte Helden sind uninteressant. Eine Identifikation muss schon möglich sein. Ein Held ist im Grunde jemand, der uns in einer idealen Form zeigt. Und „Die drei ???“ zeigen eine ideale Form der Freundschaft. […] *(480 Wörter)*

Stefan Fischer, Männerliebe, Süddeutsche *vom 23. 09. 2015, http://www.sueddeutsche.de/reise/synchronsprecher-maennerliebe-1.2657218*

Anmerkung
Z. 14–16 Amerikanischer Originaltitel: *The Three Investigators*

Lösungsvorschläge

Hörverstehen

Text 1: An Atlanta neighborhood

Hinweis: Aus lizenzrechtlichen Gründen ist die ungekürzte Original-Passage der NPR-Sendung abgedruckt. Die in der Abituraufgabe nicht berücksichtigten Passagen sind durch eine kleinere Schriftgröße kenntlich gemacht und für die Bearbeitung der Aufgaben nicht relevant.

Kelly McEvers, *Host:* The PGA Tour stops in Atlanta this week. Top golfers like Rory McIlroy and Bubba Watson will compete for the FedEx Cup. The course itself – the East Lake Golf Club – is in the middle of a neighborhood that was once known for poverty, crime and a troubled public housing project. The golf club has actually played a big role in redevelopment in the neighborhood, and the area has avoided some of the usual problems with gentrification. For NPR's Code Switch Team, Elly Yu of member station WABE has the story.

Akua Taylor: What's up villages of East Lake?

Elly Yu, *Byline:* It's Friday night, and residents enjoy dinner and music at a festival out on the soccer field here in East Lake. It's part of Atlanta about five miles from downtown. On stage, resident Akua Taylor pumps up the crowd and points out familiar faces. Taylor, a musician, moved here in 2013 but says she knows the area's very different from what it was like 20 years ago. Back then, there was so much violent crime, it was known as Little Vietnam – a warzone.

Taylor: It's been turned completely around, still benefiting the people that were here prior to the gentrification.

Yu: Up until 1995, it was home to the East Lake Meadows, a 650-unit public housing complex. The crime rate was 18 times higher than the national average.

Tom Cousins: Had I been born there, I'd maybe be in jail somewhere also.

Yu: That's real estate developer Tom Cousins. He's the man behind some of Atlanta's most prominent buildings. And when the city began tearing down public housing in the '90s, he says he wanted to try something different with East Lake.

Cousins: We was going to focus our money and our time in this one terribly deprived neighborhood and see if we could make a difference.

Yu: The model was this. Create mixed income housing but pair it with quality schools and services like job counseling and child care to help existing residents. A nonprofit, the East Lake Foundation, would lead the way. East Lake led Cousins and other investors like Warren Buffett to create a nonprofit consulting group called Purpose Built Communities to take the idea national. But the model in Atlanta needed a sustainable revenue stream. A lot of that came from the East Lake Golf Club which helps funds the foundation's programs.

nny Shoy: Hey. Just me – good to see you.

tified man: It's not just you.

ghter). I set myself up for that one.

Shoy leads the East Lake Foundation. He and I enter the course through a ate. This used to be a neglected landscape of dry patches where golfers ccasional stray bullet. This week, it's a PGA Tour stop. Shoy says East Lake upends the typical storyline of housing prices going up and low-income people being forced out. He says the intent was to keep residents from being displaced.

Shoy: The people who live there have the opportunity to remain there, and they are not pushed out.

Yu: A truck sprays sand into a bunker on the course. Corporate membership is $ 125,000, and there's a suggested donation of $ 200,000 to the East Lake Foundation, which means not everyone can play here. The club does fun things like a youth mentorship program over at the nine-hole public course, but resident Orlando Geiger, who's sitting at a park just across from the course, says it doesn't feel like it's a place for him.

Orlando Geiger: It's just a country club. That's all it is, a country club.

Yu: Shoy says he understands some residents push back at East Lake's transformation. But he argues the aim of the redevelopment was to change the character of the neighborhood.

Shoy: We are very intentional and unabashed about the fact that the East Lake model is disruptive.

Yu: When East Lake Meadows public housing was torn down, residents were offered the chance to return to the new community, but they had to meet some requirements – no felony record, and they had to be either employed or in training. The Atlanta Housing Authority says about 13 percent of families weren't allowed back. In the end, only about a quarter of the residents returned.

Deirdre Oakley: From a sort of critical perspective, they're only taking residents back. They're taking the best of the best.

Yu: Deirdre Oakley teaches sociology at Georgia State University. She says the East Lake model has shown success. Violent crime is down 95 percent from two decades ago. But Oakley says the success has benefited only a small group of people. Marilyn Hack was one of them. She moved here 15 years ago when she was a single mother of three and says she needed affordability as she finished going to school.

Marilyn Hack: I didn't have to, like, really worry. What I really wanted was the stability and someplace safe. And that's what I found here.

Yu: Hack says she thinks this can work elsewhere, too, even if there isn't a fancy golf course to provide support. So far the group Purpose Built Communities has taken the approach to 11 other neighborhoods across the country from New Orleans to Omaha. For NPR News, I'm Elly Yu in Atlanta.

An Atlanta neighborhood, NPR news, *23. 09. 2015, http://www.npr.org/sections/codeswitch/2015/09/23/435293852/an-atlanta-neighborhood-tries-to-redefine-gentrification.*

1. What event is described in the introduction?
   a community gathering / a neighborhood festival

2. Why was East Lake called "Little Vietnam"?
   a warzone / a dangerous place / much violent crime / high crime rate

3. What else is said about East Lake's past?
   used to be a public housing complex

4. What were Tom Cousins's plans for the new East Lake? Name the two key ideas.
   - **mixed income housing**
   - **quality schools and services (job counseling, child care etc.)**

5. Where does the money go? Tick the correct model.

c)	East Lake Golf Club → East Lake Foundation; Purpose Built Communities	☑

6. According to Danny Shoy, what was the original intention behind the project?
   to keep residents (from being displaced) / to prevent residents from being pushed out

7. Complete the table.

sum	purpose	paid to
$ 125,000	**(corporate) membership (fee)**	East Lake Golf Club
$ 200,000	**(suggested) donation**	East Lake Foundation

8. What requirements did residents have to meet to return to East Lake? Name two.
   - **no felony record**
   - **be employed or in training**

9. What made East Lake attractive to Marilyn Hack as a single mother? Name two aspects.
   affordability / stability / safety

10. What is the main function of this radio program? Tick one answer.
    c) ☑ report on the re-modelling of a neighborhood

Text 2: Boredom

Sandi Mann: Boredom is excellent for many things, but one thing in particular that it's good for is to enable your creativity and I've done some research about all this actually that was published in 2014. We got people really bored. I got them to copy out phone numbers from a telephone book, which was not just boring and repetitive, but it's meaningless.

Interviewer: Oh, so they don't like that it's pointless?

Mann: Pointless and I think there's something about something not having meaning that makes us more bored. You know we like to have meaning in our lives. So, it was a pointless, meaningless task. They got really bored and then we gave them a test of creativity. We wanted to see how creative they were. So we gave them two polystyrene cups and said, "How many things can you think of – how many uses can you think of for these two cups?" The people who had the boring task to do actually came up with more – more things to do with these cups and they were more creative in the ideas they came up with than the people who weren't bored. And we thought that the reason for that is because when you're bored, your mind wanders, and when your mind wanders, you daydream, and when you daydream, you can come up with all sorts of fantastical ideas. Your mind can go on to flights of fancy, you can think laterally, because you're not constrained by your sub-conscious mind. So, what's good about boredom, it allows that creativity. That's the main thing, I think, for me.

Interviewer: So, boredom isn't necessarily the same as doing nothing. It's whether you wanted something to do and you haven't got something to do.

Mann: Boredom is a negative thing. It's a search for neural stimulation. So, once you've satisfied that search, then you are no longer bored, even though you may still not be doing anything. But your mind is active. So, if you're in a boring situation and you can't escape it and you're not allowed to have your mind wandering, then it's a very frustrating, negative feeling and it feels like boredom.

Interviewer: Sometimes people will count things, won't they?

Mann: Yes, I … oh my gosh, yeah I …

Interviewer: … and do anything to sort of change their mindset?

Mann: I had a paper that I published called "Counting window panes" and that was the strategy that a teacher used to cope in boring meetings. So, they counted the window panes. So yeah, when you have a strategy that is satisfying, then the experience becomes pleasant if you like – a kind of relaxation instead – and therefore technically would no longer be classified as boredom, but perhaps downtime instead.

Interviewer: At other times people are so bored that they vandalise things or do graffiti or do other anti-social things, because they're so bored and there's nothing to do. So how do you balance it?

Mann: Yes, so that's the downside. If you have too much boredom and especiall[y] chronic boredom with a lack of meaning. So, for those people they need to fi[nd] meaning in their lives and that is very important because that's one of the probl[em] of negative boredom, when you start doing negative things to cope with it. An[d] is the other thing about boredom. It's how you cope with it. There are negative ways and there are positive ways and we tend to do the negative things, like the anti-social behaviour, like eating, overeating. For example, I've got a piece of research coming out called "Bored people don't eat nuts" and what I've shown with this research is that if you get people bored and you give them a variety of snacks to eat, they won't go for the healthy stuff. They'll choose, they'll eat more of the unhealthy stuff, the fatty, sugary stuff. And the reason for that is that when we are bored we are seeking stimulation.

Interviewer: Oh, and everyone has done that – going to open the fridge cos you're just a bit bored.

Mann: It's that and it's also that we actually get a dopamine hit from sugary and fatty foods. Dopamine is the reward chemical – so it feels good.

Interviewer: And the psychological literature seems to divide boredom into two kinds.

Mann: There's a kind of negative and a positive side. I think there's this kind of misconception between boredom and relaxation, because I have a lot of people that say to me, "Well, I like doing nothing, you know, it's relaxing." That's not boredom. The thing about boredom is that it's a negative thing in that you are seeking stimulation. So, if you're in a situation where you're happy to have nothing to do and relaxing – that's the kind of positive boredom that I guess we're looking for, where we can just enjoy letting our minds go freely where they want to go.

Sandi Mann, Claudia Hammond, Boredom, BBC, *11. 05. 2016, https://www.bbc.co.uk/programmes/p03tsr5n*

1) Why might boredom be positive?	it makes creativity possible
2) What was the first thing people had to do in an experiment?	copy phone numbers from a telephone book
3) What was special about this activity?	it had no meaning / was meaningless / was pointless
4) What did people have to do in the second task?	complete a creativity test / think of as many different uses for two polystyrene cups as possible / come up with things to do with two polystyrene cups
What was the result of this ...periment?	bored people had more ideas and were more creative
...happens when you ...m?	your mind wanders / you can have fantastical ideas / flights of fancy are possible / lateral thinking is possible / there are no constraints by your sub-conscious

7) When does boredom become a particularly unpleasant experience?	when you cannot escape a boring situation / when it is not possible to let your mind wander
8) What did a teacher do in meetings to overcome boredom?	he counted window panes
9) How does the psychologist explain behaviour like vandalizing?	result of too much boredom / result of chronic boredom / result of people lacking meaning in their lives / people do negative things to cope with negative boredom
10) Which eating habits of bored people are mentioned? Name two.	*Name two of the following:* bored people tend to overeat / bored people do not eat healthy food (like nuts) / bored people eat unhealthy/fatty/sugary food
11) What is boredom often confused with?	relaxation
12) What does "positive boredom" imply?	you are happy about having nothing to do / you are relaxing / you can enjoy letting your mind run free

Sprachmittlung

Achten Sie insbesondere auf folgende Punkte:
- *Textsorte: Online-Artikel (mit Überschrift, kurzer Einleitung, klarem Aufbau und einem kurzen Fazit am Ende)*
- *Sprachlicher Stil: eher gehobene bzw. neutrale Sprache, wobei Sie auch umgangssprachlichere Wendungen aufnehmen können, da die Zielgruppe aus Jugendlichen besteht*
- *Inhalt: „Die drei ???" und ihr Erfolg in Deutschland:*
  - *Allgemeines: Ursprung der Reihe in den USA, dort allerdings abgesetzt; große Beliebtheit in Deutschland seit 1968; generell ein Kinderbuch, aber auch für Erwachsene ansprechend; drei junge Hobbydetektive als Hauptfiguren; imaginärer Ort in Kalifornien als Handlungsort*
  - *Gründe für den Erfolg: ansprechend für verschiedene Generationen; authentische Helden verkörpern Ideale, ohne dabei perfekt zu sein; nostalgische Darstellung einer geordneten Welt; unverwechselbares Design der Cover; vielseitige Verfügbarkeit (Bücher, Hörspiele, Live-Shows)*

The Three ???: How an American Detective Series for Children has been Capturing Germans of all Generations for more than 50 years

Having started in 1968, the children's detective series *The Three Investigators*, which in German reads *The Three ???*, became an immediate success, and while the American original petered out in 1994, its German counterpart has been selling record numbers of books and CDs and has been filling venues all across Germany with live performances of the stories. So what makes the adventures of three young amateur detectives in an imaginary place in California so popular?

The formula for success could be narrowed down to the series offering exciting and slightly scary detective stories with a feel-good factor which are written for children but are still popular with the older generations. The three young heroes serve as an authentic embodiment of basic human characteristics, with one of the boys being the intellectual, the second his emotional counterpart and the third down-to-earth and pragmatic. While they present an ideal of teamwork and friendship, they retain individual weaknesses and are therefore perfect for identification. Furthermore, the well-ordered, somewhat nostalgic setting, to which only necessary technological innovations, but no swear words or excessively violent scenes have been added throughout the years, offers a simple and welcome escape from an otherwise complex and chaotic world.

` distinctive cover design and the fact that the stories are available as books, radio nd live shows enabling different generations to listen to or watch the stories adds to *The Three Investigators'* success. No wonder that in Germany the love 'es has been passed on from one generation to the next. *(278 words)*

Abitur 2019 Englisch (Hamburg) – grundlegendes Anforderungsniveau

Hörverstehen

You will hear each recording **twice**. After each listening you will have time to complete your answers.

Task 1: Political participation

6 BE

You will hear six young people talking about political participation.
While listening, match the headings A to G with the speakers 1 to 6.
There is one more heading than you need.

Opinions:

A Maturity required

B Getting actively involved

C Fines for not participating

D Too little democratic awareness

E Modern means of communication

F Financial obligations and political voice

G Legal change for adolescents suggested

speaker	1	2	3	4	5	6
opinion						

Task 2: Serial migration

6 BE

You will hear an excerpt from a BBC radio interview with Anne Phoenix, a professor at the Institute of Education, University College London. While listening, take notes on the following points. You need not write complete sentences.

1. Focus of Anne Phoenix' research:
   - ______________________________
2. Two definitions of serial migration the interview is about:
   - ______________________________
   - ______________________________

3. Type of work done by female migrants:
   - ______________________________

4. The consequences migration has for the families:
   - ______________________________
   - ______________________________

Task 3: Studying abroad and modern media 7 BE

You will hear a report about studying abroad and the use of modern technology. While listening, tick (✓) the correct answer (a, b, c or d). There is only one correct answer.

1. When Katie's phone broke, she
   a) ☐ felt insecure.
   b) ☐ felt homesick.
   c) ☐ had a good time.
   d) ☐ had a surprising encounter.
2. Wairimu Ndirangu finds that the use of social media
   a) ☐ has pros and cons.
   b) ☐ needs to be banned.
   c) ☐ should be restricted.
   d) ☐ should be encouraged.
3. Barbara Hofer states that social media
   a) ☐ improves students' cultural awareness.
   b) ☐ is also part of the host country's culture.
   c) ☐ has a major impact on students' experiences.
   d) ☐ helps to learn the language of the host country.
4. Exchange students in Japan who used modern media
   a) ☐ made more Japanese friends.
   b) ☐ learned Japanese less successfully.
   c) ☐ spent less time at the Japanese university.
   d) ☐ found it easier to understand Japanese culture.
5. Modern media can
   a) ☐ teach students responsibility.
   b) ☐ prevent students from becoming independent.
   c) ☐ discourage students from going on exchanges.
   d) ☐ help students abroad to better deal with problems.

6. Another result of the study is that some modern media
   a) ☐ distract students from learning.
   b) ☐ help students to deal with frustration.
   c) ☐ make a lot of students miss their families even more.
   d) ☐ encourage students to become more computer-savvy.

7. Zoe Kaslow has learned that disconnecting
   a) ☐ encourages creativity.
   b) ☐ makes stays abroad harder.
   c) ☐ was not an option for her back home.
   d) ☐ led her to concentrate more on her environment.

Task 4: Youth in trouble 4 BE

You will hear the beginning of a radio report about a juvenile rehabilitation center. While listening, answer the following questions. You need not write complete sentences.

1. Why are the young people in this juvenile rehabilitation center? (Give two reasons.)
   - ______________________________
   - ______________________________

2. What life skills does Lisa Elder teach? (Give two examples.)
   - ______________________________
   - ______________________________

Assignment

You are taking part in an international youth project about sustainable food consumption in different countries.

Write a blog entry for the project website, presenting *Mealsaver.*

Zum Wegwerfen zu schade

Von Marvin Strathmann

Wie Start-ups und Initiativen versuchen, mithilfe von Apps die Verschwendung von Essen zu reduzieren.

Kurz vor Ladenschluss im Hamburger Café Philo. In einer weißen Box liegen ein Stück Quiche, zwei Scheiben Baguette und ein gemischter Salat mit Caesar-Dressing. Eigentlich müsste das Café diese Lebensmittel wegwerfen, morgen wären sie unverkäuflich. Das Brot wäre vertrocknet, der Salat nicht mehr frisch. Doch Rettung naht bereits – in Gestalt von Ilona Ardiuschkina.

Ein Mitarbeiter des Cafés sieht auf Ardiuschkinas Smartphone, tippt auf den Bildschirm, dann darf Ardiuschkina die Box mit dem Essen mitnehmen. Bezahlt hat sie vorab per Handy. Mealsaver heißt die App, die ihr eine Freundin empfohlen hat. Mit ihr soll Lebensmittelverschwendung bekämpft werden.

Über Mealsaver können Restaurants und Geschäfte am Ende des Tages übrig gebliebene Lebensmittel Nutzern der App billiger anbieten. Was es gibt und wie viel die Nutzer sparen können, hängt vom Restaurant und vom Tag ab. […]

Dahinter steckt ein Berliner Start-up mit 16 Mitarbeitern, die EatUp GmbH. Seit Oktober bieten etwa 150 Restaurants übrig gebliebene Lebensmittel in der Hauptstadt an. Hamburg ist seit Dezember dabei, dort sind es bisher etwa 25 Restaurants. Weitere Städte sollen folgen.

In Deutschland landen der Umweltorganisation WWF zufolge jedes Jahr mehr als 18 Millionen Tonnen Lebensmittel im Müll. Weil man sich beim Wocheneinkauf verschätzt hat, Gemüse zu klein oder zu krumm gewachsen ist oder im Supermarkt Joghurt aussortiert werden muss, der am Tag darauf abläuft. Und eben, weil Restaurants, Cafés und Bäckereien ihre Waren am nächsten Tag nicht mehr anbieten können oder wollen. Mealsaver soll helfen, das zu vermeiden, wenigstens im Kleinen. „Vorher hatte ich etwa fünf Liter Reste pro Tag", sagt Anja Merten, die Inhaberin des Cafés Philo. „Jetzt eigentlich gar keine mehr, nur noch das, was auf den Tellern übrig bleibt. Ich kann Gerichte verkaufen, die ich sonst weggeschmissen hätte und der Kunde bekommt ein gutes, günstiges Essen."

Die Boxen kosten meist zwischen zwei und vier Euro. Das Geld geht nicht komplett an die Restaurants. Einen Euro erhält Mealsaver für die Vermittlung und die Gebühren an Paypal. Das Unternehmen stellt auch die biologisch abbaubaren Boxen bereit, die mit Essen gefüllt werden. Die App zeigt Restaurants, die die sogenannten

Foodboxen anbieten, in einer Liste an und sortiert sie nach ihrer Nähe zum Standort des Nutzers.

Auch auf einer Karte können sie angezeigt werden. Die App erkennt allerdings immer wieder mal den Standort nicht und schlägt den Nutzern dann auch Restaurants in 250 Kilometern Entfernung vor. Außerdem dauert es manchmal recht lange, bis die Karte geladen hat. Ein Neustart der App löst meist die Ortungsprobleme.

Außer der Entfernung bietet Mealsaver weitere Informationen zu den Restaurants an: Welche Gerichte werden angeboten, wie viel kostet eine Foodbox, wann können Nutzer sie abholen. Tippen die Nutzer auf die Vorschau, zeigt die App eine kurze Beschreibung des Restaurants an, die genaue Adresse und wie viele Foodboxen es dort noch gibt. Über den „Auswählen"-Knopf können Nutzer schließlich die Zahl der Boxen bestimmen und bestellen. Allerdings können Nutzer nur mit einem Paypal-Konto bezahlen.

Nach dem Kauf erhält der Nutzer einen virtuellen Gutschein. Den kann er einlösen, wenn er das Essen abholt. Ein Nachteil: Viele Restaurants verkaufen ihre Foodboxen erst spät am Abend, kurz bevor sie schließen. So kann der Kunde das Essen beispielsweise erst um 21 Uhr oder noch später abholen. Bei Bäckereien und Cafés sieht es anders aus, sie können schon am Nachmittag übrig gebliebene belegte Brötchen in die Box packen. *(547 Wörter)*

Marvin Strathmann: Zum Wegwerfen zu schade. Süddeutsche Zeitung *24. 01. 2017, https://www.sueddeutsche.de/wirtschaft/lebensmittelverschwendung-zum-wegwerfen-zu-schade-1.3347226?reduced=true*

Lösungsvorschläge

Hörverstehen

Text 1: Political participation

1. I think a big cause of political apathy is a lack of education. So students are usually taught that democracy is something that happens in government. So you vote for people and that's the end of democracy.
2. I don't think that lowering the voting age to 16 is a very good idea at all because I just don't think 16-year-olds have enough life experience to be able to vote properly. And adults over 18, I think they're much better equipped to make these big political decisions.
3. There's lots of ways you can make a difference other than voting. You can make sure you're in contact with your MP or a representative by writing to them, by giving your opinion, by meeting them at public meetings. If you're unhappy with something they're doing, you can join a pressure group, you can lobby politicians.
4. I think the voting age definitely (should) be lowered to 16. Those who are older will not be around to see the effects of what they're voting … what they voted for, but the 16-year-olds will be and therefore I think that perhaps they have a greater right to vote.
5. OK, so I think the best way for young people to get involved in political and social processes is through using social media because young people are constantly staring at their phones nowadays and looking down at a screen. That's the most effective way to get the message through to them. If young people are exposed to political ideas regularly and on a daily basis then that's the best way to get the message across.
6. So one of the fundamental principles which made the Americans decide that they wanted to declare their independence from Britain in the 18th century was the idea that if you pay taxes, you can decide how the money is spent and because immigrants pay taxes, normally in the countries they live in, if they live there and if they work there, then the idea that they wouldn't be able to decide with everyone else how that money is spent by their government, I think that's a very bad principle. So, for that reason, if you can pay the tax, you have to decide, be able to decide how the money is spent. I think immigrants should definitely be able to vote.

Ministerium für Bildung und Kultur, Saarbrücken – Political Participation, *2017*

speaker	1	2	3	4	5	6
opinion	**D**	**A**	**B**	**G**	**E**	**F**

Distraktor: C

Text 2: Serial migration

Reporter: Ann Phoenix, let's hear more about your work on identity. So, you're a professor at the Institute of Education (University College London) where you and a team are researching how childhood experiences in family life inform the identity of the adults that they grow up to become, and one of the family setups that you're paying special attention to is the case of children from the Caribbean who come to Britain to join their parents who are already here in a process called serial migration. Are these transnational families becoming more common in a globalised world?

Ann Phoenix: Yes, they are, and serial migration means two things frequently. One, where people move to one place and then they either don't like it or there's a reason to move on to another one and they move somewhere else. And the sense in which I'm using it here is not that, it's where members of the family migrate in series so that one person migrates, and then another, or a couple migrate and then later on somebody else. And it was very common for Caribbean families to have parents migrate first and then children join them later. So serial migration where the children were joining them. But you're absolutely right, Jo, that it's becoming much more common around the world and one reason is that more women are migrating, often from the global south, so many different countries in the global south, to the global north in order to work in care, whether that's looking after children, or elders. And they do that because they can then provide better for the children left behind.

Reporter: Is that a real split that you observe in the world? Between those parts of the world where you expect mother and child to stay together and for separation to be the unusual situation. And parts of the world where actually maybe that separation is quite common, often for financial reasons.

Ann Phoenix: Well, in the global north, it's taken for granted that attachment is key and that attachment requires co-residence of parents and children. So that's frequently taken for granted and many parents can actually achieve that for their children. But in much of the world, whether across countries or within countries, parents have to make the best arrangements that they can for their children, economically as well as emotionally, and that does involve, for many of them, being away from their children for certain periods. So, for example, in the Philippines, something like nine million children, and this is an estimate from UNICEF, are living away from their mothers, while their mothers have migrated for reasons of employment and, you know, that is roughly a quarter of the children. In places like Moldova, a third of children will be living away from their parents, and so on, and we don't have good figures. But yes, so there is a split between those who are able to do this and those who are not able.

BBC World Service – The Forum, "A single world, many identities?" (2016, 13 April), www.bbc.co.uk/programmes/p03py4zc

1. Focus of Anne Phoenix' research:
   childhood experiences and how they form identities
2. Two definitions of serial migration the interview is about:
   - **moving somewhere and then moving on to somewhere else**
   - **family members migrating one after the other (second party joining later)**
3. Type of work done by female migrants:
   working in care, either for children or for elders
4. The consequences migration has for the families:
   - **children are separated from their parents**
   - **children are provided for financially**

Text 3: Studying abroad and modern media

Hinweis: Aus lizenzrechtlichen Gründen ist die ungekürzte Original-Passage der NPR-Sendung abgedruckt. Die in der Abituraufgabe nicht berücksichtigten Passagen sind durch eine kleinere Schriftgröße kenntlich gemacht und für die Bearbeitung der Aufgaben nicht relevant.

Rachel Martin, *Host:* A record number of American college students are studying abroad – nearly 300,000 according to the most recent data. Educators say that's good – that international education promotes cross-cultural understanding. But many in the field also worry the influx of technology and social media may make it harder for American students to fully immerse themselves abroad. Vermont Public Radio's Nina Keck has more.

Nina Keck, *Byline:* It's late afternoon and Kris Roberts fixes a cup of tea, sets up her iPad and calls her daughter.

Kris Roberts: Hi.

Katie Fusco: Hi, Mom. How are you?

Roberts: How are you, honey?

Keck: Roberts is in Vermont. Her 18-year-old daughter, Katie Fusco, is 4,000 miles away in Brazil. The two sit down for a video chat about once a week and text every few days. Fusco says she's been on social media as much, if not more, in Brazil. And while she likes being able to catch up with family and friends, she admits last month her phone broke and she was surprised to find the two weeks without it were the best of her trip.

Fusco: Without my phone I would just stay downstairs and talk with my family. And it was, like – it was great. And now I have my phone back and I just kind of leave it in my room now because I don't like it anymore.

Keck: Technology was a hot topic at a recent study abroad fair at Middlebury College. Wairimu Ndirangu has directed St. Lawrence University's Kenya program for 15 years.

Wairimu Ndirangu: We talk about it all the time. It's nice that students get connected and feel safe in that way, but then, on the other hand, we feel like we are losing quite a bit of the full student when they are plugged to the other side.

Keck: It's something Barbara Hofer, a psychology professor at Middlebury College, is researching. She says she was shocked at how intrusive social media had become while leading American students through Europe.

Barbara Hofer: Before they ate a meal in a German pub having to take a picture of the big beer and the food before they actually ate it because they need to immediately post it on Facebook to let everybody back home know what they're doing.

Keck: Technology can certainly help students abroad, says Hofer, but she's found it definitely comes with a price. For example, she was part of a study abroad program in Kyoto, Japan, 10 years ago just as American students began to own cellphones. Hofer says the faculty felt those phones greatly hurt students' ability to learn Japanese and understand the culture.

Hofer: Prior to that time, when students lived in host families, they had to contact the host family via the landline in order to speak to the student who was living there in order to make plans. That required using a different form of the language and the way that you interact with your elders.

Keck: Historically, Hofer says students abroad have had to find their own solutions to problems that come up. But in her study she found that American students connected with their parents an average of 22.4 times a week, making those important lessons of autonomy and responsibility harder to learn. The Middlebury researcher says one of the most surprising findings from her study is that face-to-face connections, like Skype, make many students more homesick, not less. Zoe Kaslow, a senior at Middlebury who spent a semester in Indonesia, says it takes time to find the right balance.

Zoe Kaslow: At the beginning of the program, I relied a lot on the Wi-Fi and having access to the Internet, but I noticed that I didn't actually feel better after I had access to the Wi-Fi. I felt pretty anxious, kind of waiting to get messages. There was a 12-hour time difference from home, and it was just really frustrating.

Keck: After several weeks, she gave up and focused more on her surroundings and says since coming home she's chosen to be less connected. For NPR News, I'm Nina Keck in Chittenden, Vermont.

https://www.npr.org/2015/02/10/385267279/tech-may-get-in-the-way-of-good-culture-shock-while-studying abroad

1. When Katie's phone broke, she

   c) ☑ had a good time.

2. Wairimu Ndirangu finds that the use of social media

   a) ☑ has pros and cons.

3. Barbara Hofer states that social media

   c) ☑ has a major impact on students' experiences.

4. Exchange students in Japan who used modern media

   b) ☑ learned Japanese less successfully.

5. Modern media can
   b) ✓ prevent students from becoming independent.
6. Another result of the study is that some modern media
   c) ✓ make a lot of students miss their families even more.
7. Zoe Kaslow has learned that disconnecting
   d) ✓ led her to concentrate more on her environment.

Text 4: Youth in trouble

Hinweis: Aus lizenzrechtlichen Gründen ist die ungekürzte Original-Passage der NPR-Sendung abgedruckt. Die in der Abituraufgabe nicht berücksichtigten Passagen sind durch eine kleinere Schriftgröße kenntlich gemacht und für die Bearbeitung der Aufgaben nicht relevant.

Audie Cornish, *Host:* The NPR Ed team has been on the lookout for great teaching, and this led them to Lisa Elder. She teaches delinquent kids about manners, laundry and a good handshake. And she does this at a juvenile facility in Vermont. Elissa Nadworny has the story.

Elissa Nadworny, *Byline:* Drugs, theft, assault and life coaching – welcome to Woodside Juvenile Rehabilitation Center, Vermont's only facility for youth in trouble. Young people come from all over the state for smaller crimes like shoplifting or selling drugs to felony charges like sexual assault or murder.
On the second floor, Lisa Elder's classroom. She doesn't teach math or English, though they're offered here. She doesn't have a lesson plan or an attendance book. She does have a large walkie-talkie.

Unidentified Man #1: Downstairs is ready.

Unidentified Man #2: English ready.

Lisa Elder: Life skills ready.

Nadworny: Three teens – two boys, one girl – shuffle into her concrete room. They're dressed in blue and maroon polos, black shorts, no pockets and black slip-on shoes – Woodside's standard uniform.

Elder: Why don't you have a seat? And I'm going to tell you guys what we're doing.

Nadworny: Lisa teaches life skills. I'll let her explain what that is.

Elder: If you want to wake up in the morning and go out and greet people and walk into your office, walk into your classroom – those – we're already talking about skills right there that are needed.

Nadworny: She teaches her student to use napkins, to fill out a form with good handwriting, to learn how to open a bank account.

Elder: For some kids, it's like, God, I just hope you get better and you're able to sit in a room with three people. You know, I hope that someday when you get angry that you aren't violent.

Nadworny: For other kids, she's seen them get their GED, even go on to college. But most days, she's teaching intangibles – empathy, forgiveness, understanding. Today, the class is cutting out leaves and writing life skills on them.

Elder: Which is pretty cool.

Nadworny: Completed leaves read patience, hygiene. There's a few interruptions, but it's going well. Then Lisa notices a boy named Brandon. We've agreed not to use his or any other student's last name in order to protect their privacy.

Brandon – he's upset. He's hunched over and he's got his fists clenched against his chest. It's shaking. It doesn't look like anything to me, but Lisa has seen this behavior in his file. It's a warning sign. She calls for backup.

Elder: Could I have a youth worker come on up to life skills – nonemergent.

Nadworny: It's amazing how calm everyone is. Lisa's approach – roll with it, don't get fazed. The youth worker comes, and by now, Brandon's turned his desk to face the back wall. He's getting more and more agitated. He's still not responding.

Elder: OK, Brandon, here are the choices. If you want to stay in my classroom and participate, I would love you to and I will do anything I can to help you. But if all you're going to do is turn your back and avoid everything that people are asking of you, then I'm going to have you brought down to the unit. I would like you to make the better choice and stay with me.

Nadworny: Unfortunately, that's not the choice Brandon makes. It becomes clear. He could go off at any moment. Lisa evacuates the room.

Elder: So, like, when I tell you that I don't really know what the day's going to bring, that's a perfect example.

Nadworny: Even in this moment, Lisa is enthusiastic, laughing and cracking jokes with the other two students. She's 52. She's a bit of a hippie and a diehard Bruce Springsteen fan. She's taught almost every school subject at Woodside – math, English, even a little science. In nearly three decades, she's seen it all.

Elder: I have been assaulted only once in any serious manner. And I had to go back in the next day because if I didn't I didn't think I ever would.

Nadworny: She's been going back every morning for 27 years. She likes it. She's good at it. More importantly, she connects with the kids.

Elder: I say this after the kids – I say, you know, public schools don't want you or me.

Nadworny: One of the biggest challenges for Lisa – her class changes daily. Kids come and go. When I visit Woodside, there's 13 kids. The oldest is days away from his 18th birthday. The youngest is 12. One boy has been there for nearly two years; another just arrived last night.

Elder: I'm looking at kids who are 14 years old who've been getting kicked out of schools since day cares. People give up on these kids.

Nadworny: For many, Woodside is the first stable place they've had. Most have experienced trauma. They come from troubled homes, foster care, even from the streets.

Elder: We've had kids who've never used forks and spoons.

Unidentified student: If we're going to do branches, we should, like, do an outline.

Elder: Yeah, that's – hey, my trunk is good.

Nadworny: The next day, I return to Lisa's classroom. Brandon's back. He's in good spirits. He's wearing a paper pirate hat. Lisa and a girl named Emily are sitting on the floor.

Emily: I've been here at least four times.

Nadworny: She describes herself as a handful for Lisa. She says most adults were angry about her repeat visits but not Lisa.

Emily: She didn't yell at me. She's just like, well, you shouldn't be back, but I guess it's good that you're getting the help you need.

Nadworny: Emily says she likes life skills. It's not so much the class, the curriculum, the lessons – it's the teacher.

Emily: She's just, like, you can tell she cares. Like, no matter how mad you get, no matter how many names you call her, you know she cares. In the end, you know she cares.

Nadworny: She repeats it again. You just know she cares. It's almost as if she's telling me and reminding herself at the same time. Elissa Nadworny, NPR News, Essex, Vt.

Bei diesen zwei Fragen in Aufgabe 4 gibt es jeweils mehr als zwei Antwortmöglichkeiten. In unserer Musterlösung können Sie verschiedene mögliche Lösungen nachlesen. Entscheiden Sie sich in der Prüfung aber für genau zwei Beispiele und schreiben Sie nicht mehr als verlangt, da Sie sonst Punktabzug riskieren.

1. Why are the young people in this juvenile rehabilitation center? (Give two reasons.)
   petty crime / shoplifting / drug dealing / felony charges / murder / sexual assault

2. What life skills does Lisa Elder teach? (Give two examples.)
   manners / filling in forms / opening a bank account / intangibles / behaving peacefully and keeping their calm / working with others / forgiveness / understanding / empathy

Sprachmittlung

Diese Aufgabe erfordert von Ihrer Seite eine Textzusammenfassung. Der Text an sich ist leicht verständlich – die größere Herausforderung ist jedoch eine sinnvolle Strukturierung Ihrer Lösung. Die Informationen zu Mealsaver *sind im Originaltext recht verstreut. Markieren Sie sich daher beim ersten Lesen alle wichtigen Informationen zum Unternehmen und zur App. Überlegen Sie dann, wie man die einzelnen Aspekte strukturieren kann. Da Ihre Lösung in Form eines Blogeintrags geschrieben sein soll, der sich an Jugendliche richtet, kann Ihr Text auch Umgangssprache enthalten.*
Ihr Text sollte auf die folgenden Punkte eingehen:

- *Ziel des Unternehmens: Das Wegwerfen von noch essbaren Lebensmitteln verhindern. Dafür hat das Unternehmen EatUp eine App namens Mealsaver programmiert.*
- *Funktionsweise der App: Kunden können bei partizipierenden Restaurants per App bestellen und per PayPal bezahlen. Sie erhalten einen virtuellen Gutschein, für den sie im Restaurant zum kleinen Preis ihre Gerichte abholen können, die sonst weggeworfen worden wären.*
- *Hintergründe zum Unternehmen und den Restaurants: EatUp erhält einen Euro pro Bestellung und managt die Bestellungen. Das Start-Up stellt auch die umweltfreundlichen Transportboxen für das Essen. Die Restaurants stellen vor Ladenschluss übrige Mahlzeiten zu einem reduzierten Preis online und akzeptieren die Mealsaver-Gutscheine als Zahlungsmittel.*

- *Nachteile der App: Manchmal funktioniert die App nicht ganz reibungslos, dann muss man sie neu starten. Viele Restaurants bieten ihre Gerichte erst sehr spät an, aber beispielsweise Bäckereien schließen früher.*

Too good to be thrown away – how food waste can be avoided

In Germany more than 18 million tonnes of food are thrown away annually. Most of the nourishment that is destroyed is still edible, it is just disposed of because it won't be fresh the following day or it will soon expire.
The Berlin start-up company EatUp offers an app called Mealsaver to do something about this problem. People can choose between 150 restaurants, bakeries and cafés in Berlin, and 25 in Hamburg and the figures are still increasing (you probably can use it in other large cities soon). On the app users can see a list with all the participating shops and restaurants nearby, they get some information about the food that can be found in the boxes, they can order online and pay via PayPal. The customers receive a virtual voucher to collect their order. The average price of a meal is two to four Euros of which one Euro is transferred to EatUp. The packaging also contributes to the protection of the environment, because the meals are sold in biodegradable boxes offered to the restaurants by the start-up business.
The app sometimes still has trouble with loading the map and tracking where you are correctly. In that case just try closing the app. Another disadvantage is that most restaurants don't offer their leftovers before nine in the evening, which is quite late to eat dinner, but sandwiches and bakery products are available earlier. *(235 words)*

Abitur 2019 Englisch (Hamburg) – erhöhtes Anforderungsniveau

Hörverstehen

You will hear each recording **twice**. After each listening you will have time to complete your answers.

Task 1: British National Parks

13 BE

You will hear a radio feature about British National Parks. While listening, answer the questions. You need not write complete sentences.

1. What is the situation in the Lake District National Park? a) problcm: b) solution:	a) b)
2. How many people have used Tree Top Track since its opening?	
3. What are the £ 50,000 used for?	
4. What is the aim of the National Parks Partnerships?	
5. What does Richard Leafe say about finding potential partners?	
6. According to Kathryn Ellis, what kind of product would be ideal to be advertised with the National Parks?	
7. What mistakes should companies that work with the National Parks avoid? (*Name one*)	

8. Why is the US National Park Foundation mentioned in this radio programme?	
9. What are the two concrete examples of Disney's engagement with National Parks?	• •
10. What does Disney gain by supporting the National Park Foundation?	
11. What overall attitude do American companies show towards the country's National Parks?	

Task 2: Roots 14 BE

You will hear a radio program about a new TV miniseries called *Roots*. It is based on a book by Alex Haley that was already turned into a TV series almost fifty years ago. The protagonist is called Kunta Kinte. While listening, do the given tasks. You need not write complete sentences.

1. What is *Roots* about?

____

2. What is L. Fishburne's part in the new version of *Roots?*

____

3. Why was a new version of *Roots* made?

____

4. LeVar Burton's involvement in *Roots* …

in the old version	
in the new version	

5. What and where was Juffure?

____

6. How did Malachi Kirby first encounter the name of Kunta Kinte?

____

7. The original series. Complete the table.

influence on American society	
pieces of evidence for success (*Name two*)	• •
the producer's brilliant idea	

8. In what ways is the new version of *Roots* different from the old one? (*Name two differences.*)

   • ____________________

   • ____________________

9. Why does LeVar Burton say that he understands that series like *Roots* are "tough to watch" for black people?

   ____

Assignment

Your school is doing a project on air pollution with your partner school in London. You are presenting the CityTree project developed by a German start-up company, which has won a prestigious environmental award.
On the basis of the two texts, write an article for the project website. Outline what CityTrees are and why they might be interesting for big cities.

Material 1: CityTree – Multifunktionale Grünfläche für die intelligente Stadt

Bundessieger Umwelt 2015: Green City Solutions mit ihrem Chef Dénes Honus (rechts im Bild)
© *https://land-der-ideen.de/projekt/citytree-multifunktionale-gruenflaeche-fuer-die-intelligente-stadt-317*

Besonders in den Städten belastet die Luftverschmutzung Umwelt und Gesundheit. Doch oft fehlen Platz und Geld für mehr Bäume und Parks. Das Dresdner Start-up Green City Solutions hat mit dem CityTree eine spezielle Grünflache entwickelt: Die mobile Vertikalbegrünung bietet Wuchsfläche für Feinstaub absorbierende Moose und Blütenpflanzen. Zugleich fungiert sie als WLAN-Hotspot und Werbeträger. Logos oder QR-Codes lassen sich darauf mit Pflanzen oder Kunststoffpixeln abbilden. Noch ein Plus: Das multifunktionale Pflanzsystem erfasst dank Sensor- und Fernwartetechnik Daten zur Luftreinhaltung. Ein nachhaltiges Projekt, von dem Bürger, Unternehmen und Umwelt profitieren. *(87 Wörter)*

Deutschland – Land der Ideen. CityTree – Multifunktionale Grünfläche für die intelligente Stadt. 2015

Material 2: Diese genialen Quadrat-Bäume sollen Smog wegfiltern

Die Erfinder nennen die quadratischen Gebilde CityTrees, Stadtbäume. Denn die High-Tech-Elemente erfüllen genau den Zweck von Bäumen. Sie binden Schadstoffe – und reduzieren die Luftverschmutzung.

Die gut vier Meter hohen CityTrees sind mit einem speziellen Moos verkleidet, das dreckige Luft extrem gut absorbiert – einer der künstlichen Bäume leistet angeblich so viel wie 275 echte Bäume. Die Erfinder der eckigen Moos-Bäume stammen aus Deutschland, die Firma hat ihren Sitz in Dresden.

Ihre erste große Asien-Premiere haben die CityTrees nun Tausende Kilometer weiter östlich, in Hongkong. Die ehemalige britische Kronkolonie ist vom Smog ebenso geplagt wie ganz China. […]

Die Idee ist eine der spektakulärsten auf einem hochlukrativen Markt. Denn Urbanisierung, wachsender Wohlstand und wachsender Verkehr lassen viele Städte auf dem Globus unter dreckiger Luft leiden. Die Nachfrage nach Anti-Smog-Lösungen wird immer größer.

Denn in einer globalen Welt ist saubere Luft inzwischen nicht nur eine Gesundheits-, sondern auch eine Standortfrage. Nur jene Metropolen können die besten Talente der Welt anlocken, die diesen auch ein gesundes Leben mit guter Luft anbieten können. Und nur wo die besten Fachkräfte leben und arbeiten wollen, siedeln sich Firmen an und wächst der Wohlstand.

Die CityTrees kombinieren Natur und Technik. So befinden sich in dem Moos eines der in Hongkong aufgestellten Elemente über hundert Sensoren, die die Sonneneinstrahlung und den Wasserverbrauch messen und diese Daten an eine Anwendung in der Cloud weitergeben.

Der Strom dafür wird mithilfe von Solarzellen erzeugt. Wenn alles klappt, wird das zuständige Grünflächenamt also automatisch über den aktuellen Zustand des biologischen Filters informiert.

Welche Moossorte es genau ist, die die Luft reinigen kann, will Honus nicht verraten. „Das Moos wird in Deutschland gezüchtet, es ist mindestens 20 Jahre haltbar", sagt er lediglich. […] Ein CityTree besteht dabei nach Angaben von Honus aus 1 682 Mooseinheiten und verbraucht rund drei Quadratmeter Bodenfläche. „Damit erreichen wir die Filterleistung von 275 normalen Straßenbäumen, das Moos amortisiert die Abgase von 420 Pkw", erklärt der 29-Jährige.

Die Filterleistung des zusammen mit drei deutschen Universitäten entwickelten Konzepts sei höher als bei herkömmlichen Straßenbäumen. „Die Moose nehmen die Schadstoffe in die eigene Biomasse auf, sie sind der Luft damit permanent entzogen", erklärt er.

Das hat jedoch seinen Preis: Für einen Moos-Baum werden je nach Ausstattung zwischen 14 000 und 25 000 Euro fällig. Das sei jedoch im Verhältnis nicht viel, sagt Honus: „Allein die Stadt Leipzig gibt in acht Jahren rund 160 Millionen Euro für die Luftbesserung aus." […]

„Der Bedarf nach Luftreinigung ist da, vor allem in Asien", sagt auch Richard Cope, Trendanalyst beim Marktforschungsinstitut Mintel in London. 1,6 Millionen

Chinesen, rechnet er vor, sterben pro Jahr an den Folgen der Luftverschmutzung. Auch in Europa ist das Problem jedoch nicht zu unterschätzen.

So zeigen aktuelle Zahlen des King's College in London, dass im Schnitt knapp 9 500 Bewohner der britischen Hauptstadt pro Jahr am Smog und dessen Folgen sterben. „Die Verbraucher werden sensibler, was die Luftverschmutzung angeht", sagt Cope. „Es ist kein Nischenthema mehr, sondern Mainstream." […]

[Dénes Honus] glaubt, dass sich Hongkong aufgrund der begrenzten Fläche besonders gut für die kommerzielle Anwendung des Konzepts eignet. „Mit einem CityTree reinigen wir die Luft auf einer Fläche von 50 mal 50 mal 50 Metern", sagt er. 2 500 Anlagen reichten aus, um die Luft der Sieben-Millionen-Stadt dauerhaft zu reinigen. *(538 Wörter)*

Nina Trentmann: Diese genialen Quadrat-Bäume sollen Smog wegfiltern, Die Welt *23. 04. 2016, https://www.welt.de/wirtschaft/article154677312/Diese-genialen-Quadrat-Baeume-sollen-Smog-wegfiltern.html*

Lösungsvorschläge

Hörverstehen

Text 1: British National Parks

Speaker: On *Costing the Earth* this week, we'll plot the national park's route to financial survival as government money shrinks.

Reporter: I'm in the heart of one of our most iconic national park landscapes – the Lake District. But that fame and beauty has not protected it from the government's acts. The government grant here has gone down from seven million to five million, but they've managed to raise quite a lot of commercial money in that time to make up the difference and Richard Leafe is going to show me how.

Richard Leafe: This is Treetop Trek. It's a high ropes course that ends in three 250 m ziplines. We've had about 120,000 people come through this since it opened a couple of years ago. Overall it contributes, along with the net, about £ 50,000 to help running this national park.

Speaker: But there's now also a new body – the National Parks Partnerships – which is starting to explore how the national parks brand can be used collectively to make money for all 15 parks in England, Scotland and Wales. And Richard Leafe, the Lake District Chief Executive is in charge.

Richard Leafe: It's an organisation that we bought together to enable us to raise money from commercial sponsorship and our offer there is an ability to work with the 15 national parks here in the UK and gain some benefit from using a trademark that we all use called Britain's Breathing Spaces in return for a financial relationship.

Reporter: Give me an example of the kind of things you're thinking about doing in the future. Disney? Would that be a potential partner for you?

Richard Leafe: Potentially, yes, why not? I mean I wouldn't say these companies [are] in or these companies are out. It's very early days for us and we would want to explore as wide a possible net of businesses as we can to see who may be interested in collaborating with us.

Speaker: Let's try to answer that question. Who would be interested in collaborating with the national parks? I put it to Kathryn Ellis, who works in the Bristol office of McCann, a global advertising and communications agency.

Kathryn Ellis: It would be perfect for outdoors brands, so Merrell has already had a partnership with the national parks but people like clothing manufacturers, tents, all that kind of gear, it's a great place to show off their wares and obviously with social media being really important, brands are looking to create content and show demonstrations of their products, so it'd be a perfect place to road test their products.

Reporter: You've sat in meetings with brands, talking about campaigns they might have. But how demanding might they be in terms of what they want back out of it? I mean are they going to demand logos in the parks and things like that?

Kathryn Ellis: I think that is the danger that they just do want to slap their logo on everything and it doesn't fit with the context but I think, you know, for the relationship to work, and when it works well, is when both partner is [sic] very sensitive to the context. For example, even if they wanted to have their logo in as many places as possible, they would probably consider sponsoring something like the staff uniforms and providing those as opposed to just putting billboards up around the national parks, which would compromise the beauty of those places. So they would look for more creative ways to use the affiliation or the partnership.

Speaker: This new collective money-raising body – National Parks Partnerships – is based on an American model, called The US National Park Foundation. There, it's done some big deals with famous names. The foundation expects to raise $ 70 million this year from private donors and corporate partners. Here's David French, Senior Vice President at the Foundation.

David French: I give you a couple of examples – Disney has been a long-time supporter of the parks and through a variety of ways. Whether it's by releasing a movie in which the benefits go to support the National Park Foundation or through supporting what we call our Open OutDoors for Kids programme, which is really allowing kids that would otherwise never have the opportunity to have one of these experiences.

Reporter: And what do Disney get?

David French: Certainly. Yes, Disney gets the, you know, recognition within the National Park Foundation through our media channels and efforts. We can report that last year, Disney helped us get over 100,000 kids in parks. That's valuable to them.

Reporter: But that corporation in particular has even, you know, given its name to a phenomenon that people worry about – Disneyfication. That the countryside kind of turns into some cute commodity. Is that a risk, and has that happened at all in America?

David French: You know, the marketers over here are very savvy, and they understand to … in any way try [sic] to, like, commercialise the national parks does actually more damage to their brand than good. Everyone over here honours what these places represent, that these are cultural and environmental icons of this country.

From: Tom Heap, Costing the Earth, Paying for our Parks, 13. 05. 2015, https://www.bbc.co.uk/programmes/b06grjmx

1. What is the situation in the Lake District National Park? a) problem: b) solution:	a) funding through government has gone down recently b) raising commercial money
2. How many people have used Tree Top Track since its opening?	about 120,000 (people)
3. What are the £ 50,000 used for?	(to) help run the National Park

4. What is the aim of the National Parks Partnerships?	(to) raise enough money to sustain all 15 parks / (to) benefit from cooperating with commercial sponsors
5. What does Richard Leafe say about finding potential partners?	(he) can't say yet who he would like to cooperate with / currently open to any partnership / wants to explore a wide net of businesses
6. According to Kathryn Ellis, what kind of product would be ideal to be advertised with the National Parks?	outdoor gear or outdoor clothing
7. What mistakes should companies that work with the National Parks avoid? (*Name one*)	*Name one of the following:* putting up logos everywhere / compromising the beauty of the place / ignoring the context of the national parks / not being creative with their advertising
8. Why is the US National Park Foundation mentioned in this radio programme?	model for the British endeavour / has done big deals with famous names
9. What are the two concrete examples of Disney's engagement with National Parks?	• money from movie release supported the parks • Open OutDoors for Kids programme
10. What does Disney gain by supporting the National Park Foundation?	publicity and promotion through the National Parks' media channels
11. What overall attitude do American companies show towards the country's National Parks?	they honour them as cultural and environmental icons

Text 2: Roots

Hinweis: Aus lizenzrechtlichen Gründen ist die ungekürzte Original-Passage der NPR-Sendung abgedruckt. Die in der Abituraufgabe nicht berücksichtigten Passagen sind durch eine kleinere Schriftgröße kenntlich gemacht und für die Bearbeitung der Aufgaben nicht relevant

Steve Inskeep, *Host:* The History Channel is going back to "Roots." That's the name of a famous miniseries from the 1970s which focused the nation's attention on the horrors of slavery. Over the next four nights, the History Channel will air a new version of "Roots." NPR TV critic Eric Deggans says this program walks a fine line between recalling classic TV and reinventing a 40-year-old epic.

(Soundbite of TV Show, "Roots")

Laurence Fishburne: *(As Alex Haley)* This is how I heard about the boy, Kunta Kinte. And this is how I'll tell you the story.

Eric Deggans, *Byline:* Laurence Fishburne's mesmerizing narration as author Alex Haley in this new "Roots" pulls viewers in immediately. But it also kind of begs the question – why? Why do a new version of "Roots"?

LeVar Burton: I heard today that fully 50 percent of the population of the United States that is alive now was not alive in 1977, when the original "Roots" aired.

Deggans: That's LeVar Burton. He starred as Haley's ancestor, Kunta Kinte, in the original version of "Roots" and serves as co-executive producer of the new version.

Burton: I'll tell you, I'm not a big fan of remakes. I didn't think this would ever happen – you know, retelling this story. And I didn't necessarily believe that it should happen, but I recognized immediately that there was an opportunity here – one that I had not seen – to retell this story to and for a new generation.

(Soundbite of TV Show, "Roots")

Fishburne: *(As Alex Haley)* There was once a rich and sophisticated city named Juffure in a Mandinka kingdom in West Africa. It was located on the banks of the Kamby Bolongo, the great river of the Gambia.

Deggans: Like the original, this new "Roots" portrays the journey of Haley's ancestors from life in Africa to slavery in America. And it also reimagines some of the most iconic moments in TV history. Here's a scene from the new series, where Haley's ancestor, Kunta Kinte, is given his name by his father as a baby and held up to the stars.

(Soundbite of TV Show, "Roots")

Babs Olusanmokun: *(As Omoro Kinte, foreign language spoken).* Behold Kunta Kinte, the only thing that is greater than you.

Malachi Kirby: You know what? I had heard of Kunta Kinte before I heard of "Roots."

Deggans: That's Malachi Kirby, who plays the new Kunta Kinte. He grew up in London as the grandson of Jamaican immigrants.

Kirby: There were kids that would call me Kunta Kinte if ever my hair was particularly rough that day or I was dressed scruffy. It was a negative attribute from my perspective at the time to be called Kunta Kinte or to be associated with being African.

Deggans: Kirby was in his 20s when he actually saw "Roots," which helped him see Africa in a more positive way. Burton says changing these kind of perspectives is the point of both versions of "Roots."

Burton: You know, the original "Roots" 40 years ago, it had the power to change the way this nation, America, views slavery. After "Roots," it became impossible to think of the institution of slavery without considering, without contemplating the human cost. "Roots" put a face on the institution of slavery.

(Soundbite of Music)

Deggans: The original "Roots" was an ambitious project. Based on Alex Haley's 1976 novel, "Roots: The Saga Of An American Family," the miniseries drew more than a hundred million viewers back in 1977 and won nine Emmy awards. It recounted how Haley's ancestor Kunta Kinte was brought to America as a slave and birthed a family who would eventually be free. The miniseries was revolutionary in presenting that journey as an American story, featuring black stars such as Leslie Uggams, John Amos and Cicely Tyson. Producer David Wolper's masterstroke was casting beloved white TV actors from "The Brady Bunch" and "The Mary Tyler Moore Show" as slave owners and overseers. Here, Ed Asner is a ship's captain carrying slaves for the first time. And Ralph Waite, star of "The Waltons," is his experienced slave overseer.

(Soundbite of TV Show, "Roots")

Edward Asner: *(As Captain Thomas Davies)* What are they like, the blacks?

Ralph Waite: *(As Slater)* Just a different kind of breed, sir – you know, like a man would breed a dog for hunting and breed another sort of dog for his wife and children to play with.

Deggans: Burton confirms executive producer Wolper did this to bring white audiences into the show. When it was time to cast the remake, LeVar Burton worked hard to find the new Kunta Kinte. He and his fellow producers searched for six months to find Malachi Kirby, a veteran of British TV shows like "Doctor Who" and "EastEnders." Once production started, Kirby said Burton did not offer much direct advice. Instead, the "Roots" veteran said something enigmatic just before they re-created the climactic scene where Kunta Kinte is beaten by an overseer with a nail-studded whip until he calls himself by his slave name, Toby.

Kirby: He told me that he was a mighty child, and I am a mighty man.

Deggans: Kirby thought he was talking about their difference in experience. Kunta Kinte was LeVar Burton's first professional audition and first real acting job. Malachi Kirby had been acting for eight years. But then, the scene began.

(Soundbite of TV Show, "Roots")

Unidentified Actor: *(As character)* Your name is Toby. Now tell me your name.

Kirby: *(As Kunta Kinte)* I'm Kunta Kinte.

Unidentified Actor: *(As character)* That's not your name. Toby's your name.

Kirby: *(As Kunta Kinte)* Kunta Kinte.

Kirby: And I remembered these words that LeVar had shared with me – I am a mighty man – and it caused me to resist. He goes on for much longer than, I believe, in the original.

Burton: Twenty lashes longer. In the original, it's 10 lashes that Kunta receives. It is a fully thirty lashes in this version.

Deggans: Those aren't the only differences. The black people in this modern "Roots" resist more and fight harder against being victimized. The stories move faster and focus more on Haley's family. We don't see white slavers agonizing over their decisions. The original "Roots" and author Alex Haley have faced controversy over the years. Haley, who died in 1992, settled a lawsuit by an author who accused him of plagiarizing parts of "Roots." Burton says new scholarship inspired by "Roots"' success helped them to revise the story.

Burton: So we know now that the Mandinka were horse warriors. Alex didn't know that. We know that Juffure was a major center of commerce. When Alex encountered Juffure in the early '70s, it was a sleepy little burg of a village. This new historical information is now a part of Kunta's origin story.

Deggans: Other recent films and TV shows have told slave stories for today's generations, including the WGN America series "Underground" and the Oscar-winning film "12 Years A Slave." Burton says these stories are important, though he understands why some black people would find them tough to watch.

Burton: Black people still live in America. And America is still a society that is based on the color line, OK? I'm really hoping that this time around, we can have that conversation with each other on both sides of the color line and leave behind the shame.

Deggans: But accomplishing that conversation without disappointing fans of the original "Roots" just might be the biggest challenge this new miniseries faces. I'm Eric Deggans.

(Soundbite of Music)

1. What is *Roots* about?
   (the horrors of) slavery

2. What is L. Fishburne's part in the new version of *Roots?*
   (he) narrates the story as author Alex Haley

3. Why was a new version of *Roots* made?
   half of the American population was not alive when the first version aired in 1977

4. LeVar Burton's involvement in *Roots* …

in the old version	**actor, played Kunta Kinte**
in the new version	**co-(executive) producer**

5. What and where was Juffure?
   a city in West Africa (on the banks of the river Gambia)

6. How did Malachi Kirby first encounter the name of Kunta Kinte?
   other kids used it to insult him and discriminate against him

7. The original series. Complete the table.

influence on American society	**(it) changed the way the American society looked at slavery**
pieces of evidence for success (*Name two*)	• **(it had) more than 100 million viewers** • **(it) won 9 Emmy awards**
the producer's brilliant idea	**casting beloved White TV actors**

8. In what ways is the new version of *Roots* different from the old one? *(Name two differences.)*
   Name two of the following:
   - **Black people fight back harder**
   - **stories move faster**
   - **there is more focus on Haley's family**
   - **White slavers do not agonise over the decisions they made**

9. Why does LeVar Burton say that he understands that series like *Roots* are "tough to watch" for black people?
   modern America still has a problem with the colour line (and the series reminds people of this problem.)

Sprachmittlung

Diese Aufgabe erfordert von Ihrer Seite eine Textzusammenfassung. Achten Sie darauf, dass Sie keine Übersetzung von Textpassagen produzieren, sondern mit eigenen Worten die Hauptaussagen aus beiden Texten zusammenfassen. Streichen Sie sich dafür die wichtigsten Punkte in beiden Texten an und strukturieren Sie Ihren Artikel sinnvoll. Ihre Lösung soll ein Artikel für eine Projektwebseite sein, daher sollten Sie möglichst wenig Umgangssprache verwenden, aber da Sie eher eine jugendliche Leserschaft ansprechen, muss der Text nicht komplett förmlich sein. Geben Sie Ihrem Text eine treffende Überschrift und beginnen Sie mit einem Einleitungssatz, der alle wichtigen Informationen enthält.
Ihr Artikel sollte auf die folgenden Punkte eingehen:

- *Was ist CityTrees?*
  - *Start-Up-Firma aus Dresden*
  - *Produkt: Künstliche Bäume; verbessern Luftqualität in verschmutzten Großstädten*
  - *Teuer, aber sehr effektiv*
  - *Bäume enthalten Solarzellen und Sensoren, um Daten zu sammeln, fungieren aber auch als Werbeflächen und WLAN-Hotspots*
- *Warum könnte das Konzept für Großstädte interessant sein?*
  - *Verbessert das Wohlbefinden der Anwohner in Großstädten*
  - *Fördert die Attraktivität von Städten als Wohnraum und Industriestandort und somit auch den Wohlstand der Region*

CityTrees for cleaner air: How a German start-up sets out to breathe new life into the world's cities

Because of the ongoing urbanisation with its massive increase in traffic, air pollution in inner cities all over the world is considered a serious problem. It endangers people's health and is forcing cities and nations to think of new ways to keep their air clean.

A German start-up company might have come up with a feasible solution to the problem in the form of what they refer to as "CityTrees" – four-metre-tall mobile rectangular constructions covered with a special kind of moss and other plants intended to absorb polluted air. In fact, one of these *CityTrees* is said to clean as much air as 275 traditional trees would while taking up comparatively little space.

Economically speaking, the use of such *CityTrees* could indeed pay off. Although they come at a fairly substantial cost, they could be a good investment in the future of cities, as investors and workers alike are attracted to places with clean air. This makes a successful clean air policy a pull factor for economic growth and overall wealth.

To make the product even more attractive, the *CityTrees* also serve as Wi-Fi hotspots and electronic billboards. Furthermore, they are equipped with solar cells and high-tech sensors which enable them to automatically collect data on air quality and energy consumption. All in all, they are marketed as the modern alternative to parks and green spaces in crowded cities. *(247 words)*

Abitur 2020 Englisch (Hamburg) – grundlegendes Anforderungsniveau

Hörverstehen

You will hear each recording **twice**. After each listening you will have time to complete your answers.

Task 1: The National Park Service

14 BE

You will hear an excerpt from a report about the U.S. National Park Service (NPS). While listening, complete the table. You need not write complete sentences.

1. What the NPS manages: *(Name two more.)*	• national parks • •
2. Why Nathan Rott reported from several national parks in 2016:	
3. What Heidi Brill likes about early mornings: *(Name two aspects.)*	• •
4. What the NPS wants to achieve according to Rott:	
5. Where the middle school group came from.	
6. Information about Cassius Cash's childhood: *(Name two aspects.)*	• •
7. Results of a survey on visitors of Great Smoky Mountains National Park: *(Name two.)*	• •
8. How Cash is different from most of his colleagues:	
9. What Cash sees as his mission:	
10. How one attraction of the NPS is affected by climate change:	

Task 2: A High School in Indiana 10 BE

You will hear a report about students at East Allen University, a high school in Fort Wayne, Indiana. While listening, tick (✓) the correct answer (a, b, c or d). There is only one correct answer.

1. The city of Fort Wayne …
   a) ☐ offers counselling for refugees.
   b) ☐ has a housing program for refugees.
   c) ☐ has a significant number of refugees.
   d) ☐ offers Asian refugees integration courses.

2. When Na Da Laing started elementary school in the US, she …
   a) ☐ spoke only basic English.
   b) ☐ did not like the other children.
   c) ☐ did not fit in with her schoolmates.
   d) ☐ fought a lot with the kids in her class.

3. Years later, she …
   a) ☐ studies French history.
   b) ☐ understands English literature.
   c) ☐ helps solve conflicts between students.
   d) ☐ participates in English theater performances.

4. If Na Da Laing succeeds at her high school, she will …
   a) ☐ find a good job.
   b) ☐ receive a scholarship.
   c) ☐ make her parents proud.
   d) ☐ benefit from it in her future studies.

5. East Allen University is located in …
   a) ☐ a modern suburb.
   b) ☐ a development area.
   c) ☐ a run-down industrial district.
   d) ☐ an underprivileged neighborhood.

6. The headmaster says that the students who came as refugees …
   a) ☐ cope with challenges.
   b) ☐ are never a nuisance.
   c) ☐ never take the initiative.
   d) ☐ struggle with school rules.

7. According to the English teacher, the Burmese refugee students …
   a) ☐ need extra tutoring.
   b) ☐ are the most motivated ones.
   c) ☐ are unfamiliar with American literature.
   d) ☐ bring a new perspective to discussions.

8. Many teachers at the school help students with …
   a) ☐ finding future jobs.
   b) ☐ their academic performance.
   c) ☐ the university admission process.
   d) ☐ integrating into the neighborhood.

9. Unlike her parents, Na Da Laing will be able to …
   a) ☐ start her own business.
   b) ☐ study at a university abroad.
   c) ☐ choose her future profession.
   d) ☐ earn a diploma in foreign languages.

10. Besides her studies she wants to work in order to …
   a) ☐ travel around the USA.
   b) ☐ help her family financially.
   c) ☐ visit her country of origin.
   d) ☐ afford her own apartment.

Task 3: Visions of the Future 4 BE

You will hear Theo Hobson, a writer and artist, presenting his vision of the future in a BBC podcast. While listening, complete the table. You need not write complete sentences.

According to the speaker, the fight against global warming might affect our lives …

1. in negative ways: *(Give two examples.)*	• •
2. in positive ways: *(Give two examples.)*	• •

Assignment

Your school and your British partner school are working on a project on wildlife in the 21st century. You have been asked to contribute an example from Germany.

On the basis of the interview below, write an article for the project website, outlining the facts on wolves in Germany and the different responses to their return.

Der Wolf ist ein völlig normales Wildtier
Von Peter Carstens

Der Wolf ist zurück in Deutschland. Aber ist er auch willkommen? Im Interview mit GEO.de spricht der Zoologe und Fotograf Axel Gomille über […] wild lebende Wölfe. […]

Vor allem Umweltverbände begrüßen die Rückkehr des Wolfs. Was ist eigentlich gut daran?

Da gibt es mehrere Gründe. Zum einen könnte der Wolf einen Teil der ökologischen Rolle wieder übernehmen, die er einmal ausgeübt hat – nämlich als Raubtier, das auch große Huftiere reißen kann. Wir könnten uns also wieder ein kleines Stück in Richtung des Urzustandes einer natürlichen Regulation von Räubern und Beutetieren annähern. Was in der Praxis allerdings kaum möglich ist. Wir haben heute in Deutschland mehrere Millionen wildlebender Huftiere, die wenigen hundert Wölfen gegenüberstehen. Der andere Punkt ist, dass der Wolf einen hohen Symbolwert hat. In Deutschland gehört er zu den seltensten Säugetieren überhaupt. Und genießt darum zu Recht den höchsten Schutzstatus.

Man hört gelegentlich die Kritik, die Befürworter des Wolfs seien Großstädter mit einer romantischen Vorstellung von „Natur". Ist da was dran?

Es stimmt schon: Manche Städter haben ein verklärtes Bild vom Wolf. Für die ist er das Symbol der Wildnis, und wenn er zurückkehrt, dann kehrt auch die Wildnis zurück. Aber so einfach ist es nicht. Der Wolf braucht nämlich keine Wildnis. Ich habe schon Wölfe in Kiesgruben beobachtet. Oder in Tagebauen. Besonders wohl fühlen sie sich ja auch in militärischen Sperrgebieten, in denen auch mal scharf geschossen wird. Das zeigt, dass die Wölfe sehr wohl in unseren Kultur- und Industrielandschaften zurechtkommen, solange sie geeignete Rückzugsgebiete und genug Beutetiere haben.

Zurzeit gibt es 60 Rudel in Deutschland, die aus durchschnittlich acht Tieren bestehen. Die Population wächst um rund ein Viertel jährlich. […] Trotz aller Freude: Was ist mit den Geschädigten, vor allem Viehhaltern?

Wölfe sind aus Polen wieder nach Deutschland eingewandert, und die Gesetzeslage ist klar – die Tiere sind bei uns strengstens geschützt. Insofern müssen wir Wege des Miteinanders finden. Das bedeutet aber auch, dass wir die, die betroffen sind, nicht alleinlassen. Darum gibt es verschiedene Förderprogramme für Herdenschutz, also zum Beispiel Schutzzäune und Herdenschutzhunde.

Und das reicht?

Ich habe bei meinen Recherchen viel mit einem Schäfer aus der Lausitz gesprochen, der in Deutschland die ersten Angriffe überhaupt von Wölfen hatte. Er hat damals zunächst höhere Elektrozäune errichtet und sich einen Herdenschutzhund angeschafft. Das half zunächst, doch nach einer Weile gab es weitere Angriffe, er verlor insgesamt 38 Schafe. Erst als er sich einen zweiten Herdenschutzhund zugelegt hatte, war Ruhe. Offenbar war den Wölfen klargeworden, dass sich Angriffe nicht mehr lohnen. Also jagten sie wieder Rehe und Wildschweine. Aus der Sicht dieses Schäfers ist es sogar wichtig, erfahrene Wölfe in der Gegend zu haben – weil die Tiere territorial sind, halten sie fremde Artgenossen aus ihrem Revier und damit auch von den Herden fern. In jedem Fall muss das Ziel sein, möglichst wenige Vorfälle zu haben. Tierhalter müssen also ihre Tiere schützen – und sie müssen eine Förderung bekommen, um diesen Schutz zu gewährleisten. Prävention ist das Zauberwort.

Werden Wölfe in Deutschland irgendwann normal sein?

Die Zeit arbeitet für sie. Viele Menschen sind verunsichert und haben irrationale Ängste. Aber die Leute werden die Erfahrung machen, dass Wölfe für sie selbst kein Problem darstellen. Man kann auch weiterhin, ohne Angst haben zu müssen, im Wald Pilze suchen, man kann joggen und mit Kindern spazieren gehen, denn die Wölfe werden verschwinden – selbst wird man sie nur ganz selten zu Gesicht bekommen. Der Wolf ist weder eine reißende Bestie noch ein Kuscheltier. Sondern ein völlig normales Wildtier, das zu unserer Fauna gehört. *(576 Wörter)*

Peter Carstens, Axel Gomille: „Der Wolf ist ein völlig normales Wildtier“, Geo *vom 15. 11. 2017, https://www.geo.de/natur/tierwelt/17811-rtkl-woelfe-deutschland-der-wolf ist ein voellig normales-wildtier*

Schreibaufgabe – *African American Experiences**

**Sie erhalten im Zentralabitur zwei Aufgaben (I und II) zu unterschiedlichen Schwerpunktthemen, aus denen Sie eine auswählen können. Für den Jahrgang 2020 sehen Sie hier nur die Schreibaufgabe II.*

Assignments

Comprehension

1. Summarise the information about the National Memorial for Peace and Justice (NMPJ).

Analysis

2. Analyse the author's view on the memorial and its contribution to the development of race relations in the US today.

Comment/Creative Writing (Choose one.)

3.1 Assess the state of black-white relations in the US today. In your answer refer to both this article and your coursework.

or

3.2 Imagine you are an exchange student from Germany who currently spends a year with a host family in Montgomery. In your US History class, consisting of both black and white students, each of you is invited to suggest an idea for a school outing in a speech. You would like your class to visit the NMPJ, knowing that not every student in the class will support your choice.
Write that speech.

At This Memorial, the Monuments Bleed

by Jesse Wegman, *The New York Times*, 25 April 2018

Hinweis: Aus lizenzrechtlichen Gründen ist im folgenden Artikel ein Textabschnitt abgedruckt, der in der Original-Abituraufgabe nicht enthalten war. Die in der Abituraufgabe nicht berücksichtigten Passagen sind durch eine kleinere Schriftgröße kenntlich gemacht und für die Bearbeitung der Aufgaben nicht relevant.

From the bottom of a gentle grassy slope a hundred feet away, the rusted steel columns look like nothing remarkable. Lined up in rows under an open-air shed, they could be abandoned I-beams or castoffs from an old railroad bridge. Then, before you know it, you're among them. Hundreds of reddish-brown hulls, each maybe six feet tall, surrounding you. Each bolted to a thick metal post anchored not to the floor but to the ceiling. Each – you imagine, feeling a bit crazy – watching.

You'd turn and run right out of there if you could.

Then you see the names. Simon Jenkins. 7. 17. 1877. Frank Harrell. 02. 09. 1893. Unknown. 08. 08. 1883. Stenciled into the face of each column, the names of the men and women hanged, shot, drowned, beaten and burned because of the color of their skin. The columns – more than 800 – are the heart of the stunning new National Memorial for Peace and Justice, which opens on Thursday in Montgomery, Ala. They represent the counties throughout the South and across America where lynchings were carried out with impunity. So far researchers have documented more than 4,400 killings starting from the end of Reconstruction in 1877, a campaign of racial terror by white people against black and brown people lasting more than seven decades.

If the memorial were simply an accounting of all those names lost to history, it would be devastating enough. But as you walk among them, two things happen: The wooden path under your feet begins to descend and the columns appear to rise. They rise until they are suspended above your head, unreadable and unreachable, a forest of scarred brown figures. There are no more names, only a growing pressure on your chest as you try to absorb the scope of it all.

The memorial is the work of the *Equal Justice Initiative*, a legal rights organization in Montgomery, and its director, Bryan Stevenson, who [...] realized he needed to think broadly about the role of racism in American history.

"I think of it like smog," Mr. Stevenson said last week at his office in downtown Montgomery. "It's just in the air – anyone living in this country has inherited a narrative of racial difference that shapes the way we see the world."

Americans' refusal to fully confront our own past, he said, has bound us to that narrative. "Nobody is required to learn about slavery. Nobody's required to learn about lynching. You're not required to think about segregation. And in fact, you're encouraged to not do those things." [...]

Mr. Stevenson is a very good lawyer, and he knows that the most effective way to make your case – particularly to people who see the world very differently from you – is not with outrage and condemnation but with a slow, thorough accumulation of evidence and argument leading to an inevitable conclusion. That's how he has won a series of landmark criminal justice cases at the Supreme Court, and it's how he has approached the project of ending what he calls America's "reign of silence" around slavery, lynching and racial subjugation.

A few years ago, he tested the waters by getting city officials to let him erect a series of historical markers indicating where a slave warehouse or market once stood. It was an impressive feat in a place where, despite its significance to the modern civil rights movement, many residents remain invested in a different narrative – the one that emphasizes, for example, that it is home to the first "White House" of the Confederacy.

The memorial was a far bigger task, of course (it has an accompanying museum downtown that ties slavery to mass incarceration), but it reflects the same lawyerly deliberativeness and attention to detail. Mr. Stevenson and his team included only lynchings that could be verified by two contemporaneous accounts, and they were deeply involved in every element of the design, down to what plantings would line the pathways.

This creates a feeling of welcome – surprising, perhaps, in the context of such a damning exhibit, but natural for Mr. Stevenson, who sees the potential for growth and change in everyone, his fellow citizens no less than his clients on death row.

"In these communities where people actually cheered and celebrated while black people were burned and brutalized, you want people to recover, to repent," he said. "Not just because you want to see them on their knees, but because you know that on the other side of that there's a kind of liberation. There's a kind of redemption." The price of that redemption, though, is clear: a willingness to face up to America's brutal and racist past with open eyes, and to understand how it lives on in different forms today.

"You know, when it rains that rainwater turns copper, it turns red, and it drips off of those things," Mr. Stevenson said of the columns. "And because the violence, the terror, of lynchings was lifted up over communities to taunt and terrorize, you can't have an awareness of that history without those monuments rising." *(796 words)*

Jesse Wegman: "At This Memorial, the Monuments Bleed". The New York Times, *25 April 2018, https://www.nytimes.com/2018/04/25/opinion/alabama-lynching-memorial.html, From* The New York Times.

Annotations

l. 3 *I-beams:* metal posts used in construction

l. 43 *"White House" of the Confederacy:* the residence of President Jefferson Davis while the capital of the Confederate States was in Montgomery, Alabama, during the Civil War of the US

Lösungsvorschläge

Hörverstehen

Text 1: The National Park Service

Hinweis: Aus lizenzrechtlichen Gründen ist die ungekürzte Original-Passage der NPR-Sendung abgedruckt. Die in der Abituraufgabe nicht berücksichtigten Passagen sind durch eine kleinere Schriftgröße kenntlich gemacht und für die Bearbeitung der Aufgaben nicht relevant.

Renée Montagne, *Host:* There's a big birthday today being celebrated from the marble steps of the White House to the granite peaks of the North Cascades. The National Park Service is turning 100. When it was created back in 1916, there were just 35 national parks and monuments for the Park Service to oversee. Today, the National Park Service system manages more than 400 sites, everything from battlefields like Gettysburg to the historic Oregon Trail, and of course the national parks themselves. NPR's Nathan Rott has had the enviable job of reporting on the National Park Service during this centennial year and joins us in the studio now. Good morning.

Nathan Rott, *Byline:* Good morning, Renée.

Renée Montagne, *Host:* Tough assignment, Nate?

Nathan Rott, *Byline:* Yeah. It was a real hardship visiting some of the prettiest places in the country, hiking the Appalachian Trail with rangers, getting to shadow people whose jobs include mornings like Heidi Brill's. She's an animal caretaker. Let's hear from her.

Heidi Brill: I would say the best part of my job by far is the early mornings with the animals. Everything's so quiet, and the animals are steaming, you know, as the sun comes down and hits the forest floor. And the animals are starting to get sweated up and crossing through creeks. It's just visually a beautiful sight.

Renée Montagne, *Host:* A beautiful sight that you got to see, Nate.

Nathan Rott, *Byline:* Yeah. Not so bad, huh?

Renée Montagne, *Host:* OK. But in the centennial year, many of your reports actually focused on the future.

Nathan Rott, *Byline:* Yeah. Instead of looking at the last hundred years where the Park Service has been, how it got here, we decided to look at how it's doing right now and where it's going – we being myself and other NPR member station reporters. And the way we did that was by identifying what we saw as the four biggest challenges facing the National Park Service and its future. I'm sure people would add to this list, but the four we identified were climate change, overcrowding, financing and relevancy.

Renée Montagne, *Host:* And relevancy, what exactly do you mean by that?

Nathan Rott, *Byline:* Well, the National Park Service needs to be relevant to all Americans, or at least more of them than it is now. So let's look at the Great Smoky

Mountains National Park. I spent ten days there on the border of Tennessee and North Carolina earlier this summer, tagging along with park employees like Heidi Brill while they did their jobs. And one of those days included a soggy, rainy hike with the park superintendent, Cassius Cash, and a group of about 20 middle-school kids from the nearby Eastern Cherokee reservation. The hike started like this.

Cassius Cash: Before I get into the history of anything, how many of you have been hiking in the national park?

Nathan Rott, *Byline:* A few hands go up. Cash tries to put the others at ease.

Cassius Cash: When I was you guys' age, I used to always think bad things happen in the woods. I was a kid that grew up in Memphis. I had never been to a national park or a national forest.

Nathan Rott, *Byline:* Cash gives this speech to a lot of people he goes hiking with, especially when they're minority groups or from cities. He wants them to be comfortable. He wants them to connect because it took a while for him to feel either of those things. Later in the hike, he told me the only reason he ever got over his fear of the woods was because of the Boy Scouts.

Cassius Cash: If it wasn't for that, as a kid from Memphis, I wouldn't have had that shot.

Nathan Rott, *Byline:* Now, Great Smoky Mountains National Park does not have a visitation shortage. That's not what's driving his efforts. In fact, Great Smoky Mountains is the most visited national park, with more than eleven million visits last year. The thing about those visitors, though, is they are not representative of the community and nation around them. The park did a survey of visitors the year previous.

Cassius Cash: The average age was 41 years old.

Nathan Rott, *Byline:* And most of those visitors were white. Now, that's no different than the rest of the Park Service overall. For years, the National Park Service has made increasing diversity a priority. And still, most of its workforce and its visitors are white. Cash himself is the first African American superintendent in Great Smoky's history and one of only a handful in the service. Cash says that's a problem. He points to the kids.

Cassius Cash: This is the most diverse generation this country has seen. If these kids have no connection to the natural world, what message are we sending 15 years from now?

Nathan Rott, *Byline:* That's why Cash has been leading a centennial effort to go on hikes with folks that don't typically visit national parks. That's how he is celebrating this centennial.

Cassius Cash: And it is my hope that we don't make this about a birthday or a celebration. It's a launching pad into what we should be doing for the next hundred, right?

Nathan Rott, *Byline:* And, Renée, that's a message I heard over and over and over during my reporting, from the head of the National Park Service to literally the guys cleaning the bathrooms. The centennial is an opportunity to look in the mirror and plot a course forward.

Renée Montagne, *Host:* Which sounds like the National Park Service is at a crossroads.

Nathan Rott, *Byline:* Yeah, I think in a lot of ways it is. I mean, take climate change. Part of the Park Service's mandate is to preserve these places and the wildlife and ecosystems in them for future generations while at the same time, the glaciers in Glacier National Park are melting. The habitat where Joshua trees will grow is shrinking because of higher temperatures in Joshua Tree National Park. I mean, it goes on and on. John Jarvis, the director of the National Park Service, put it to me this way.

John Jarvis: Essentially, the paradigm upon which we manage is being shifted. And we have to begin thinking about how we manage for multiple futures.

Nathan Rott, *Byline:* Rather than just assume that a landscape or an ecosystem with minimal human impact is going to more or less stay the way it is.

Renée Montagne, *Host:* And Nate, you listed a different challenge as well, overcrowding. I know that the Park Service broke their visitation record last year with more than 300 million visitors.

Nathan Rott, *Byline:* Yeah. I mean, it's a good problem to have, right? The parks want people to visit these sites. But at a certain point, it can be too much. We've seen some of that in parks like Yellowstone this year, where you have more people visiting the park than the staff can manage. And that's not to speak ill of the park staff. They're just stretched too thin.
Now, a lot of that has to do with funding. One of the other big challenges we identified, the National Park Service has not been able to pay its bills for a long, long time. It has more than $ 12 billion in deferred maintenance. Those are roads that need to be fixed and buildings that need repairs, even – in some cases, it's entire sewer systems that need repaired, but the money just isn't there. And it doesn't seem like Congress is going to give them any more anytime soon.

Renée Montagne, *Host:* So you looked at funding, overcrowding, climate change, relevancy. Was there anything that surprised you?

Nathan Rott, *Byline:* Yeah. It definitely changed the way I view national parks. I mean, I'm the kind of person that likes to go out to the parks to get away, to hike, fish, just disconnect. But I met a lot of people that wanted to visit parks to connect, either by traveling in big, loud groups or meeting other people there or even just by posting stuff on social media, you know, taking a photo of that bear and getting a bunch of likes.
And I've realized how valuable that is to the parks, too. My version of how the park should be might not be your version or somebody else's, but that's OK. And I think the Park Service is realizing that, too, and doing a better job of accommodating and meeting people where they are.

Renée Montagne, *Host:* Well, good stuff, Nate. Thanks very much.

Nathan Rott, *Byline:* Thank you.

Renée Montagne, *Host:* That's NPR's Nathan Rott, who's been reporting on the National Park Service's centennial, a birthday being celebrated across the country today.

1. What the NPS manages: *(Name two more.)*	*Name two of the following:* • battlefields • monuments • the historic Oregon Trail
2. Why Nathan Rott reported from several national parks in 2016:	the NPS turned 100

3. What Heidi Brill likes about early mornings: *(Name two aspects.)*	*Name two of the following:* • the quietness • the animals are steaming • the sun hitting the forest floor • animals crossing through creeks • visually beautiful
4. What the NPS wants to achieve according to Rott:	the NPS needs to be relevant to all Americans
5. Where the middle school group came from:	the nearby (Eastern Cherokee) reservation
6. Information about Cassius Cash's childhood: *(Name two aspects.)*	*Name two of the following:* • grew up in Memphis • had never been to a national park or forest • got over his fear of the woods through the Boy Scouts
7. Results of a survey on visitors of Great Smoky Mountains National Park: *(Name two.)*	*Name two of the following:* • more than 11 million visits in one year • visitors not representative of the area • average visitor is 41 years old • average visitor is White
8. How Cash is different from most of his colleagues:	only one of very few African American superintendents in NPS
9. What Cash sees as his mission:	go on hikes with people who do not usually visit national parks / go on hikes with ethnically diverse groups
10. How one attraction of the NPS is affected by climate change:	glaciers are melting / areas where (Joshua) trees are growing are shrinking

Text 2: A High School in Indiana

Hinweis: Aus lizenzrechtlichen Gründen ist die ungekürzte Original-Passage der NPR-Sendung abgedruckt. Die in der Abituraufgabe nicht berücksichtigten Passagen sind durch eine kleinere Schriftgröße kenntlich gemacht und für die Bearbeitung der Aufgaben nicht relevant.

Scott Simon, *Host:* In the United States, about one in every ten students is an English-language learner, and many schools struggle to get these students comfortable with their new language. Getting them ahead and to college is another hurdle. One school in Indiana gets that done because their English learners are graduating high school with a diploma and associate's degree. Claire McInerny of Indiana Public Broadcasting went to Fort Wayne to find out how.

Claire McInerny, *Byline:* Fort Wayne – it's the second-largest city in Indiana, home to around 250,000 people. And it has one of the largest Burmese refugee populations in the country, including 16-year-old Na Da Laing and her family.

Na Da Laing: I struggled in my elementary school because I was different from other students. I couldn't speak English at all.

Claire McInerny, *Byline:* Now, eight years later, she's reading George Orwell's *Animal Farm* in English.

Na Da Laing: I know conflict will arise because the leader, Napoleon, is going to break the rules of killing someone. So I think the animals are going to go against him.

Claire McInerny, *Byline:* For Laing, it's a huge accomplishment to be here. This is a college-level course. She's earning credit for high school and college-level English. And this is the norm for all of her classes. If Laing and her classmates stay on track, they can complete up to half of their Bachelor's degree credits when they leave high school.

At Laing's school, East Allen University – but it's a high school – 20 percent of the students are Burmese refugees.

Doug Hicks: Don't forget, students, our yearly semi-formal dance will be held on …

Claire McInerny, *Byline:* This is a public school. Anyone can enroll. But the focus is on college prep and college credit.

Doug Hicks: Students, Mrs. Irvins will be at EAU all day on Wednesday …

Claire McInerny, *Byline:* Principal Doug Hicks says the district started this program five years ago. They chose a building in one of the poorest parts of the city where a growing number of refugee families live. Hicks says they are some of his hardest working students.

Doug Hicks: They don't speak English in their household. They didn't live in the country from day one. They have all the strikes against them that we would think as educators that would keep people from achieving, yet they continue to do it.

Claire McInerny, *Byline:* Even when Burmese students here get comfortable with English, Shannon Eichenauer, who's Laing's English teacher, says there's more nuance to their learning. When reading *The Great Gatsby*, for example, American students don't think twice about the characters drinking alcohol during prohibition.

Shannon Eichenauer: And then you have some Burmese students who – they don't understand – to them, like, why would you break the law? So we have those conversations, and it's really – it's really good. It's rich. It adds to the classroom for sure.

Claire McInerny, *Byline:* Eichenauer was teaching at a local college when Principal Hicks recruited her to get licensed in high-school English and come here. That's the story with a lot of other teachers, too, who feel like now they're more than just educators. They're ambassadors to college for these families who sometimes have no understanding of the system. The school also offers college-counselling tutors because even paperwork can be new and unfamiliar. Principal Hicks.

Doug Hicks: One thing we've run into here is social security numbers and how old they are and that type of thing.

Claire McInerny, *Byline:* When she graduates high school next year, Na Da Laing will be the first in her family to have career options. Her parents started labor jobs back in Myanmar before reaching eighth grade. After graduation, her plan is to attend Indiana Purdue University at Fort Wayne and work part-time to support her parents. As for academics …

Na Da Laing: Yeah, I want to major in education and communication Bachelor's degree.

Claire McInerny, *Byline:* Do you want to be a teacher?

Na Da Laing: English.

Claire McInerny, *Byline:* For NPR News, I'm Claire McInerny.

(Soundbite of Babysleepdreams Song, "Soothing Ride")

Scott Simon, *Host:* This is NPR News.

Claire McInerny: "A High School's Lesson for Helping English Language Learners Get to College", IPBS, *25 March 2017, https://www.npr.org/sections/ed/2017/03/25/520848889/a-high-schools-lesson-for-helping-english-language-learners-get-to-college*

1. The city of Fort Wayne …
   c) ☑ has a significant number of refugees.
2. When Na Da Laing started elementary school in the US, she …
   c) ☑ did not fit in with her schoolmates.
3. Years later, she …
   b) ☑ understands English literature.
4. If Na Da Laing succeeds at her high school, she will …
   d) ☑ benefit from it in her future studies.
5. East Allen University is located in …
   d) ☑ an underprivileged neighborhood.
6. The headmaster says that the students who came as refugees …
   a) ☑ cope with challenges.
7. According to the English teacher, the Burmese refugee students …
   d) ☑ bring a new perspective to discussions.
8. Many teachers at the school help students with …
   c) ☑ the university admission process.
9. Unlike her parents, Na Da Laing will be able to …
   c) ☑ choose her future profession.
10. Besides her studies she wants to work in order to …
    b) ☑ help her family financially.

Text 3: Visions of the Future

So global warming is still a problem. The huge changes that we and other countries have made over the last decades have not been sufficient – a steeper reduction in carbon emissions is needed, to limit the warming of the planet. But what if most of us remain reluctant environmentalists?
Then we'll need the government to curtail our freedom. That would mean a strange new era of politics, in which the state becomes a sort of green nanny. It's possible to imagine this in dystopian terms – parents denounced by their children for eating the wrong thing, and foreign travel only available to a super-rich elite, and people condemned for thought crimes against the planet. But it's also possible to imagine the shift in more positive terms, as a sort of liberation from the era of excess. Maybe we will feel more in touch with the natural world, through a new sense of our solidarity with the vulnerable planet. Admittedly that's pretty difficult to imagine – our freedom to choose to be excessive consumers is a pretty big part of who we are.

According to the speaker, the fight against global warming might affect our lives …

1. in negative ways: *(Give two examples.)*	*Name two of the following:* • the state will need to limit personal freedom • people might denounce each other (for anti-environmental behaviour) • travelling will only be affordable for rich people • thought crimes against the planet will be punished
2. in positive ways: *(Give two examples.)*	*Name two of the following:* • liberation from consumerism and excess • people might be more in touch with nature • new solidarity with the suffering planet

Sprachmittlung

Für ein internationales Schulprojekt sollen Sie zum Thema „Wölfe in Deutschland" recherchieren und Ihre Ergebnisse in einem Artikel für die Projektwebseite zusammenfassen. Dabei sollen Sie zum einen auf die aktuelle Faktenlage zu den heimischen Wölfen eingehen und zum anderen darlegen, welche verschiedenen Reaktionen die Rückkehr der Wölfe auslöste. Wählen Sie eine treffende Überschrift für Ihren Text und bedenken Sie, dass Sie den Text im Kontext eines Projektes schreiben, in dem es um Wildtiere im 21. Jahrhundert geht, und Sie besonders auf die deutsche Perspektive eingehen sollen.
Gliedern Sie Ihren Text schlüssig, indem Sie mit einer Einleitung beginnen, die neugierig macht und das Problem skizziert, und indem Sie Ihren Artikel mit einem Ausblick

abrunden. Ihr Artikel soll informativ sein, also bemühen Sie sich um eine möglichst objektive Wortwahl.
Folgende Informationen aus dem Text sollte Ihr Artikel beinhalten:
- *Informationen über die Lebensart und die aktuelle Ausbreitung der Wölfe:*
  - *Wölfe sind wieder nach Deutschland eingewandert, nachdem sie lange verschwunden waren (s. Z. 27/28).*
  - *In Deutschland stehen sie unter Artenschutz (s. Z. 13/14; 28).*
  - *Es gibt etwa 480 Tiere, die Population wächst (s. Z. 24/25).*
  - *Wölfe können sich auch an einen modernen Lebensraum gut anpassen und sind sehr territorial (s. Z. 19–23; 40).*
  - *Sie jagen Nutztiere, aber auch Waldtiere wie Hirsche und Wildschweine (s. Z. 36/37; 38/39).*
- *Reaktionen auf die Rückkehr der Wölfe:*
  - *Viele Menschen haben negative Vorurteile und Ängste (s. Z. 46/47).*
  - *Menschen, vor allem in Großstädten, haben ein verklärtes Bild vom Wolf, den sie als Symbol der wiederkehrenden Wildnis sehen (s. Z. 17/18).*
  - *Wölfe sind Hoffnungsträger, denn sie können einen Beitrag zur Wiederherstellung des natürlichen Gleichgewichts zwischen Raub- und Beutetieren leisten (s. Z. 6–9).*
  - *Schäfer*innen und Besitzer*innen von möglichen Beutetieren müssen besondere Sicherungsmaßnahmen ergreifen, aber können dann weitestgehend friedlich mit den Wölfen zusammenleben (s. Z. 37/38; 42–44).*

A fairy tale come true? The return of wolves to Germany

Wolves are the villains of many gruesome fairy tales. So when they were starting to make a comeback to the forests of Germany, where they had not been present for decades, it triggered many prejudices in the minds of people. Some were afraid of going to the woods in fear of being attacked, whereas others romanticised the idea of their return as a symbol for the reintroduction of the wilderness to our modern lifestyle.
The truth is somewhere in between. There are currently only very few wolves living in Germany, about 480 in total. That is not yet enough to have a positive impact on the ecological balance. However, the wolves are protected by the German law and the numbers are rising. They adapt well to the modern habitat they encounter. Once a pack of wolves has settled in an area, they are very territorial and will defend their hunting grounds. They can hunt anything from livestock to wild animals. That means that protective measures like herding dogs or electric fences have to be taken by livestock owners but, once the boundaries are set, they are unlikely to experience any incidents. Wolves used to be part of Germany's rich fauna and it is paramount to welcome them back, while at the same time supporting those negatively affected by their return. Practice has shown that peaceful cohabitation is possible and an irrational fear of the "Big Bad Wolf" should remain in the land of fairy tales. *(245 words)*

Schreibaufgabe

1. *Die Aufgabenstellung verlangt von Ihnen, die wesentlichen Informationen zum National Memorial for Peace and Justice (NMPJ), die in dem vorliegenden Artikel erwähnt werden, kohärent und in eigenständiger Formulierung zusammenzufassen. Geben Sie nur das Wesentliche wieder und vermeiden Sie Zitate oder Textverweise jeglicher Art. Denken Sie daran, den Text im Präsens zu verfassen und gehen Sie zu Beginn Ihrer Ausführungen im Einleitungssatz kurz und knapp auf Genre, Titel, Autor sowie Veröffentlichungsort und -datum des Artikels ein.*
   Folgende Aspekte sollten dabei von Ihnen Erwähnung finden:
   - *Beim NMPJ handelt es sich um ein Denkmal in einem Freilicht-Schuppen, welches auf den ersten Blick unscheinbar wirkt.*
   - *Im Denkmal hängen 800 rot-braune sechs Fuß lange Stahlträger von der Decke:*
     - *Eingraviert sind die Namen von ermordeten Schwarzen Amerikanerinnen und Amerikanern.*
     - *Die Stahlträger stellen Gebiete in ganz Amerika dar, in denen Afroamerikaner*innen seit 1877 Opfer physischer Gräueltaten wurden.*
     - *Wenn es regnet, tropft es rot von jedem einzelnen Stahlträger.*
     - *Je tiefer Besucher*innen in die Stäbe hineinwandern, desto mehr wachsen sie ihnen scheinbar über den Kopf.*
   - *Das Denkmal wurde durch die* Equal Justice Initiative *möglich gemacht.*
   - *Ein Museum in der Innenstadt von Montgomery, welches die Sklaverei mit der heutigen Situation in US-amerikanischen Gefängnissen verknüpft, gehört zum Denkmal.*
   - *Das Denkmal gibt den Opfern eine Stimme und macht die gewaltvolle Geschichte Amerikas sichtbar, damit die Wunden der Vergangenheit heilen können.*

The article "At This Memorial, the Monuments Bleed" was written by Jesse Wegman and published in *The New York Times* on 25th April 2018. It describes the newly opened National Memorial for Peace and Justice, which was created by the *Equal Justice Initiative* in Montgomery, Alabama.
Placed in an open-air shed, the memorial does not look impressive from afar. But when you go inside, you can see 800 six-feet-tall reddish-brown steel beams hanging above you. That is corresponding to the number of counties of the South and other places in the US, where African Americans suffered lynching and physical violence in a time span of seven decades, starting in 1877. The names of the victims are engraved in the beams and whenever it is raining, a special effect makes the raindrops look red, as if it were raining blood. The aim of the monument is to make the abominations that happened to African Americans through time tangible for the current generation. It does so by letting visitors not only see but experience its unique architecture: as they walk deeper into the columns, the path slopes down, meaning the columns seem to become bigger and in the end hang above their heads. The memorial is accompanied by a museum in downtown Montgomery where visitors can learn how slavery can be connected to the current situation in US prisons. By addressing past injustices, future reconciliation may become possible. *(236 words)*

2. *Hier werden Sie aufgefordert, näher zu untersuchen, wie der Autor zu dem Denkmal steht und welchen Beitrag es seiner Meinung nach zur Verbesserung der Beziehungen zwischen Menschen unterschiedlicher Hautfarbe leisten kann. Der Operator verlangt von Ihnen, Ihre Ergebnisse anhand von Textstellen zu belegen. Aus Ihrem Einleitungssatz sollte die Intention Ihres Textes hervorgehen. Geschickt ist es, wenn Sie hier auf die Aufgabenstellung Bezug nehmen. Auch dieser Text sollte vornehmlich im Präsens verfasst werden.*
Inhaltlich sollten Sie zum einen festhalten, wie beeindruckend, aber auch bedrückend der Autor des Artikels das NMPJ findet. Führen Sie Textstellen an, in denen er diese Gefühle zum Ausdruck bringt. Gehen Sie außerdem darauf ein, was sich sowohl der Autor des Textes Jesse Wegman als auch Bryan Stevenson, der Initiator des Denkmals, von dessen Errichtung versprechen: nämlich eine ehrliche Auseinandersetzung mit einer schmerzhaften Vergangenheit und eine daraus resultierende Aussöhnung.
Folgende Aspekte aus dem Text können Sie dabei nennen:
- *Die bedrückende Stimmung wird deutlich durch folgende Punkte:*
  - *Der Titel („the Monuments Bleed") deutet bereits die Themen Gewalt und Leid an. Außerdem verdeutlicht das Bluten der Säulen, dass dieses Leid immer noch fortwirkt.*
  - *Der Autor beschreibt seine persönlichen Gefühle während eines Besuchs des NMPJ (cf. ll. 1–11, 17–22). Die vielen Säulen wirken bedrohlich auf ihn (cf. ll. 6/7). Kurze, prägnante Fakten (cf. ll. 8–11) und hohe Zahlen (cf. ll. 11, 14–16) vermitteln eindrücklich die erschreckende Geschichte hinter dem Denkmal.*
  - *Der Ausdruck „a forest of scarred brown figures" (ll. 20/21) hat ebenfalls eine starke Wirkung. Einerseits zeigt er die Dimension der Gewalttaten, andererseits verdeutlicht er die Namenlosigkeit der Opfer. Der Autor reagiert auf diesen Eindruck körperlich („a growing pressure on your chest", ll. 21/22).*
- *Insgesamt ist der Autor beeindruckt von Stevensons Arbeit und hält sie für wichtig für die zukünftige Aussöhnung:*
  - *Wegmans Gebrauch von wertenden Adjektiven („stunning", l. 11; „devastating", l. 18; „impressive", l. 41; „bigger", l. 44) zeigt den Respekt, den er vor Stevensons Arbeit hat.*
  - *Mr. Stevenson selbst wird als Experte dargestellt (cf. ll. 33/36) und seine detailversessene und wissenschaftlich nachprüfbare Herangehensweise beschrieben (cf. ll. 45–49).*
  - *Wie wichtig Stevensons Ansatz ist, das Schweigen über die rassistische Vergangenheit zu beenden (cf. ll. 37/38), wird auch durch den „smog"-Vergleich (cf. ll. 26–28) deutlich: Rassismus ist überall und dringt auch ganz unbewusst in die Köpfe der Menschen ein.*
  - *Das unterstreicht auch Stevensons Aussage darüber, dass die Vergangenheit sehr leicht ignoriert werden kann („Nobody is required ...", ll. 30–32).*

- *Die Hoffnung, die der Autor mit dem Denkmal verknüpft, zeigt sich an mehreren Stellen:*
  - *Trotz des bedrückenden Themas fühlen sich die Besucher*innen des Denkmals willkommen (cf. l. 50).*
  - *Stevensons Optimismus, der sich auf alle Menschen bezieht (cf. ll. 51/52), ist vorbildhaft.*
  - *Stevensons Hoffnung auf „liberation" und „redemption" (l. 56) bei einer offenen Herangehensweise an die Vergangenheit und gegenwärtige Probleme wird geteilt (cf. ll. 57–59).*

In his article "At This Memorial, the Monuments Bleed", Jesse Wegman clearly points out the necessity of places of remembrance, such as the National Memorial for Peace and Justice. To him, this memorial is impressive in two ways, as it manages to illustrate the horrors of the past and the deeply rooted racism Black people in America still have to face. Furthermore, it can be seen as a symbol of openly addressing past errors and thereby overcoming them.

The headline itself conveys a vivid image of the past's impact on society. When stating that "the Monuments Bleed", Wegman refers to the chemical effect created by raindrops seeping off the columns and thereby disturbingly turning red like blood. This points to the idea that a part of society has been wounded and this wound has not healed yet, as it is still bleeding.

The disturbing and oppressive atmosphere is continued throughout the article. The author describes his personal feelings during a visit of the NMPJ in great detail (cf. ll. 1–11, 17–22). For instance, the columns seem to be "watching" (l. 6) him, which makes him feel somehow threatened. As he puts it, one wishes to run away almost immediately after entering the space full of columns (cf. l. 7).

Short, factual sentences further express Wegman's horror of seeing "the names of the men and women hanged, shot, drowned, beaten and burned because of the color of their skin" (cf. ll. 8–11). In addition, he mentions a few selected numbers (cf. ll. 11–16) that reveal the distressing dimensions of lynching.

This dimension is also emphasised by the fact that the monument is seen like "a forest of scarred brown figures" (ll. 20/21). The image speaks of a large number of victims who are not even recognised in their individuality in many cases. Wegman experiences a strong bodily reaction to this oppressive impression, namely "a growing pressure on [his] chest" (ll. 21/22).

However, all these negative and distressing thoughts only contribute to Wegman's overall opinion that Stevenson's memorial is of great significance for a future healing process. That he is deeply impressed by Stevenson's work is shown both explicitly and implicitly: Wegman calls the NMPJ "stunning" (l. 11), its effect "devastating" (l. 18) and Stevenson's efforts "impressive" (l. 41) and a very big task (cf. l. 44). Furthermore, Stevenson himself is considered an expert in his field (cf. ll. 33/36). Both his professional background and his detailed and diligent approach to the monument (cf. ll. 45–49) emphasise the authenticity and truthfulness of this representation of history.

So, he seems to be the right person to finally end "America's 'reign of silence' around slavery, lynching and racial subjugation" (l. 38). Stevenson's comparison of racism to smog (cf. ll. 26–28) underlines the necessity to break the silence. According to this image, racism is everywhere and can easily infiltrate people's minds. This infiltration is facilitated by the fact that there are so few dissenting voices heard and spread publicly. Stevenson is quoted deploring the lack of formal education on important issues, such as racism, slavery and discrimination (cf. ll. 30–32).

Still, despite the horrors the monument represents and the ongoing silence about these, Wegman ends his article on a more hopeful note. His hope is connected to the memorial: Visitors feel "welcome" (l. 50) there and Stevenson's optimism that there is "the potential for growth and change in everyone" (ll. 51/52) seems infectious. As he puts it, "liberation" and "redemption" (l. 56) are possible as long as one is prepared to openly confront the past as well as current problems in American society.

All in all, Wegman argues that the memorial with all the shocking impressions it creates for its visitors can become an important stepstone on the path to reconciliation. *(636 words)*

3.1 *In dieser Aufgabe ist Ihre Meinung gefragt. Sie werden gebeten, sich mit der Frage auseinanderzusetzen, wie es um die Beziehung zwischen Menschen unterschiedlicher Hautfarbe in der heutigen amerikanischen Gesellschaft bestellt ist, und anschließend zu einem begründeten Urteil zu kommen.*
Wichtig ist, dass Sie hierbei sowohl auf den gegebenen Artikel, aber vor allem auch auf Ergebnisse aus dem Unterricht eingehen. Eine klare Struktur mit Einleitung, Hauptteil und Schluss sollte eingehalten werden.
Folgende Argumente können Sie in Ihrem Hauptteil nennen:

- *Argumente für eine eher positive/verbesserte Beziehung:*
  - *Sklaverei, Bürgerrechtsbewegung etc. werden nicht mehr verschwiegen; auch Schwarze Menschen haben eine Stimme/einen Platz in der amerikanischen Geschichte und ihr Leiden wird anerkannt. Das zeigt sich auch in Protestbewegungen wie „Black Lives Matter", die Missstände ans Licht der Öffentlichkeit bringen.*
  - *Durch „affirmative action"-Programme wird versucht, Nachteile der Schwarzen Bevölkerung auszugleichen.*
  - *Einige „Erfolgsgeschichten" zeigen, dass auch Afroamerikaner*innen gesellschaftlichen Einfluss gewonnen haben. Von besonderer Symbolkraft ist hierbei die Präsidentschaft Barack Obamas.*

– *Argumente gegen eine eher positive/verbesserte Beziehung:*
  - *Es gibt immer noch systematischen Rassismus in zahlreichen Lebensbereichen. Wirtschaftlich gesehen sind Schwarze Menschen oft deutlich benachteiligt (z. B. schlechtere Ausbildungschancen, geringeres Einkommen).*
  - *Häufigere Polizeikontrollen und -gewalt gegenüber Schwarzen sind besonders schlimme Beispiele für strukturellen oder systemimmanenten Rassismus.*
  - *Bei vielen Menschen bestehen auch noch unbewusste Vorurteile, da nicht genügend Aufklärungsarbeit betrieben wird.*

The relationship between Black and White Americans has always been complex. From the founding of the USA up to the Civil Rights Movement, Black people's lives were characterised by oppression and discrimination: even before American independence, Africans were forced to enter the country to be held as slaves. After the abolition of slavery by the end of the Civil War, it still took nearly 100 years until segregation and the systematic discrimination connected to it officially ended. Progress was mainly due to the Civil Rights Movement of the 1960s and finally culminated in the passing of the Civil Rights Act of 1964. Comparing the state of race relations of the past to today's society, there have been a lot of positive developments.

First of all, there is a growing awareness of the hardships Black people had to face in the past. Slavery and the Civil Rights Movement have become part of history books, memorials like the National Memorial for Peace and Justice make it obvious that there is a wish to come to terms with this dark chapter of the American past and movements like "Black Lives Matter", which fight against racial discrimination today, are not only backed by the Black community, but find increasing support among US citizens from all ethnic backgrounds.

Moreover, programmes like affirmative action officially acknowledge the disadvantages African Americans encounter when it comes to education. They attempt to bridge this gap and give young Black students the opportunity to go to excellent universities, gain diplomas and consequently become successful in various professional fields.

Some African Americans' success stories seem to show that the USA has become a more equal society in recent years. The election of Barack Obama into the Oval Office in 2008 and his re-election in 2012, by which a man of African American descent was chosen for the most powerful office in the United States, was hailed by many as an important milestone in the fight for racial equality.

However, the simple fact that there is a need for movements like "Black Lives Matter" shows that there is still a lot to be done when it comes to true equality. Although segregation was officially abolished in the 1960s, that does not mean that all vestiges of discrimination have also been eliminated.

From an economic perspective, Black people are often trapped in a vicious circle of poverty. Starting with schools which lack funding, Black students tend to be less qualified and therefore less likely to enter college, which then again diminishes their chances on the job market. Therefore, they are more likely than their White compatriots to be hit by unemployment or to work in low-paid jobs. Consequences of these circumstances have become visible in catastrophes of recent years: both during Hurricane Katrina in 2012 and the Covid-19 pandemic in 2020, the number of victims was highest among African Americans.

Another field where there is a shocking disparity among Black and White Americans is in the criminal justice system. African Americans are more often checked by the police and their incarceration rate is much higher than that of members of other ethnicities. What is even more terrible is that Black people are also much more likely to be killed during police controls. This becomes obvious in what is officially named "the talk". While for White families, "the talk" centres on educating their children in matters of sexuality, African American parents often feel obliged to teach their children how to survive a police check. Worryingly, many schools mainly attended by African Americans include "the talk" into their curriculum, too. There should be no need for any citizen to be careful around the police. Unfortunately, however, the fates of people like Michael Brown, Trayvon Martin, Oscar C. Grant, Eric Garner or George Floyd show that there are reasonable grounds for this kind of lesson.

Although the impact of slavery and segregation on American society is increasingly recognised, there is still too much ignorance and too little education about these issues. As Mr Stevenson, director of the *Equal Justice Initiative* points out, "Nobody is required to learn about slavery. Nobody's required to learn about lynching. You're not required to think about segregation. And in fact, you're encouraged to not do those things." (ll. 30–32) Consequently, large groups of society still think nostalgically about the Civil War and cherish symbols of the Confederate States without questioning their motives of racial oppression and exploitation. Furthermore, unconscious racism is a big problem: a lot of White people regard themselves as colourblind and posit that there is no need for further improvements of Black people's chances. They either do not understand or even intentionally ignore that discrimination and daily racism towards African Americans is a systemic problem.

In conclusion, when it comes to race relations in the USA, society has already come a long way, but looking at the social and economic disparities among Black and White Americans, there still remains a lot to be done in order to be able to speak of true equality. *(837 words)*

3.2 *Für diese Aufgabe sollen Sie eine Rede verfassen. Bevor Sie sich aber an diese wagen, sollten Sie sich genau mit den verschiedenen Anforderungen auseinandersetzen. Zum einen müssen Sie aus der Perspektive eines Austauschschülers bzw. einer Austauschschülerin schreiben, der/die im amerikanischen Geschichtsunterricht erklärt, warum das NMPJ ein geeigneter Ort für einen Schulausflug wäre. Zum anderen müssen Sie neben der Tatsache, dass Sie aus einer Außenperspektive auf die amerikanische Geschichte blicken, berücksichtigen, dass die Schülerschaft aus verschiedenen ethnischen Gruppen besteht und Sie sich einem Publikum gegenübersehen, das dem Thema nicht grundsätzlich wohlgesonnen ist. Da Sie sich an Gleichaltrige wenden, können Sie sich weniger formell ausdrücken. Neben dem Aufgabenbezug ist auch der Textbezug wichtig. Hier sollten Sie vor allem Informationen zum Denkmal selbst einfließen lassen. Wichtig ist aber auch, dass Sie der Textform Rede angemessen schreiben. Beginnen Sie mit einer passenden Anrede und bedanken Sie sich am Ende für die Aufmerksamkeit. Benutzen Sie außerdem das eine oder andere rhetorische Mittel und beziehen Sie Ihr Publikum in Ihre Ausführungen ein.*

Die folgenden Punkte könnten Sie erwähnen:

- *Aspekte der amerikanischen Geschichte, über die Sie gerne mehr erfahren würden,*
- *inwiefern das NMPJ dabei helfen kann,*
- *warum es Ihrer Meinung nach wichtig ist, die Vergangenheit aufzuarbeiten.*

Dear Mr Smith and fellow students,

First of all, I want to thank you for making me feel welcome. As an exchange student from Germany, who is only staying for a year, I really feel a part of this group. I feel particularly honoured to be asked to suggest an idea for our school outing.

Coming from Germany, I do not know too much about the history of the USA. At school back home we have been taught about the Declaration of Independence and the ideas of life, liberty and the pursuit of happiness. We have also learnt that the Civil Rights Movement and Martin Luther King fought for equal rights. I know that there was a time in America when some members of your population, namely African Americans, weren't free citizens, but slaves. During the time of segregation, however, they were said to have equal rights. This is something which is particularly puzzling to me: How can you talk of equality when two groups are strictly separated from each other and one group is not allowed to share the same standard of living as the other? Looking at this topic, many more questions pop up in my head: How could a system like this have been established? How could people actually keep quiet and submit to such oppressive laws? How could ordinary men and women turn into monsters terrorising others just because they looked slightly different? Why would anyone enjoy killing others and how could they possibly get away with this? Did you know that starting in 1877, over a period of seven decades, about 4,400 African American people fell victims to lynching all over the USA?

To my mind, a suitable choice for a school outing would consequently be the National Memorial for Peace and Justice, which recently opened here in Montgomery. It was erected by the *Equal Justice Initiative* to honour those Black people who fell victims to the racial terror enacted on them. The incredibly high number of 800 steel beams has been put up to represent not only the counties in the South, but all over the US in which African Americans had to suffer from atrocities. This memorial certainly manages to convey the horrors of the past. In addition, there is a museum which displays the effects of slavery on today's society.

I can tell that some of you do not see the point in my remarks. Why bother with something that obviously ended more than 50 years ago? You might think that it does not matter anymore.

However, as far as I am concerned, you are wrong. A society's view, which has been shaped for over a hundred years, does not change in a second just because the government passes a law which tells people that from now on they have to think and act differently.

Even right here in this class there are students who can give an account on why it is important to acknowledge the horrors of the past. To find out whether daily racism still exists and what it looks like, you just have to talk to some of your classmates. You might be surprised to learn what they have to tell you. So, what I am saying is that it clearly does matter!

Racism has survived over the last decades. In order to change the future, you need to be aware of the past. Believe me, as a German citizen, I know what I'm talking about. Being aware of a society's past and its horrible dark chapters is something we grow up with. I truly believe that it is important to come to terms with history in order to prevent it from repeating itself.

In this sense, the National Memorial for Peace and Justice is our chance to gain awareness of the horrors of your country's past and their impact on today's society. By uncovering the roots of racism and speaking about its terrible effects, this memorial can play an important part in healing the wounds inflicted by the historical burden and thereby improving the current situation. Just watching the daily news, you become aware that this is more than necessary. So, let's go to the NMPJ and start the learning process.

Thank you for your attention! *(709 words)*

Abitur 2020 Englisch (Hamburg) – erhöhtes Anforderungsniveau

Hörverstehen

You will hear each recording **twice**. After each listening you will have time to complete your answers.

Task 1: Nonstop Travel 13 BE

You will hear a radio feature about PRT. While listening, answer the questions. You need not write complete sentences.

1. What does PRT stand for?

   ____

2. What is Mike Lester's job?

   ____

3. According to Mike Lester, what are the advantages of PRT in an urban setting?
   (Name three.)
   - ______________________________
   - ______________________________
   - ______________________________

4. What evidence is there that a PRT system might work?
   (Name one aspect.)

   ____

5. What features of the PRT full-size prototype are mentioned?
   (Name three more.)
   - bright red, tiny, pod-like cars
   - ______________________________
   - ______________________________
   - ______________________________

6. Why has PRT not been implemented according to Ken Halverson?

   ____

7. Why has a PRT system not been built in Minnesota?

   ____

8. What is Tom Sorel's assessment of the future of PRT?

____

9. What is used to start and end the radio program?

____

Task 2: Photos 16 BE

You will hear a radio feature about some very special photos. While listening, do the tasks. You need not write complete sentences.

1. What did Sir Arthur Conan Doyle think of the photos?

____

2. What made the garden in Cottingley so attractive for Frances? *(Name two aspects.)*
   - ____
   - ____

3. According to Hazel Gaynor, why did Frances come up with her story? Tick (✓) the correct answer (a, b, c or d).
   a) ☐ to impress her English cousin
   b) ☐ to distract her family from the war
   c) ☐ to have an excuse for getting dirty
   d) ☐ to be permitted to use her father's camera

4. The two famous photographs. Complete the table.

	What is happening?	Where is it set?
1st photo		
2nd photo	Elsie watching a gnome walking towards her	

5. Perception of the photos over time. Complete the table.

	perception	explanation
in the 1920s	good quality	
today	bad quality	

6. What explanation does Elsie Wright give to prove that the photos are real?

___

7. How did the girls create the image of the figures in the photos?
   (Name two aspects.)
   - ___
   - ___

8. Why does Elsie Wright tell the truth in the end?

___

9. What makes the fifth photo different from the others?

___

10. What does Hazel Gaynor think of Frances Griffiths and her story?
    Tick (✓) the correct answer (a, b, c or d).

    Hazel Gaynor …

    a) ☐ would love some of the story to be true.
    b) ☐ is convinced Frances Griffiths was right.
    c) ☐ makes it clear that she does not believe her.
    d) ☐ accepts that people can have unusual ideas.

11. What is Hazel Gaynor's role in this radio programme?
    Tick (✓) the correct answer (a, b, c or d).

    a) ☐ author
    b) ☐ expert
    c) ☐ presenter
    d) ☐ researcher

Assignment

As an intern at the Leipzig tourist office, you have been asked to contribute an article about the *Reclam* Museum for the website www.english.leipzig.de.
On the basis of the interview, write the article presenting the museum, its founder Hans-Jochen Marquardt and the *Reclam* publishing house.

Material: „Ich glaube nicht, dass es eine vollständigere Sammlung gibt“
Von Luise Checchin. Ein Interview mit Hans-Jochen Marquardt.

Am Mittwoch dieser Woche eröffnet das weltweit erste *Reclam*-Museum in Leipzig. Zu sehen geben wird es eine Präsenzbibliothek mit mehr als 10 000 Bänden, eine Dauerausstellung zur Geschichte der „Universal-Bibliothek“ und Raritäten wie zwei Feldbüchereien oder ein *Reclam*-Bücher-Automat. [...]

Je nachdem, wie gerne jemand den Deutschunterricht hatte, lösen *Reclam*-Bücher entweder Abscheu oder Nostalgie aus. Können Sie sich an Ihr erstes *Reclam*-Heft erinnern?

Meine Situation war etwas speziell, weil mein Vater lange Jahre Leiter des DDR-*Reclam*-Verlags war. Nach dem Zweiten Weltkrieg gab es ja einen Verlag in Leipzig und einen in Stuttgart. Ich hatte also schon von klein auf eine Verbindung zu dem Thema. Aber natürlich wurde auch ich – wie wohl jeder im deutschsprachigen Raum – in der Schule damit konfrontiert. Und wenn der Deutschlehrer reinkam mit einem Stapel Hefte und sagte: „Wir lesen heute mal *Emilia Galotti* mit verteilten Rollen“, dann gab es sehr unterschiedliche Reaktionen. Entweder fiel die Kinnlade runter oder es ging ein Lächeln über das Gesicht. Bei mir war es eher Letzteres, ich liebte schon immer Literatur.

In den Zwanzigerjahren warb *Reclam* mit dem doch recht frechen Spruch „*Reclam* braucht keine Reklame“.

Klar ist das ein bisschen frech. Ein Unternehmen, das damit wirbt, dass es keine Werbung braucht, hat es geschafft. Für diesen Erfolg gab es mehrere Gründe: 1867 wurden die Urheberrechte für viele Autoren frei, die 30 Jahre vorher gestorben waren. Das nutzten etliche Verlage, aber *Reclam* setzte sich dabei durch. Das lag an Neuerungen in der Drucktechnik, aber auch an *Reclams* Idee der „Universalbibliothek“. Damit konnte sich plötzlich jeder für wenig Geld eine kleine Bibliothek zusammenstellen. Und zwar musste man nicht, wie damals üblich, eine ganze Buchreihe erwerben, sondern durfte einzelne Bände kaufen. So stillte man den Bildungshunger der Arbeiterklasse.

Könnte man im Internetzeitalter, in dem Wissen umsonst zur Verfügung steht, nicht meinen: *Reclam* ist überflüssig?

Loriot hat mal gesagt, ein Leben ohne Mops ist möglich, aber sinnlos. So ähnlich ist es mit *Reclams* Universal-Bibliothek. Natürlich kann man auch ohne diese Buchreihe Literatur studieren. Aber ich würde es niemandem raten. Gerade für den Einstieg ist die Reihe wahnsinnig wichtig, weil *Reclam* Wert darauf legt, auch Texte, die man zigtausend Mal gedruckt hat, wie etwa Goethes *Faust*, immer wieder kritisch zu überprüfen, zu kommentieren und die Textgestalt zu hinterfragen. *Reclam* hat eine Geschichte, die mehr als 150 Jahre währt. Das ist eine gewaltige Kulturleistung, die da vollbracht worden ist. Das gibt es so nirgendwo in der Welt.

Wenn der Verlag noch so lebendig ist, warum braucht es dann überhaupt ein *Reclam*-Museum?

Reclam wurde ja einst in Leipzig gegründet, aber 2006 hat der Verlag die Stadt endgültig verlassen und ist seitdem nur noch in Ditzingen bei Stuttgart ansässig. Das riesige Verlagsgebäude, das *Reclam* von der Treuhand zugesprochen bekommen hatte, wurde saniert und dann verkauft. Auch sonst ist fast keiner der großen Verlage, die nach dem Zweiten Weltkrieg aus Leipzig weggezogen waren, nach der Wende zurückgekehrt. Für die Buchstadt Leipzig war das natürlich bitter. Bei dem Museum geht es nun einfach darum, dass *Reclam* nicht aus dem kulturellen Gedächtnis der Leipziger verschwindet.

Die meisten Bände im Museum kommen aus Ihrem Privatbesitz.

Nein, alle.

Alle?

Ja, wobei das auch nur ein Teil meiner privaten Sammlung ist. Ich habe etwa mit 14 Jahren mit dem Sammeln angefangen.

Wie kommt ein 14-Jähriger darauf, *Reclam*-Bände zu sammeln?

Da mein Vater den Verlag in der DDR geleitet hat, hat er mir auch ab und zu einen Band geschenkt. Ich hab mich früh schon mit der Geschichte des Verlags beschäftigt und mich hat das Konzept fasziniert: Möglichst vielen Menschen Literatur zu einem kleinen Preis anzubieten. Später bin ich Germanist geworden, da hat sich das Interesse natürlich noch vertieft. Und irgendwann kam dann auch die Idee hinzu, dass ich der Stadt Leipzig gerne einmal die Sammlung schenken würde.

(622 Wörter)

Luise Checchin: „Ich glaube nicht, dass es eine vollständigere Sammlung gibt", Süddeutsche Zeitung *vom 22. 10. 2018, https://www.sueddeutsche.de/kultur/interview-am-morgen-reclam-verlag-ich-glaube-nicht-dass-es-eine-vollstaendigere-sammlung-gibt-1.4176912*

Anmerkungen

Z. 4 Feldbücherei: transportable Bibliothek für Soldaten im Ersten Weltkrieg
Z. 30 Loriot: deutscher Humorist
Z. 42 Treuhand: Bundesbehörde, die die Umstrukturierung der Wirtschaft der ehemaligen DDR im Rahmen der Wiedervereinigung organisierte

Schreibaufgabe – *African American Experiences**

**Sie erhalten im Zentralabitur zwei Aufgaben (I und II) zu unterschiedlichen Schwerpunktthemen, aus denen Sie eine auswählen können. Für den Jahrgang 2020 sehen Sie hier nur die Schreibaufgabe II.*

Assignments

Comprehension

1. Summarise what the narrator and her son experience during their respective school days.

Analysis

2. Analyse the situation of the African American family and the means the author uses to convey it.

Comment/Creative Writing (Choose one.)

3.1 Assess the current state of relations between blacks and whites in the US. In your answer refer to both this excerpt and your coursework.

or

3.2 Imagine you are Edison. At your school, it is a requirement for every senior student to give a speech at assembly before graduating. The speech is supposed to include what moves and defines you as a person. You decide to talk about your experiences as an African American at your school in the US.
Write that speech.

Small Great Things

In the opening paragraphs of this excerpt from J. Picoult's novel Small Great Things *(New York, 2016, pp. 54–60), the narrator Ruth, her sister Rachel and their mother have just moved to Harlem where Ruth's mother works as a servant to a white woman called Ms. Mina.*

So for second grade, we moved back to our old school in Harlem. I spent a year being dulled at all my bright edges, which devastated Mama. When she told her boss, Ms. Mina got me an interview at Dalton. It was the private school her daughter, Christina, attended, and they were looking for diversity. I received a full scholarship, stayed at the top of my class, received prizes at every assembly, and worked like mad to reward my mama's faith in me. While Rachel made friends with kids in our neighborhood, I knew no one. I didn't really fit in at Dalton, and I definitely didn't fit in in Harlem. As it turned out, I was a straight-A student who still couldn't blend.

There were a few students who invited me to their houses – girls who said things like "You don't talk like you're Black!" or "I don't think of you that way!" Of course, none of those girls ever came to visit me in Harlem. There was always a conflicting dance class, a family commitment, too much homework. Sometimes I imagined them, with their silky blond hair and braces, walking past the check casher on the corner of the street where I lived. It was like picturing a polar bear in the tropics, and I never let myself think on it long enough to wonder if that was how they saw me, at Dalton.

When I got into Cornell, and many others from my school didn't, I couldn't help but hear the whispers. *It's because she's Black.* Never mind that I had a 3.87 average, that I'd done well on my SATs. Never mind that I could not afford to go to Cornell, and would instead be taking the full ride offered me by SUNY Plattsburgh. […]

I know I wouldn't have become a nurse if my mama hadn't worked so hard to put me smack in the middle of the path of a good education. I also know that I decided long ago to try to circumvent some of the problems I had, when it came to my own child. So when Edison was two, my husband and I made the choice to move to a white neighborhood with better schools, even though that meant we would be one of the only families of color in the area. We left our apartment near the railroad tracks in New Haven, and after having multiple listings "disappear" when the realtor found out what we looked like, we finally found a tiny place in the more affluent community of East End. I enrolled Edison in a preschool there, so that he started at the same time as all the other kids, and no one could see him as an outsider. He was one of them, from the start. When he wanted to have his friends over for a sleepover, no parent could say it was too dangerous an area for their kid to visit. It was, after all, their neighborhood, too.

And it worked. My, how it worked. It took me advocating for him at first – making sure that he had teachers who noticed his intelligence as well as his skin color – but as a result, Edison is in the top three of his class. He's a National Merit Scholar. He is going to college and he will be anything he wants to be. I've spent my life making sure of it. […]

I tug at the pillow and realize that there's one single streak, left by a tear, darkening the skin of his temple. "Baby," I murmur. "What happened?"

"I told him I was going to ask Whitney to homecoming."

"Whitney …" I repeat, trying to place the girl from the tangle of Edison's friends.

"Bryce's sister," he says. […] "I asked Bryce to be the one who brought her the homecoming note and he freaked out."

I draw in my breath. "Well," I say, carefully picking through my words, "it's sometimes hard for a guy to see his little sister as anyone's potential girlfriend, no matter how close he is to the person who wants to date her."

Edison rolls his eyes. "That's not it."

"Bryce may just need time to get used to the idea. Maybe he was surprised that you'd think of his sister, you know, that way. Because you are like family."

"The problem is … I'm not." My son sits up, his long legs dangling over the edge of the bed. "Bryce laughed. He said, 'Dude. It's one thing for us to hang out. But you and Whit? My parents would shit a brick.'" His gaze slides away. "Sorry about the language."

"That's okay, baby," I said. "Go on."

"So I asked him why. It didn't make any sense to me. I mean, I've been to Greece with his family. And he said, 'No offense, but my parents would not be cool with my sister dating a Black guy.' Like it's okay to have a Black friend who comes on family vacations but it's not okay for that friend to get involved with your daughter."

I have worked so hard to keep Edison from feeling this line being drawn, it never occurred to me that when it happened – which, I guess, was inevitable – it would burn even more, because he had never seen it coming.

I reach for my son's hand and squeeze it. "You and Whitney would not be the first couple to find yourselves on opposite sides of a mountain," I say, "Romeo and Juliet, Anna Karenina and Vronsky. Maria and Tony. Jack and Rose."

Edison looks at me in horror. "You do realize that in every example you just gave me, at least one of them dies?"

"What I'm trying to say is that if Whitney sees how special you are, she'll want to be with you. And if she doesn't, she's not worth the fight."

I put my arm around his shoulders; Edison leans into me. "That doesn't make it suck any less." *(1 001 words)*

Picoult, Jodi (2016). Small Great Things, *New York: Ballantine Books, S. 54–60.*

Annotations

l. 16 *Cornell:* a prestigious private university in New York
l. 17 *3.87 average:* a very good Grade Point Average, equivalent to an A-
l. 18 *SATs:* short for Scholastic Aptitude Test, widely used for college admissions in the US
l. 19 *SUNY Plattsburgh:* state college in upstate New York
l. 35 *National Merit Scholar:* person who has been awarded a university scholarship that only the top 0.5 % of high-school students can compete for
l. 40 *him:* Edison's best friend Bryce
l. 40 *homecoming:* annual celebration for alumni at US schools, which usually includes a sports game and a dance
ll. 63/64 *Romeo and Juliet, Anna Karenina and Vronsky. Maria and Tony, Jack and Rose:* pairs of lovers from famous works of literature whose relationships are not accepted by their social environments

Lösungsvorschläge

Hörverstehen

Text 1: Nonstop Travel

Hinweis: Aus lizenzrechtlichen Gründen ist die ungekürzte Original-Passage der NPR-Sendung abgedruckt. Die in der Abituraufgabe nicht berücksichtigten Passagen sind durch eine kleinere Schriftgröße kenntlich gemacht und für die Bearbeitung der Aufgaben nicht relevant.

Steve Inskeep, *Host:* When I was a kid, we went to Disney World. We walked around Tomorrowland or rode on the WEDWay PeopleMover. Little electric cars pulled us around the park on overhead tracks.

Renée Montagne, *Host:* A real-life transit concept proposes to take that idea and make it so that individual riders can go wherever they want. It's our subject as we make transportation the focus of a new round of the NPR Cities Project.

Unidentified Women #1: Becoming a world-class city.

Unidentified Man #1: We have to find a way to move people a lot more efficiently.

Renée Montagne, *Host:* We have a vision for a revolutionary form of public transportation. It's under discussion in Greenville, South Carolina, Austin, Texas and Santa Cruz, California. The only place in the U.S. that you can ride it now is on the campus of West Virginia University.

(Soundbite of Archived Recording)

Unidentified Man #2: Come. Take a ride of the future. But this is not the future. This is the '70s. And you are riding PRT – PRT, personal rapid transit.

Steve Inskeep, *Host:* This is the '70s. That is a 38-year-old promotional video for the personal rapid transit system in Morgantown, West Virginia. Cars on a track make nonstop trips to their destinations. Just tell it where you're going, and you're off. PRT is a big idea. And since NPR's Joe Palca is all about big ideas, we asked him to investigate.

Joe Palca, *Byline:* I decided a good way to learn more about PRT was to go to Minneapolis …

Unidentified Women #2: *(Over loudspeaker)* Green line train to downtown Minneapolis is due in two minutes.

Joe Palca, *Byline:* … where I could meet up with Mike Lester, CEO of Taxi 2000, a company that designs PRT systems. To get to my downtown meeting I took light rail, and my trip turned into an unexpected lesson in why PRT might be a good idea. Things went smoothly at first. But when we got to the West Bank Station, the train stopped and sat.

Unidentified Man #3: *(Over loudspeaker)* Once again, I apologize for the delay. We are continuing to hold here at this station until further notice.

Joe Palca, *Byline:* Apparently, a train up ahead had struck a car at an intersection. I'm running late for my appointment with Mike Lester. So I abandon the train and get in a cab.

(Soundbite of Phone Ringing)

Joe Palca, *Byline:* Hello?
It's Lester, asking if I'm OK. Hi, I'm fine. But *(laughter)* there was an accident on the green line. And I had to jump in a taxi to get over to you.

The irony here is that one of the advantages of the PRT system Lester wants to build is that it runs on an elevated guideway. So it wouldn't run the risk of hitting cars or pedestrians.
And there's the station.

I asked Lester to meet me downtown so he could show me some of the advantages of PRT in a crowded urban setting.

Mike Lester: One of the things I wanted to point out to you is – see the buses?

Joe Palca, *Byline:* Yeah, a lot of buses.

Mike Lester: Empty – but they still need to circulate.

Joe Palca, *Byline:* Lester says in a PRT system, the pods only run when they have passengers.

Mike Lester: One of the benefits of having an elevated system that only moves when somebody's paying is you're not in traffic. And you're not running empty buses.

Joe Palca, *Byline:* Another advantage is the elevated guideway doesn't take up much space. He points to a lamppost.

Mike Lester: That's the post we need, right? And then you come up with a 90 foot piece of guideway. And you set it on the post.

Joe Palca, *Byline:* So you only need a post every 90 feet. And Lester says you can install a PRT system for about a quarter of the cost per mile of a light-rail system. Now, there are a multitude of studies, reports, assessments and reviews of the PRT concept. And many say PRT will relieve traffic congestion and move people efficiently. There've even been a few small systems built. There's one at Heathrow Airport Terminal 5, and there's one at Masdar City in Abu Dhabi. But these are the exceptions. For the most part, PRT has gone nowhere. This hasn't fazed Mike Lester. And he's eager to have me visit Taxi 2000's headquarters so I can see a concrete example of his vision for the future. Headquarters is off a busy road in a small industrial park in the Minneapolis suburb of Fridley.

Mike Lester: This is where we have our full-size operating prototype.

Joe Palca, *Byline:* And Lester wants me to go for a ride on it. To start, Lester hands me a laminated fare card.

Mike Lester: You go up the stairs. There's a station platform when you get into the second level.

Joe Palca, *Byline:* Waiting at the platform is a bright red, tiny pod-like car.

Mike Lester: Walk up. Swipe your card.

Joe Palca, *Byline:* OK.

Mike Lester: And the door will open.

Joe Palca, *Byline:* So, the roof and the side just sort of slid back. And what I see is a three-passenger bench. I step in and sit down on the bench. A button over the front window says, "go". So I'm going to press "go".

Mike Lester: Yes.

Joe Palca, *Byline:* The door slides shut and latches. I'm moving. It's pretty smooth. It's not going very fast, but we're only going about 60 feet I think. And we've arrived. The door glides back, and I step out onto another platform. That's pretty cool.

Mike Lester: There you are, ten seconds into the future.

Joe Palca, *Byline:* To be honest, I think riding in one of these automated pod cars to work would be kind of fun. So why has PRT failed to catch on? Ken Halverson is chief financial officer for Taxi 2000. He says the company has been getting a lot of inquiries lately.

Ken Halverson: We've had 40 or 50 cities tell us they would love to be second. But you can't be second until someone steps up to be first.

Joe Palca, *Byline:* Halverson says Greenville, South Carolina, is seriously considering going first. But they haven't yet figured out who's going to pay for it.

Unidentified Women #2: *(Over loudspeaker)* Green line train to downtown Saint Paul is due in two minutes.

Joe Palca, *Byline:* To find out why Minnesota never built a PRT system, I jumped back on the green line and headed over to Saint Paul to speak with Tom Sorel. He was formerly the state's commissioner of transportation. He says the state did consider PRT, but there was stiff opposition from backers of buses and light rail. And nothing was ever built.

Tom Sorel: I think one of the challenges we've always had with PRT is there's no pot of money where this fits well. And that's just not in Minnesota. It's nationally as well.

Joe Palca, *Byline:* There already are pots of tax money for things like buses and light rail. Sorel says the other problem facing PRT is that the picture of urban transit is changing. Uber and similar services are already here. Driverless cars aren't far off. Sorel wonders if PRT's time has come and gone.

Tom Sorel: Because the last thing you want to do is put up some track all over the place and then have it sit there.

Joe Palca, *Byline:* The PRT system in West Virginia is still running. But it didn't kick-start the revolution in rapid transit people had hoped for back in 1975.

(Soundbite of Archived Recording)

Unidentified Man #2: Personal rapid transit, a ride of the future.

Joe Palca, *Byline:* Well, not yet anyway. Joe Palca for NPR's Cities Project.

1. What does PRT stand for?
   Personal Rapid Transit

2. What is Mike Lester's job?
   CEO of the company that designs PRT/Taxi 2000

3. According to Mike Lester, what are the advantages of PRT in an urban setting? *(Name three.)*
   Name three of the following:
   - **PRT only runs with passengers – no more empty buses**
   - **PRT does not need much space (the pods float through the air)**
   - **passengers cannot get stuck in traffic**
   - **cheaper than other methods of transport**

4. What evidence is there that a PRT system might work? *(Name one aspect.)*
   Name one of the following:
   - **PRT systems already run at Heathrow airport and in Abu Dhabi**
   - **studies and reports came out in favour of PRT**
5. What features of the PRT full-size prototype are mentioned? *(Name three more.)*
   Name three of the following:
   - **to use it, you swipe a laminated fare card**
   - **elevated platform**
   - **roof and side of the pod glide open to let passengers in**
   - **three-passenger bench**
   - **press go-button to launch**
   - **ride is smooth and slow**
6. Why has PRT not been implemented according to Ken Halverson?
   cities do not want to be the first to implement PRT/would rather see it working in another city before they invest/it is not sure where the money would come from
7. Why has a PRT system not been built in Minnesota?
   opposition from established public transport companies/no assigned tax money budget
8. What is Tom Sorel's assessment of the future of PRT?
   PRT will not be necessary in modern cities/PRT's time has come and gone/ PRT will not be a viable solution in the future
9. What is used to start and end the radio program?
   soundbites from a 1975 commercial/an old commercial

Text 2: Photos

Narrator: And today we go back to 1920 and a claim that would astound the world. Two British girls said they'd photographed fairies and what's more, the creator of Sherlock Holmes, Sir Arthur Conan Doyle, backed them up, saying the pictures proved the existence of fairies.

The story began at the bottom of a garden, by a stream in the tiny village of Cottingley in the North of England. Two girls, Elsie Wright, nearly 16, and her cousin Frances Griffiths, just 9, spent the summer of 1917 playing by the stream, or the beck as they called it, with, they told their parents … the fairies.

Hazel Gaynor: It was really Frances who was captivated by the beck at the bottom of the garden.

Narrator: Hazel Gaynor is an author who's just published a novel based on the Cottingley fairies and has done extensive research into the story.

Hazel Gaynor: She was enchanted by the wildlife around there and liked the sense, the atmosphere of the place. Now Frances, as she became an elderly lady and up to her dying day, did absolutely maintain that she saw real fairy-life in Cottingley beck.

Narrator: Frances Griffiths and her mother had come from South Africa to live in Yorkshire with her aunt, uncle and cousin, while her father was away fighting in the First World War.

Hazel Gaynor: And, because she kept going to play at the beck, she kept getting wet, her petticoats were muddied and her socks and shoes, and her mother kept telling her not to play there. So, in her own defence, Frances said, "I want to go and play at the beck because I play with the fairies." And it was this sort of almost unplanned admission that led to her and Elsie then concocting some way to prove to Frances's mother that Frances was telling the truth.

Narrator: So the girls borrowed Elsie's father's camera and decided to photograph the fairies.

Hazel Gaynor: Perhaps most well-known, most iconic, Cottingley photograph is the one of Frances and she's positioned at a mossy bank with the waterfall of Cottingley beck behind her, and she's leaning forward with five little fairies dancing, very animated-looking, in front of her. The second photograph is of Elsie, who is the elder of the two cousins, and she was positioned in a field with what became known as a gnome that seemed to be walking towards her. They're actually very good-quality photographs, given the time at which they were taken and that they were taken by the two girls, and the fairies themselves, they're not tiny wispy barely-there figures, you know, they're quite solid.

Narrator: To the modern eye, the fairies look two-dimensional and the photos staged. But for decades, Elsie maintained her encounter with the fairies and the gnome had been real. "Fairy-fever" gripped the nation and the photographs were taken on tour around the UK and the US. Half a century later, Elsie was still proudly defending them.

Elsie Wright: The thing that they can't understand is that they were all taken on rather dull days, and yet the fairies were lit up. They're sort of glowing, they said they were luminous, the Kodak man said, and they were moving.

Narrator: The mystery endured for several more years, but in 1983 Elsie finally confessed to the BBC. She'd drawn and cut out the fairies and stuck them in the ground using long hatpins so they appeared to be floating.

News Reporter: Why have you decided to admit that it wasn't quite what it seemed all these years later?

Elsie Wright: Well, I thought about my grand-, I've got three grandchildren. I don't, didn't want them to, err … to think they would get teased, you know, because it will go on and on and on, and it might go on forever. So I thought I'd better nip it in the bud.

Narrator: And that is almost the end of the story, except that there's a fifth photo … just fairies in this one, translucent, emerging from a nest of grasses. This one, Elsie's cousin Frances always maintained, was real.

Hazel Gaynor: The more I've researched and the more I have understood and read, particularly about Frances, I am really interested in her as a young girl, moving away from her home to an unfamiliar country, her father away at war, and maybe conditions were just right for her to be in tune with something else. And I … I think it's far more, erm …, enchanting to … to believe that there is an element of truth to this story, than to just dismiss it all.

1. What did Sir Arthur Conan Doyle think of the photos?
   believed they were authentic/believed they proved that fairies existed

2. What made the garden in Cottingley so attractive for Frances? *(Name two aspects.)*
   Name two of the following:
   - **waterfall and small river/stream/beck**
   - **wildlife**
   - **atmosphere/sense of it**

3. According to Hazel Gaynor, why did Frances come up with her story? Tick (✓) the correct answer (a, b, c or d).
   c) ☑ to have an excuse for getting dirty

4. The two famous photographs. Complete the table.

	What is happening?	Where is it set?
1st photo	**Frances with five dancing fairies**	**in front of the waterfall**
2nd photo	Elsie watching a gnome walking towards her	**in a field**

5. Perception of the photos over time. Complete the table.

	perception	explanation
in the 1920s	good quality	**fairies well visible/solid/appeared real/impressive given the age of the photographers/the time**
today	bad quality	**fairies look two-dimensional/ scene seems staged**

6. What explanation does Elsie Wright give to prove that the photos are real?
   (despite dull weather) fairies look glowing and lit-up/like they are moving

7. How did the girls create the image of the figures in the photos? *(Name two aspects.)*
   Name two of the following:
   - **drew the fairies**
   - **cut them out from paper**
   - **put them on long hatpins and stuck them in the ground**

8. Why does Elsie Wright tell the truth in the end?
did not want her grandchildren to suffer or get teased because of the story

9. What makes the fifth photo different from the others?
Frances claimed it was real/only fairies (and no people) in the photo

10. What does Hazel Gaynor think of Frances Griffiths and her story?
Tick (✓) the correct answer (a. b, c or d).

Hazel Gaynor …

a) ✓ would love some of the story to be true.

11. What is Hazel Gaynor's role in this radio programme?
Tick (✓) the correct answer (a, b, c or d).

b) ✓ expert

Sprachmittlung

Ihre Aufgabe ist es, Informationen über das Reclam-*Museum, dessen Gründer und den* Reclam-*Verlag im Interview zu finden und daraus einen Artikel für die Webseite des Leipziger Tourismusbüros zu schreiben. Wählen Sie außerdem eine Überschrift, die Aufmerksamkeit erregt, und schreiben Sie eine Einleitung, die Ihre Leserschaft dazu bringt, weiterzulesen. Reichern Sie Ihren Artikel mit den Informationen an, die Sie gefunden haben, und schreiben Sie am Schluss entweder, warum das Museum einen Besuch wert ist, oder nennen Sie weitere Informationen, die für Touristinnen und Touristen relevant sein könnten. Behalten Sie im Hinterkopf, dass Sie ein Praktikum im Leipziger Tourismusbüro machen und dass Ihre Zielgruppe internationale Besucher*innen der Stadt sind. Dementsprechend sollten Sie den kulturellen Hintergrund einiger Dinge erklären, wie zum Beispiel den der* Reclam-*Bücher.*
Die folgenden Informationen können Sie dem Text entnehmen:

- *Informationen über den* Reclam-*Verlag:*
  - *existiert seit mehr als 150 Jahren (s. Z. 36)*
  - *Bestreben, Literatur so preiswert zu verkaufen, dass sie für alle Menschen zugänglich ist (s. Z. 24–27, 56/57)*
  - *klassische Werke (mit Annotationen) (s. Z. 33–35)*
- *Informationen über das* Reclam-*Museum:*
  - *Verlagshaus ursprünglich in Stuttgart und Leipzig ansässig, jetzt nur noch in Stuttgart (s. Z. 9/10, 40/41)*
  - *Museum soll die Wichtigkeit des* Reclam-*Verlages für die Buchstadt Leipzig zeigen (s. Z. 45–47)*
  - *bietet mehr als 10 000 Bücher, eine Ausstellung über die Geschichte* Reclams *und Interessantes wie zwei Feldbüchereien oder einen Bücher-Automaten (s. Z. 2–4)*
- *Informationen über den Gründer Hans-Jochen Marquardt:*
  - *sein Vater war Leiter des DDR-*Reclam-*Verlags (s. Z. 8/9, 54)*
  - *sammelt seit seinem 14. Lebensjahr* Reclam-*Bücher (s. Z. 51/52)*
  - *spendete seine Privatsammlung dem Museum (s. Z. 48/49, 58/59)*

Literature lovers' heaven: The *Reclam* Museum in Leipzig
Do you like literature? Experience the concept that has made it accessible to everyone in Germany. Visit the *Reclam* Museum in Leipzig.
Reclam is a German publishing house that was founded 150 years ago. Based on cheaper printing methods and a change in copyright, *Reclam* made literary works accessible to the common people at affordable prices. Everyone could put together their own little library according to their taste because contrary to other publishers, *Reclam* books could be bought individually. In connection with the classics, such as Goethe or Schiller, almost all Germans know *Reclam* books.
After the Second World War, the publishing house had a West and an East German branch. The East German branch was managed by the father of our museum's founder, Hans-Jochen Marquardt. Young Hans-Jochen started collecting *Reclam* books at the

age of 14. He remained true to his fascination for literature. So, he wanted to keep up the memory of the traditional publishing house in the "book city" when the publisher left Leipzig in 2006.
Marquardt donated 10 000 books from his own private collection to the museum. Apart from these, you can also find out about the history of *Reclam* in a permanent exhibition or admire rare exhibits, such as a mobile library from World War I or a book vending machine.
Isn't that worth a visit? For further information, directions or ticket prices go to: www.reclam-museum-leipzig.de. *(240 words)*

Schreibaufgabe

1. *In der ersten Aufgabe wird Ihr Textverständnis überprüft. Es sind also noch keine Interpretationen oder Wertungen erforderlich. Die Textvorlage ist ein Auszug aus dem Roman von Jodi Picoult mit dem Titel* Small Great Things. *Im Mittelpunkt stehen die Schwarze Krankenschwester Ruth und ihr Sohn Edison. Ruth ist die Ich Erzählerin und berichtet von ihrer eigenen Schulzeit als Schwarze, der ihres Sohnes und schließlich von einem einschneidenden traumatischen Erlebnis ihres Sohnes.*
   Die Aufgabenstellung verlangt von Ihnen, die Erfahrungen der Erzählerin und die ihres Sohnes in ihrer jeweiligen Schulzeit darzustellen. Strukturieren Sie Ihre Lösung entsprechend und geben Sie jeder der beiden Personen ungefähr gleich viel Raum in Ihrer Synopse. Die Einleitung sollte die wichtigsten Informationen (Genre, Autorin, Titel, Thema) zum Textauszug enthalten. Für die Zusammenfassung der Ereignisse wählen Sie die Zeitstufe Präsens – etwas ungewohnt, da Ruth aus ihrer Vergangenheit berichtet.
   Die wichtigsten inhaltlichen Elemente, die in Ihrem Text vorkommen sollten, sind:
   - *die Bemühungen von Ruths Mutter, für eine gute Schulausbildung ihrer Tochter zu sorgen*
   - *Ruths Ausgrenzung und Situation als Schülerin „zwischen den Welten"*
   - *die großen Anstrengungen Ruths, ihrem Sohn diese Ausgrenzungserfahrung zu ersparen (z. B. Umzug in einen* „weißen" *Bezirk)*
   - *Ereignis, welches Ruth und Edison deutlich macht, dass Edison nur oberflächlich akzeptiert wird*

   In the excerpt from Jodi Picoult's novel *Small Great Things,* the first-person narrator Ruth, a Black nurse, looks back on her own school days and then relays a disillusioning experience that her son Edison had at his school.
   Ruth's mother, a servant in a White household, realises that the school her daughter attends in Harlem cannot provide her with a good enough education. With the help of her employer she manages to secure a place and a scholarship for Ruth at Dalton, a more prestigious private school in a predominantly White neighbourhood. Ruth's sister Rachel stays in Harlem and makes friends, whereas Ruth, who turns out to be a top student, ends up feeling an outsider both at Dalton and in Harlem. When

she is accepted into a reputable university, envious students suspect she earned the place not because of her academic merits, but because she is Black.

As a mother, Ruth wants to make it easier for her son Edison to achieve a good education and be well integrated. She and her husband move to a different neighbourhood to have Edison grow up in a White community from early on. Her plan seems to be working. Edison gets on well with the boys in the neighbourhood, he even goes on holiday with his friend Bryce's family and is in the top three of his class. However, when he tries to ask Bryce's sister Whitney to homecoming, he learns to his great disappointment that Whitney's family would never approve of their daughter's relationship with a Black boy. *(257 words)*

2. *Die zweite Aufgabe erfordert ein genaueres Eingehen auf die Situation der Familie und darauf, wie sich diese im Laufe der Generationen verändert. Gemeinsam sind Mutter Ruth und Sohn Edison ihre Erfahrungen als Angehörige der afroamerikanischen Minderheit. Vertiefen Sie Ihre Darstellung durch eine Analyse der sprachlichen und erzählerischen Mittel und arbeiten Sie hier mit Textbelegen.*
   - *Analyse der Situation der Familie:*
     - *Bemühungen um eine bessere Zukunft für die Kinder: Ruths Mutter sorgt durch Kontakte dafür, dass ihre Tochter auf eine bessere Schule kommt. Ruths Familie zieht sogar um, damit ihr Sohn von vorneherein in eine vornehmlich* weiße *Schulgegend integriert wird.*
     - *Schwierigkeiten, vollständig akzeptiert zu werden: Trotz guter Noten gehört Ruth an ihrer Schule nicht dazu, aber auch in Harlem nicht. Edison hat ebenfalls gute Noten und gehört scheinbar dazu, bis er (für ihn überraschend) Diskriminierung durch die Familie seines Freundes erfährt.*
     - *Wenig Veränderung: Im Laufe eines Generationswechsels (Ruth – Edison) bleiben die Probleme, mit denen Schwarze in den USA konfrontiert sind, gleich. Diskriminierung und Rassismus bestehen weiter.*
   - *sprachliche Mittel:*
     - *Vergleiche/Metaphern: heben Außenseiterpositionen hervor und machen sie anschaulich („a polar bear in the tropics", l. 14; „this line being drawn", l. 59; „on opposite sides of a mountain", l. 63)*
     - *Ironie/Sarkasmus: verdeutlicht Ruths Ansichten und Erfahrungen und betont die Diskrepanz zwischen dem wirklichen Leben und einer fairen Welt („having multiple listings ‚disappear' when the realtor found out what we looked like", ll. 26/27)*
     - *Wiederholungen/Anapher/Epipher: verdeutlichen Ruths bittere Enttäuschung („Never mind", ll. 17/18) oder ihre heimliche Freude und Zufriedenheit („it worked", l. 33)*
     - *Kraftausdrücke: betonen besonders die rassistische Einstellung der* Weißen *(„shit a brick", l. 52)*

- *erzählerische Mittel:*
  - *Erzählperspektive: Ruth als Erzählerin und Hauptfigur* (first-person narrator)*: für Leser*innen leichter, sich mit ihr zu identifizieren und ihre Beweggründe nachzuvollziehen*
  - *Verweise auf tragische Literatur (cf. ll. 63/64): stellen die Probleme als ewige und überdauernde Themen dar*

The excerpt illustrates the constant struggle Black people are faced with: They have to fight discrimination and racism on a daily basis, while all they want is to have equal opportunities with White people.
The importance of a good education is recognised by both generations of the African American family described in Picoult's novel. Ruth's mother makes every effort to provide this for her daughter. With the help from her White employer, she manages to find a reputable school outside of her poor and disadvantaged community. The fact that Ruth is more than deserving of this opportunity is stressed by the metaphor that her old school in Harlem "dulled [all her] bright edges" (l. 2). Furthermore, her successes at Dalton (cf. ll. 4–6, 16–18) prove that it is certainly not a lack of talent that could hinder Ruth from achieving.
Later on, as a mother herself, Ruth goes to even greater lengths in order to provide her son with a decent education and to make him less of an outsider than she herself has been: she moves her family to a predominantly White neighbourhood, so Edison can go to school there from day one. Jodi Picoult illustrates Ruth's satisfaction and relief that her plan of making Edison a part of the local community worked by repeating the words "it worked" (l. 33) and underlining that triumph with the exclamation "My" (l. 33).
Throughout the text, the reader can directly share Ruth's feelings and opinions because the protagonist is also the narrator. This first-person narration provides directness and credibility. The reader will feel for Ruth and understand her problems more intuitively. This also allows for subtle hints of irony to draw the reader even more into seeing things from her perspective, for example when she describes "having multiple listings [for houses] 'disappear' when the realtor found out what [they] looked like" (ll. 26/27).
Furthermore, this interior view of Ruth's feelings makes her teenage struggles of being part of the school community tangible. As a successful student, Ruth is met with suspicion and envy from her White co-students who do not recognise Ruth's success as a result of her personal efforts, but see it as an undeserved privilege. By use of an anaphora of "Never mind that", Ruth's disappointment with this unfair insinuation is stressed (cf. ll. 17/18). All her accomplishments are not enough to overcome the prejudices levelled at her due to the colour of her skin. To further demonstrate the girl's position as an outsider, the author vividly compares the idea of the White girls in Ruth's class coming to her neighbourhood to "a polar bear in the tropics" (l. 14). This image shows that Ruth's background and those of her classmates are worlds apart.
While at first it seems that Edison is more integrated in his school than his mother, it turns out that his acceptance into his friend Bryce's family is only superficial and

taking him on holiday only a token gesture. When it comes to the crunch, which means making him really a part of the family, he is not judged by his personality, but by the colour of his skin. Once more, figurative language is used when Ruth thinks of the "line [finally] being drawn" (l. 59). This line keeps Black Edison on one side and White Whitney on the other, or as Ruth puts it, "on opposite sides of a mountain" (l. 63), thereby underlining the impossibility to overcome racial prejudices.

To further emphasise the racist attitude of Bryce's family and the total rejection of Edison, the writer uses offensive, vulgar language like "shit a brick" (l. 52) or that his friend "freaked out" (l. 43) at the thought of Edison dating his sister. These shocking words make these passages stand out from the rest of the text and add to the gravity of the situation.

Ruth wants to relieve her son's hurt feelings by referring to other famous romances and the never-ending theme of couples having to overcome their families' disapproval of them being together (cf. ll. 63/64), but the allusion offers little or no hope, not least because these literary couples' stories never have happy endings (cf. ll. 65/66). So, it is no wonder that Edison feels disillusioned and points out that Ruth's words do not manage to "make it suck any less" (ll. 69/70) to have to endure deeply ingrained racist attitudes.

All in all, the depiction of the African American family's situation proves that attempts to address the racial divide have failed and that racism continues to be one of America's most serious problems. *(768 words)*

3.1 *In dieser Aufgabe sollen Sie Ihre landeskundlichen Kenntnisse im Bereich* African American Experiences *unter Beweis stellen, indem Sie den gegenwärtigen Stand der Beziehungen zwischen Schwarzen und* Weißen *in den USA darstellen. Der Operator* „assess" *verlangt dabei, dass Sie eine ausgewogene Darstellung positiver und negativer Aspekte vornehmen, mithilfe derer Sie ein Gesamtbild skizzieren. Nehmen Sie Bezug auf den Romanausschnitt, aber auch auf Hintergrundwissen aus dem Unterricht. Es bietet sich also an, auf Themen wie Bildungschancen und soziale Integration einzugehen, die in der Textvorlage eine Rolle spielen, aber den Blickwinkel auch zu erweitern und andere aktuelle Herausforderungen anzusprechen.*

- *Bereiche mit positiver Entwicklung:*
  - *Arbeit, Beschäftigung*
  - *Bildungs-/Aufstiegschancen*
  - *Akzeptanz und Integration*

Im Unterschied zu ihrer Mutter, die als Haushaltshilfe tätig ist, hat Ruth dank ihrer guten Schulausbildung berufliche und soziale Fortschritte gemacht. Dies ist ein Zeichen für die Erfolge politischer Programme (wie z. B. affirmative action*) im Bereich Chancengleichheit. Heute gibt es unter der Schwarzen Bevölkerung Amerikas eine erfolgreiche und relativ wohlhabende Mittelschicht, auch wenn diese prozentual noch weit hinter der der* Weißen *zurückliegt. Auch die größere mediale Aufmerksamkeit für die Anliegen von Schwarzen und People of Colour (z. B.* Black

Lives Matter Movement*) und Symbolfiguren wie Barack Obama haben dazu beigetragen, dass das Problem des Rassismus stärker in den Vordergrund der öffentlichen Wahrnehmung getreten ist. Edisons Beispiel, der in der „*weißen *Umgebung", in der er aufwächst, augenscheinlich gut integriert ist, zeigt, dass Integration und Akzeptanz möglich scheinen.*

– *Bereiche mit negativer Entwicklung:*
  - *schlechtere Bildungschancen*
  - *Vermögensungleichheit*
  - *struktureller Rassismus und tief sitzende unbewusste Vorurteile*

Sie sollten festhalten, dass Ruth und Edison nicht als repräsentativ für die Schwarze Bevölkerung der USA angesehen werden können. Die Bildungschancen für Schwarze sind schlechter als für weiße *Amerikaner*innen. Für die Mehrheit der Afroamerikaner*innen bleibt der amerikanische Traum weiterhin unerfüllt. Im Unterschied zu den* Weißen *sind Schwarze mehr von Armut und Arbeitslosigkeit betroffen. Die sogenannte* wealth gap *oder* racial economic inequality *(Vermögensungleichheit) ist deutlich und statistisch belegt. Weitere Benachteiligungen, unter denen Afroamerikaner*innen zu leiden haben und die nicht im Romanausschnitt erwähnt werden, bestehen im Bereich des sogenannten strukturellen Rassismus, vor allem bei der Polizei* (racial profiling, police brutality) *und vor Gericht* (zero tolerance). *Auch beim Ausgleich vieler Nachteile bleiben unbewusste Stereotypisierungen und Diskriminierung weiterhin problematisch, wie auch Edisons Beispiel zeigt.*

– *Schlussfolgerung:*
  - *Verbesserungen, aber rassistische Diskriminierung besteht weiter*

In her novel *Small Great Things,* Jodi Picoult deals with several topics which shed light on the current state of relations between Black and White people in the USA. On the positive side, progress has been achieved with regards to employment. Ruth's mother worked as a servant in a White household, thus filling the allegedly typical role of a Black woman. Thanks to her good education and her personal efforts, Ruth has become a qualified nurse. As a result of the achievements of the Civil Rights Movement, the doors to success and advancement for Black citizens are wide open, as far as the law is concerned. Within the Black community, a successful middle class has developed with professionals occupying leading positions in businesses and industries, in the media and in politics. In 2008, Barack Obama was elected as America's first Black president and has become a symbol figure that many young Black people aspire to. Several political measures, such as the abolition of segregated schools and the increased diversity at colleges and universities, have greatly improved the educational opportunities for minority groups. In Picoult's novel, Ruth's son "is going to college and he will be anything he wants to be." (ll. 35/36) Edison does not seem to be an outsider in the White community. The fact that he is "one of them" (l. 29) and has many friends proves that he has integrated and has been accepted, suggesting that race relations have improved.

Many Americans of different ethnic backgrounds hoped the Obama era would become a turning point towards a "raceless" society. However, these expectations were not fulfilled.

There is ample proof that African Americans are still at a disadvantage compared to the White population in many ways. Ruth and Edison's stories seem to illustrate at least some progress in the area of race relations. Yet, the example of Bryce's parents rejecting Edison as a potential boyfriend for their daughter makes it clear that unconscious prejudice and discrimination on the basis of colour are not a thing of the past even for highly educated and successful people.

For large parts of the African American population, reality looks even bleaker. Economists observe a racial wealth gap between White and Black households, with about a fifth of African Americans living below the poverty line. Particularly in times of a recession or crisis, African Americans suffer the most dramatic consequences.

As for education, in contrast to Edison's school situation one of quality is still not available for a considerable number of young African Americans. Most Black parents are aware that a good education is a key factor for social progress, but it is often hard to find or pay for a suitable school, especially for those who live in poorer areas. As funding of local schools in the USA relies mainly on local property taxes, poor neighbourhoods cannot invest as much money as richer districts. For example, Ruth needed to be granted a scholarship at Dalton for her mother to be able to afford a good education for her daughter.

With regards to employment, more Black people are out of work than White people and those without proper education and qualifications are particularly badly affected. Activists complain that Black job candidates are often less likely to receive interviews or job offers than equally qualified White candidates.

They also feel discriminated against by the police practice of racial profiling which means that Black citizens are stopped and searched for drugs more often than their White counterparts. In courts, judges tend to give harsher sentences for African Americans for comparable offences or crimes. As a result of zero-tolerance disciplinary policies, Black youths have criminal records for relatively minor infractions. The shootings of several unarmed Black youths during encounters with the police led to the foundation of an activist movement, Black Lives Matter, which is also supported by parts of the White community.

The obvious need for such a movement shows that the racial divide still characterises the American society today. It is less than clear when or if relations between the Black and White community will change for the better. However, recognition of the Black Lives Matter Movement's aims might be a first step in the right direction.

(704 words)

3.2 *Hier handelt es sich um eine kreative Aufgabe. Sie sollen sich in die Rolle des afroamerikanischen Schülers Edison versetzen, der vor einer Versammlung seiner Mitschüler*innen über seine Erfahrungen als Schwarzer berichtet.*
Bei der Ausgestaltung der inhaltlichen Details können und sollen Sie Ihrer Fantasie in gewissem Rahmen freien Lauf lassen. Es empfiehlt sich aber, sich auf das Wissen über afroamerikanische Erfahrungen, das Sie im Unterricht (und durch den vorliegenden Text) gesammelt haben, zu beziehen. Sie könnten zum Beispiel Edisons Erlebnisse aufgreifen und dann über ein Gespräch berichten, das er mit einer Vertrauensperson (an der Schule oder außerhalb) geführt hat, um die Verletzung seines Selbstwertgefühls zu verarbeiten.
Den Aufbau der Rede sollten Sie folgendermaßen gestalten:
- *Begrüßung*
- *Einleitung*
- *Hauptteil*
- *Verabschiedung*

*Beachten Sie bezüglich der Sprachebene die Situation, in der die Rede gehalten wird, und den Adressatenkreis. Es handelt sich um eine Versammlung, bei der das Publikum Schüler*innen und eventuell Lehrer*innen einschließt. Das heißt, Sie sollten keine zu umgangssprachlichen Formulierungen verwenden, dürfen aber durchaus ein persönliches Sprachregister wählen. Sprechen Sie Ihre Zuhörer*innen auch direkt an, um der Textform Rede gerecht zu werden.*

Hello and good day everyone,

When I thought about what moved and defined me as a person in preparation for this speech, I realised that I wanted to tell you a few things which have to do with my being Black. Since I first arrived in East End, our school has become much more diverse, with classmates from India, Vietnam, Germany, Puerto Rico, Mexico and many other parts of the world. So, I think some of you might know the feelings I'm going to talk about from your own experiences.
When we moved here from Harlem, my mum enrolled me in preschool and I was the only Black kid there. I wasn't aware of this until one day a new kid arrived and teased me about the colour of my skin. I wasn't really offended or hurt, but I told my mum. She didn't seem to make a great fuss about it, she just told me not to worry and that was that. However, the awareness of being different from others stayed somewhere in the back of my mind. I made lots of White friends, we played together, I went to their houses, which were much more spacious and comfortable than our tiny flat, and the family of my best friend even took me on holiday to Greece. The first and only time I have been abroad. What an experience, I can tell you, the flight, the hotel, being served and all the rest of it. Nice memories.
I became more aware of being a "Person of Colour", as some of us would say today, when my mum kept on telling me, "Try harder. You must work harder!" One day I got almost sick of hearing this and I shouted, "Why do I have to work harder than any of my classmates?" And my mum yelled at the top of her voice, "Because you are Black!" We were both a bit shocked about the words that had simply come out of her mouth. But then she told me about our move here and the efforts she had

made to find a better school for me. I started to understand that there were a lot more things in my life that had to do with the colour of my skin than I had been aware of.

I want to finish by telling you about two incidents which stick in my mind. The first one was the greatest blow I ever suffered when, not long ago, I was refused a date with a White girl, simply because I was Black. That really hurt and made me realise that most people are not as colourblind as they pretend or maybe even believe to be.

So, what could I do to overcome this awful experience? I went to Harlem to visit my aunt Rachel, my mother's sister. They had never got on well with each other and were not on speaking terms, but I went to see her. Rachel still lives in the area where I was born, she has changed her name to Adisa and speaks Black English, a sociolect many African Americans use. When I told her what had happed to me, she listened and replied that worse things were happening to her sons. Discrimination everywhere and every day! Unfair treatment by the police, racial profiling, and zero tolerance in courts. So, despite my disappointment, I seemed to be one of the lucky ones. "How do you live with all this?", I asked. She told me, "Take pride in our African roots and heritage and take action." I've since thought a lot about that, read stuff about the Civil Rights Movement and the Black Lives Matter campaign. You should, too. It's eye-opening!

Let me finish my ramblings by assuring you that I appreciate the support which I have received from many members of staff and friends and classmates here at our school. Still, I don't want to keep quiet about the discrimination even I (in my rather privileged position) faced. Let's not give up hope that injustice and discrimination can be eliminated one day. Even in small things, such as our personal environment, we can make a difference and try to achieve great changes. Awareness is the first step and maybe I could help some of you to come closer to it.

Thank you. *(722 words)*

Abitur 2021 Englisch (Hamburg) – grundlegendes und erhöhtes Anforderungsniveau

Das Corona-Virus hat auch im vergangenen Schuljahr die Prüfungsabläufe beeinflusst. Um Ihnen die Prüfungsaufgaben 2021 schnellstmöglich zur Verfügung stellen zu können, bringen wir sie in digitaler Form heraus.

Sobald die Original-Prüfungsaufgaben 2021 zur Veröffentlichung freigegeben sind, können sie als PDF auf der Plattform **MyStark** heruntergeladen werden (Zugangscode vgl. Farbseiten vorne im Buch).

Prüfung 2021

www.stark-verlag.de/mystark